Breve, frágil, humana

Alua Arthur

Breve, frágil, humana

A PROXIMIDADE COM A MORTE ME ENSINOU
QUE A VIDA É EXTRAORDINÁRIA

Tradução: Cristiane Riba

principium

Copyright © 2025 by Editora Globo S.A. para a presente edição
Copyright © 2024 by Alua Arthur

Todos os direitos reservados. Nenhuma parte desta edição pode ser utilizada ou reproduzida — em qualquer meio ou forma, seja mecânico ou eletrônico, fotocópia, gravação etc. — nem apropriada ou estocada em sistema de banco de dados sem a expressa autorização da editora.

Texto fixado conforme as regras do Acordo Ortográfico da Língua Portuguesa
(Decreto Legislativo nº 54, de 1995)

Título original: *Briefly Perfectly Human: Making an Authentic Life by Getting Real about the End*

Editora responsável: Amanda Orlando
Editor-assistente: Rodrigo Ramos
Preparação de texto: Vanessa Raposo
Revisão: Pedro Siqueira, Jane Pessoa e Theo Cavalcanti
Diagramação: Abreu's System
Capa: Renata Zucchini

1ª edição, 2025

CIP-BRASIL. CATALOGAÇÃO NA PUBLICAÇÃO
SINDICATO NACIONAL DOS EDITORES DE LIVROS, RJ

Ab

Arthur, Alua
Breve, frágil, humana : como a proximidade com a morte me ensinou que a vida é extraordinária / Alua Arthur ; tradução Cristiane Riba. - 1. ed. - Rio de Janeiro : Principium, 2025.
336 p.; 21 cm.

Tradução de: Briefly perfectly human : making an authentic life by getting real about the end
ISBN 9786588132487

1. Arthur, Alua. 2. Morte - Aspectos psicológicos. 3. Doentes terminais - Cuidado e tratamento. I. Riba, Cristiane. II. Título.

25-96693.0   CDD: 155.937
                  CDU: 159.942:393.7

Meri Gleice Rodrigues de Souza - Bibliotecária - CRB-7/6439

Direitos exclusivos de edição em língua portuguesa para o Brasil adquiridos por Editora Globo S.A.
Rua Marquês de Pombal, 25 — 20230-240 — Rio de Janeiro — RJ
www.globolivros.com.br

Para os muito intensos
Para os insatisfeitos
Para os andarilhos
Para os sonhadores sofridos
Para os os que buscam
eternamente por nada

Em memória afetuosa de Peter Saint John; Chante Murphy; Angelina Araba Enim; Lindsey Pearlman; Jason Forde; Damain Reeves; Joan Marie; Margo Madji; meus avós paternos, King Awulae Blay VI e Bozoma Ellimah; meus avós maternos, J. O. Evans Enim e Kate Acquah; meus milhares de antepassados, muitos clientes e todas as pessoas que vieram antes e já morreram.

Sumário

Nota da autora 11
1. Uma amiga no fim 13
2. O corpo sempre vence 33
3. Com a morte nos calcanhares 45
4. Peter 57
5. Apareça e fique calado 89
6. Ensine-me a ser doula 107
7. Viva e morra negro 125
8. Percebendo seus pés 143
9. Travando batalhas perdidas 163
10. Pino hexagonal 181
11. Vislumbre de liberdade 195
12. Saindo do círculo vicioso 213
13. Legados conturbados 229
14. Pessoas que precisam de pessoas 253
15. Aberta 271
16. Cuba te espera 295

Epílogo: Onda de purpurina 319

Agradecimentos 329

Nota da autora

O ELEMENTO MAIS IMPORTANTE no meu trabalho como doula da morte é a confiança. Os clientes me convidam para suas casas e suas vidas, e comigo serpeiam por suas mágoas, momentos de maior orgulho, maiores alegrias, gavetas de meias e esqueletos nos armários. Para fazer jus à essa confiança, sou moralmente obrigada a preservar a confidencialidade dos meus clientes, e a mantenho até hoje. As histórias deste livro são derivadas dos encontros mais impactantes que tive em meu trabalho, e as lições que eles me ensinaram ainda vivem dentro de mim. Não tive permissão por escrito para compartilhar as experiências de meus clientes, muitos dos quais já se foram. Contudo, meu trabalho com eles e as lembranças de conexões reveladoras que estabeleci permaneceram a ponto de irromper.

Em *Breve, frágil, humana*, uso pseudônimos. Para proteger ainda mais a identidade dos envolvidos, alterei detalhes e criei personagens compostos. Combino as experiências de muitas pessoas com quem trabalhei de perto — incluindo clientes que estavam morrendo e outros que buscaram consultas de planejamento de fim de vida e sessões de meditação sobre a morte — com as de pessoas que simplesmente escolheram compartilhar suas histórias de morte comigo em cafés, aviões e festas. Minha intenção é criar uma história com que cada um possa se identificar. As experiências que temos quando estamos morrendo são universais, porém nos sentimos muito sozinhos enquanto as enfrentamos. Espero que estas histórias mostrem que somos acolhidos, mesmo no fim de nossa vida. Você é visto. Você é ouvido. Sua vida é importante. Sua morte também será.

I

Uma amiga no fim

O CARRO BUZINA, me trazendo de volta à realidade assim que bato com as mãos no capô e, por instinto, afasto meu corpo do táxi vermelho e amarelo. Ele freia bruscamente três centímetros antes de me atingir. Ondas de choque percorrem meu corpo como correntes elétricas e minha respiração fica presa na garganta quando a gravidade do que quase aconteceu me sacode para o presente. A adrenalina toma conta de mim. Todos os pelos do meu corpo se eriçam. Tudo está se movendo em câmera lenta, como em *Matrix*, quando Neo se desvia de uma bala. Eu quase morri. E o acidente teria sido minha culpa porque eu não estava prestando atenção.

"Concentre-se, Alua!", repreendo-me de um jeito familiar. No último ano, cheguei à conclusão de que não sei fazer nada certo. Não sei mais como ser uma advogada feliz. Não consigo descobrir como sentir alegria. Não sei como viver direito. Não sei nem atravessar uma rua movimentada às oito da manhã.

Até aquele momento, eu nunca havia pensado muito na minha morte. No entanto, imediatamente, tenho certeza de que não quero morrer no meio da rua em Trinidad, Cuba, um pouco bêbada, com a maquiagem da noite anterior ainda no rosto. Meus pais me matariam. Como uma boa filha ganense, penso na vergonha com a qual eu mancharia o nome da minha família se me visse esborrachada em uma rua movimentada por conta da minha própria negligência. Também penso na calcinha fio dental que estou usando por baixo dos meus shorts jeans. O modelo deixaria minha mãe constrangida. Como a maioria das mães, enquanto eu crescia, ela sempre falava sobre o tipo de roupa íntima que eu deveria estar usando caso sofresse um acidente. Esse não é o tipo que ela aprovaria.

As ruas pulsam com as atividades da vida cotidiana: mães levando crianças pequenas para a escola, "bicitáxis" conduzindo pessoas para o trabalho. A atmosfera está repleta de táxis que buzinam e do som dos cascos de alguns cavalos que transportam trigo e outros produtos pelas ruas de paralelepípedos. Pensei que levaria vantagem sobre todos eles ao descer pelo meio da rua, longe das casas em tons pastel. Foi uma má escolha. Com todo o caos, não admira que eu não tivesse visto o táxi.

Recompondo-me do quase acidente, pulo para a calçada ao lado daqueles que pararam para apreciar a cena que protagonizei. Desacelero e avanço mais ciente do que estou fazendo, mas ainda bem rápido. Estou atrasada. Yesenia, uma mulher que conheci no dia anterior, está me esperando. Passamos a noite dançando em uma caverna de calcário como se a cartilagem de nossos joelhos fosse durar para sempre, com nossos corpos pegajosos com a umidade.

Quando nos conhecemos, ela estava diante da porta de casa, apertando os olhos e acenando enquanto eu passava correndo. Eu estava no final de uma corrida de treze quilômetros, voltando para o local que havia alugado.

— Amiga! Amiga! — gritou ela.

Quando me virei para encará-la, Yesenia começou a acenar com mais força:

— Ven aquí!

Diminuí a velocidade e ela se juntou a mim na rua, uma mulher de trinta e poucos anos com olhos bem delineados de preto. Ela tinha me visto mais cedo e perguntou por que eu estava correndo por sua cidade. Num espanhol capenga, expliquei que eu visitava Cuba. Como uma mulher que vivia viajando sozinha, já sabia qual era a pergunta seguinte: onde está o seu marido?

— No hay esposo — respondi. Não, nem namorado. Sim, eu tinha escolhido vir sozinha. E não, não havia nada de errado comigo, além da minha incapacidade de tomar boas decisões, da minha falta de propósito e da depressão que cobria meu cérebro como um verniz turvo. Como eu poderia traduzir minha necessidade de liberdade, meu gosto questionável por músicos infantilizados, minha fobia de compromisso? Como eu encontraria palavras em espanhol para descrever um casamento curto, de seis meses, que terminara quatro anos antes, se eu mal conseguia entender o que acontecera na minha própria língua? Como poderia explicar minha abjeta sede de viajar, meu desejo de escapar da minha pele e de uma vida que me sufocava? Sem ter uma resposta clara do que eu estava fazendo em Cuba, dei de ombros.

Yesenia inclinou a cabeça para o lado, ponderando se deveria ou não resolver meu problema de falta de homem. Então ela se ofereceu para me arrumar alguém. Mais tarde, naquela noite, iríamos a um local bem conhecido, na bela cidade histórica de Trinidad. Fiquei curiosa, mas não otimista. Após três semanas em Cuba, eu já tinha flertado com minha cota de homens cubanos e percebi como eles conseguiam, sem qualquer esforço, iludir as mulheres. Além disso, era uma das primeiras vezes na minha vida que eu tentava não desaparecer em um homem.

À noitinha, na hora marcada, subi os dois degraus de cimento que caíam aos pedaços até o apartamento de Yesenia. A porta de madeira estava aberta e na entrada havia uma cortina de pano. No rádio tocava *cubaton*, um ritmo popular que eu me habituara a escutar na ilha. Yesenia me fez sentar numa mesinha coberta com uma toalha de plástico com flores roxas que se desintegravam e pôs mãos à obra, me deixando linda para o homem que ela escolhera para mim. Ao que tudo indicava, ele era jovem, bonito e me amaria de um jeito que eu nunca mais teria que viajar sozinha. Ela me lembrou que Cuba é para os amantes, enquanto juntava meus dreads em um rabo de cavalo alto e o prendia com um elástico vermelho vivo no topo da minha cabeça. O estilo era da Janet Jackson dos anos 1990, no filme *Sem medo no coração*. Ela escolheu uma cor de batom que certas gerações chamam de "vermelho-piranha" e sombra azul-acinzentado cintilante em quantidade suficiente para deixar os anos 1980 com inveja.

Partimos para a boate, subindo um caminho de terra íngreme e rochoso no escuro. Por conta das minhas andanças naquele dia, sabia que levava à igreja Ermita de la Popa, no topo da colina. Estava um breu, sem ninguém à vista. Assim que comecei a me questionar se não tinha cometido um erro enorme, encontramos uma pequena multidão fumando e batendo papo ao lado de um grande buraco no chão. Quando nos aproximamos, vi que o buraco era uma escadaria que descia terra adentro.

— *Espera aquí* — disse Yesenia.

Fiquei feliz em esperar na superfície, em vez de segui-la até lá embaixo. Yesenia foi ver se o local já estava aberto e, instantes depois, acenou para que eu me juntasse a ela. Yesenia não havia me dito que teríamos que descer ao inferno para encontrar um homem. Pegamos um longo lance de escada de pedras irregulares e entramos em um labirinto de túneis que dava em uma pista de dança. A Disco Ayala ficava em uma caverna de calcário, a cerca de trinta metros de profundidade. Em pouco tempo, nossos olhos se adaptaram à escuridão, e fileiras de luzes, assentos e uma pista de dança no meio tornaram-se visíveis. O local cheirava a cigarro antigo, suor e pedra molhada. À meia-noite, a festa estava só começando. Observando os turistas europeus mais velhos, vestindo jeans justos e desbotados, e jovens profissionais do sexo dançando ao redor deles, imaginei que iria viver uma experiência nova e bizarra. Do jeito que eu gosto de levar a vida.

A noite não descepcionou, mas o homem assustadoramente grande que Yesenia escolhera para mim, sim. Ele tinha cara de bebê, pórem era bem alto, com músculos enormes, como se o corpo tivesse amadurecido muito mais rápido do que o rosto. Eu o achei bonito, mas do jeito que uma tia acha um sobrinho bonito. Eu e Carlos não estávamos destinados a encontrar o amor eterno, mas todos nos divertimos com as apresentações de cubanos sem camisa deitados sobre cacos de vidro e fazendo truques com espadas e fogo, ao ritmo de *cubaton* e música techno europeia.

A claridade do céu no início da manhã nos deixou atordoados quando fomos embora cambaleando, encharcados de suor e soltando álcool pelos poros. Descemos a colina íngreme de volta à cidade, rindo, cantando e prometendo nunca esquecer aquela noite, falando tudo enrolado. Enquanto eu ia sozinha para o quarto que alugara em uma casa particular, percebi que ainda estava com o elástico vermelho de Yesenia no cabelo. Duas horas depois, eu teria que estar de pé para pegar um ônibus para Santiago de Cuba: uma cidade que reúne arte vibrante, música e a maior população negra da ilha.

Quando meu pequeno despertador de viagem tocou e me acordou bruscamente, olhei a hora e soltei um gemido. Então o pânico se instalou. Eu ia perder meu ônibus. Mas, primeiro, precisava ver Yesenia para lhe agradecer e devolver o elástico, pois não havia muitos produtos novos em Cuba devido aos embargos. Recolhi o mais rápido que pude as minhas coisas, todas espalhadas pelo quarto. Minha mochila quase não fechou depois de eu enchê-la apressadamente. Levando um pedaço de mamão macio e maduro deixado por meu anfitrião, parti para a casa de Yesenia, a fim de devolver o elástico, tirar uma foto dela e pegar meu ônibus — tudo em vinte minutos. Foi nesse estado que o táxi quase me atropelou. No meio desse caos, num reflexo, esmigalhei o pedaço de mamão que estava segurando contra o capô do carro e o senti espirrando entre meus dedos. Soltei um palavrão.

Depois do meu quase acidente, finalmente cheguei à casa de Yesenia, melada e circunspecta devido à experiência que, no fim das contas, iria moldar o resto da minha vida. Ela me ofereceu café da manhã e outro encontro com Carlos. Eu ri, tirei uma foto dela e agradeci, correndo porta afora e prometendo manter contato.

O ponto de ônibus da Viazul está lotado quando chego, ofegante e com alguns minutos de sobra. A fumaça dos ônibus ligados penetra na bilheteria sem portas. Há dois balcões, um com uma longa fila e o outro sem, e uma placa amarelada e laminada pendurada entre eles, onde se lê: "*Boletos*". Entro na fila atrás de uma mulher branca de seus trinta e poucos anos. A mochila abarrotada, as calças corta-vento na cor verde-militar e com zíper nos joelhos e os sapatos confortáveis entregam que ela também é uma viajante. A tatuagem de uma caneta de pena vermelha em seu antebraço direito chama a minha atenção.

— Tatuagem bacana — comento.

Ela sorri.

— É, eu gosto de escrever.

"Quem faz uma tatuagem de algo que apenas gosta?", penso. Começamos a conversar. Seu nome é Jessica.

Falando com um forte sotaque (alemão? Francês? Não vou nem tentar adivinhar), Jessica me conta que está indo para Camaguey, terceira maior cidade de Cuba, no mesmo ônibus que eu, e fica surpresa por eu ainda não ter a passagem. O ônibus é o transporte mais barato para viajar em Cuba, e os lugares nos da Viazul esgotam rápido. Ela me informa que estou na fila errada. Vendo que perdi minutos preciosos conversando com ela, Jessica se oferece para segurar minhas coisas e promete, com uma piscadinha, segurar o ônibus para mim. Confio na piscadinha e acredito em Jessica. Assim como confiei em Yesenia a ponto de segui-la terra adentro.

Enquanto pechincho o preço da passagem numa mistura de línguas, avisto Jessica pela janela empoeirada tentando embarcar no ônibus com nossas mochilas grandes de viagem. O motorista faz um gesto para que ela as coloque no bagageiro, na parte de baixo do veículo. Jessica o ignora. Consigo ouvir outras pessoas entrando na conversa lá fora. Ela também as ignora. Dou uma risadinha, reconhecendo que ela está cumprindo a promessa.

Eu e o atendente acabamos por acertar o valor de 47 pesos cubanos convertíveis (CUCs) pela tarifa. A passagem deveria custar uns 36 CUCs, mas logo desisto de pechinchar. Perder 11 CUCs não é a pior coisa que minha impulsividade já me custou.

Atravesso a multidão evitando os olhares, envergonhada ao ver um cubano que, diferentemente de mim, não conseguiu uma passagem — e só porque pude pagar a tarifa mais alta. Isso me dói, contudo mal paro para lamentar as injustiças da minha situação privilegiada: o ônibus começa a partir lentamente. Apenas aproveito a regalia, como fazem muitos que são privilegiados.

Corro para o ônibus e o motorista mal diminui a velocidade antes de abrir a porta para eu entrar. Jessica comemora quando me sento no último lugar, na primeira fileira, perto dela.

— Fiz papel de boba por você! — diz Jessica, dando uma risadinha e se acomodando. Além de suas artimanhas para segurar o ônibus, ela também conseguiu convencer alguém a trocar de lugar para que pudéssemos sentar juntas.

— Eu sei! Por que fez isso? — pergunto, ainda ofegante. O motor do Viazul ronca de novo embaixo de nós. Na cabine de passageiros, há luzes de Natal penduradas e canções de amor espanholas tocando alto. Agora estamos seguras a caminho: duas novas amigas unidas pela intimidade especial e estranha criada entre pessoas que viajam sozinhas ao exterior.

Jessica dá de ombros, bem animada.

— Deu certo, não deu?

Ela pergunta o que me traz a Cuba. Ainda não tenho uma boa resposta. A verdade é menos "Estou vivendo a minha lista de coisas para fazer antes de morrer" ou "Sou uma exploradora sexy e atrevida disposta a contornar as proibições de viagens dos Estados Unidos por uma aventura" e mais "Estou à deriva e com água entrando num grande bote chamado depressão, então peguei a primeira boia que encontrei para ver se conseguia salvar minha vida". Estou perambulando pelo país, andando a cavalo, fazendo corridas longas, bebendo rum, praticando espanhol e esperando encontrar o caminho de volta para mim mesma, de volta para minha vida, para meu corpo.

Até aquele momento, a vida tinha sido relativamente fácil para mim, apesar da minha pele negra. Tenho uma família muito unida e solidária que emigrou de Gana para os Estados Unidos, uma excelente educação formal, um corpo saudável e ótimos amantes. Já fiz viagens internacionais que a maioria das pessoas inveja. E, em termos profissionais, trabalho como advogada, o que deveria garantir que eu entrasse ou saísse de qualquer tipo de situação. No entanto, aqui estou eu, numa viagem sem nenhum propósito específico, empacada e profundamente insatisfeita.

Durante meu último ano de faculdade, quando chegou a hora de fazer grandes planos, pensei em como poderia servir aos outros. Não sou diplomática o suficiente para entrar na política, embora os amigos políticos de meu pai me chamassem de "senhora presidente", porque eu debatia políticas internacionais de direitos humanos com eles quando era adolescente. Não tenho paciência para ser professora. Não quero ter filhos e com certeza não quero ser responsável pelos filhos dos outros.

O direito me dava mais opções. Então escolhi esse curso porque não sabia o que mais fazer com a minha única e breve vida. Agora, com quase nove anos de profissão, sabia que havia tomado o caminho errado, rumo a uma vida que eu desprezava. Estava no meio de uma depressão esmagadora e era hóspede em meu próprio corpo. Eu sabia que, se morresse naquela hora, meus últimos pensamentos seriam de arrependimento.

Poupo Jessica de ouvir muita informação logo de cara, pois dizem que isso assusta as pessoas, então dou uma resposta vaga:

— Estou vendo o que consigo. — E devolvo-lhe a pergunta.

— Estou viajando ao redor do mundo — diz ela. — Comecei nos Estados Unidos, agora estou em Cuba. Em seguida, vou para a Argentina, para o Brasil e depois para a África do Sul antes de voltar para casa, na Alemanha.

— E por que está fazendo isso?

O tom de Jessica muda e seus olhos se entristecem.

— Como você disse, estou vendo o que consigo. — Ela deixa de me encarar por um momento e então continua: — Eu tenho câncer de útero. Esses são os lugares do mundo que quero conhecer antes de morrer.

— Puta merda!

Logo me arrependo da minha reação, mas Jessica solta uma risadinha. Qual é a resposta socialmente aceitável para esse tipo de revelação?

Posso ser sensível, o que não significa que eu tenha tato. Nunca tive. Seja por ingenuidade, curiosidade, tédio ou, neste caso, embriaguez prolongada, muitas vezes ignoro regras sociais que dizem que um assunto é inapropriado. Sigo em frente.

— Você vai morrer dessa doença?

A expressão de Jessica se suaviza. Ela olha por cima da minha cabeça para a janela do outro lado do corredor.

— Talvez.

— E aí? — pergunto. Mordo o interior do lábio, imediatamente pensando se não tinha ido longe demais. De novo. Mas não consegui me conter.

Ela não titubeia:

— Bem, aí acho que vou estar morta.

Nós rimos, um tipo de riso profundo que estremece com a fragilidade da vida.

Jessica tem 36 anos, é apenas dois anos mais velha do que eu. Ambas temos doenças que podem nos matar se não forem tratadas.

"Eu posso morrer da minha depressão", penso. Até aquele momento, e até meu quase acidente mais cedo, eu não havia considerado de fato minha própria morte. O mais próximo que cheguei disso foi quando Ryan White, adolescente ativista da aids, morreu em 1990, quando eu tinha onze anos. Foi notícia em todo o país. Mas, desta vez, parece... diferente.

Não sei se foi meu encontro recente com a morte, o ambiente alegre ou qualquer outra coisa despertando dentro de mim, mas começo a fazer perguntas *realmente* diretas e pessoais a Jessica sobre sua vida. O que ficará por fazer em sua vida se o câncer a matar? Ela queria uma família? O que a impediu de ter uma até aquele momento? Pergunto sobre seu trabalho, seus amantes, seus sonhos e suas mágoas. Acabo também lhe perguntando sobre o fim:

— Como você acha que vai ser a morte?

Jessica me diz que é a primeira vez que alguém lhe faz essas perguntas ou que quer ouvi-la falar sobre sua morte. Embora seu oncologista a tenha encaminhado para um psiquiatra, ele só se interessa pela maneira como ela está vivendo com a doença. Ele não lhe pergunta sobre o morrer. A família e os amigos também não dão abertura para conversar sobre essa questão existencial básica. Ela diz que, sempre que fala em morte, eles a encorajam a ter esperança, olhar o lado positivo e concentrar-se na cura.

Imediatamente me pergunto por que não damos abertura para as pessoas falarem sobre as questões que mais pesam em seu coração. Talvez porque achemos que seja doloroso demais ouvir. Ou seja, estou poupando os mais próximos a mim de conhecerem a profundidade da minha angústia. Não quero jogar esse peso em seus ombros. E então minha vida é cheia de fingimento. Quero protegê-los da minha dor, mesmo enquanto a minha dor se aprofunda. Todos sabemos o que está acontecendo, mas ninguém diz nada. Esse estranho ciclo deve ser infinitamente mais angustiante para alguém com uma doença incurável, que não pode se dar ao luxo de fingir que não está acontecendo o que de fato está acontecendo. Quando alguém está morrendo, essa fuga é uma forma de manipulação existencial.

Fico com o coração partido por Jessica ter que dançar sozinha com a morte. Sinto-me chamada a dançar com ela nesse lugar solitário, rodopiando sem parar na estranha beleza da vida, na curiosidade de tudo isso. O chamado é claro e inequívoco. Não exige que eu seja nada além do que já sou no momento. Não exige que eu pense nem saiba. Só me pede para sentir. Com todos esses pensamentos passando por minha cabeça, minha pergunta seguinte para Jessica é puramente instintiva:

— Quando você se imagina no seu leito de morte, quem você vê?

Jessica fecha os olhos e reflete sobre a minha pergunta.

— Vejo as cicatrizes das minhas cirurgias. Vejo cabelos grisalhos. Vejo minhas tatuagens. Manchas da idade... Vejo uma mulher que não fez o que queria.

Ela abre os olhos e me conta que sempre quis publicar um livro, escrever algo para si mesma. Então seus olhos se iluminam: ela teve uma ideia. Talvez possa criar um blog sobre esta viagem. Talvez isso possa ser o seu livro!

Estou tão animada por ela que solto um gritinho. De repente, sua tatuagem de caneta de pena faz mais sentido para mim.

Ela pega um caderno. As palavras começam a fluir tão rápido que ela mal consegue acompanhar o próprio entusiasmo. Observo com alegria, ciente de que algo está acontecendo, mas sem saber o quê exatamente. Caímos num silêncio agradável enquanto Jessica escreve, no início a toda velocidade e, depois de um tempo, diminuindo de intensidade.

Jessica sorri para si mesma depois de escrever a última frase e então se inclina na janela. Seus olhos tremem e os ombros relaxam. O punho que segura a caneta afrouxa e o objeto cai. Dormindo, ela parece muito serena.

Coloco meus fones de ouvido, radiante. Juntas, eu e Jessica nos deparamos com algo que pode fazer sua vida ter mais sentido: um ponto de apoio que pode ajudá-la a se aproximar da vida que sempre imaginou.

Olhando pela janela em direção às cirros-cúmulos que cobrem o interior do país, penso no que quero para minha vida e em quem quero ser na hora da minha morte. É a primeira vez que me faço essas perguntas aos 34 anos.

Percebo que a Alua que quero ser no meu leito de morte é uma mulher que encheu o cálice de sua vida até a borda e construiu uma existência que se sente confortável em deixar. Naquele ônibus, em Cuba, sentada ao lado de Jessica, sinto que estou muito longe de ser essa Alua. Sou uma casca humana, com um restinho de luz dentro do corpo. Sinto o peso da vergonha de não saber que sou uma morta-viva há tanto tempo. Sinto um aperto por dentro. Mas, neste momento, após conversar com Jessica sobre a morte, sinto-me bem mais perto da pessoa que quero ser no meu leito de morte.

Meu iPod embaralha as músicas e para em "Use Me", de Bill Withers. Penso em como essa música é perfeita para a vida que quero levar. Eu sempre quis ser útil. Esse chamado me levou à carreira em serviços jurídicos, atendendo comunidades de baixa renda. Mas havia partes de mim que ainda não estavam sendo utilizadas: minha sensibilidade emocional, minha quedinha pelo absurdo, meu amor pela humanidade em toda a sua desordem. Um advogado deve ver o mundo em preto e branco, o que é ou não legal. Já eu quero testemunhar a total tridimensionalidade da vida: a confusão, o amor e a lealdade teimosos, a dissonância cognitiva de tudo. Todas as coisas juntas e misturadas.

O que seria necessário para, no meu leito de morte, eu sentir que fui totalmente aproveitada? Se eu morresse feliz, como estaria no fim da minha vida? Vejo essa futura eu em minha cabeça: mãos sem vida que acolheram a dor e criaram prazer, um rosto caído e enrugado com bigode chinês e pés de galinha, uma vida inteira de amor brilhando para fora do recipiente do meu corpo, para os corações de minha família e amigos.

Olhando ao redor do ônibus, examino cuidadosamente os passageiros e me pergunto que fim *eles* encontrarão. Lá está o motorista, prestando atenção na estrada à sua frente. A mulher rabugenta que Jessica convenceu a trocar de lugar para que pudéssemos sentar juntas. O velho se abanando com um pedaço de papelão. A jovem mãe amamentando o filho. A própria criança.

Hoje, essas pessoas estão distraídas com as tarefas do cotidiano. Um dia, elas morrerão. Se sentissem a urgência da vida — sua preciosidade, seu significado insignificante —, o que fariam diferente agora? Quantos livros não escritos, amores não declarados e sonhos não realizados estão adormecidos aqui nestes assentos e nestes corpos? Será que elas ficariam satisfeitas em deixar a vida que vivem ou anseiam por mais?

Eu me pergunto se elas evitam pensar na morte. Se já tiveram uma experiência como a que estou tendo com Jessica: sentar-se tranquilamente com uma nova amizade na presença da mortalidade que nos é comum e trocar observações sobre a morte, com humor, curiosidade e amor. Será que uma experiência como essa mudaria suas vidas do jeito que já mudou a minha?

Eu poderia ser essa amiga, acho.

Eu poderia ser essa amiga para muita gente.

Pela primeira vez desde que minha depressão se instalou, sinto sinais concretos de vida em meu corpo. Conversar com Jessica sobre a morte despertou algo dentro de mim. Olhos arregalados. Coração aberto. Espírito comprometido. Pulsação perceptível. Respiração cadenciada. Foco total. Todo o meu ser está presente neste momento. Examinando cuidadosamente meu corpo, não encontro qualquer resistência dentro de mim. Minha curiosidade natural, minha compaixão e facilidade com emoções difíceis ajudaram Jessica a fazer um pouco as pazes com sua morte e, consequentemente, com sua vida. Não preciso ser mais nada além de quem já sou. *Morte?* Incrédula, vejo a ideia indo e vindo na minha cabeça como uma bola de tênis furiosa. Sinto-me mais viva do que jamais me senti em anos. Falar sobre a morte está começando a me trazer de volta à vida.

Após mais algumas horas de conversa ininterrupta, a não ser por uma soneca que tirei quando a ressaca finalmente me atingiu, chegamos a Camaguey, o destino de Jessica. Eu vinha temendo o momento de sua partida e as sete horas seguintes sozinha na estrada para Santiago. Não sei dizer se a efervescência que sinto se deve a ela ou à minha consciência recém-descoberta. Jessica se levanta e lentamente junta suas coisas. Evito contato visual. Damos um adeus desajeitado, ela anda um pouco e então se vira abruptamente:

— O que você acha de eu ir para Santiago com você?

— EU IA AMAR! — grito com todo o corpo, e ela sai correndo do ônibus para garantir que sua bagagem não seja retirada na parada de Camaguey. Então, de novo, ela se deixa cair no assento ao meu lado.

Eu e Jessica não temos nenhum plano, mas temos uma à outra. Seu senso de humor cáustico combina bem com o meu. Ficamos de olho no lanche da criança do outro lado do corredor, trocamos histórias de terror sobre romance e sexo, e rimos dos videoclipes do cantor espanhol Camilo Sesto que passam no ônibus quando a noite cai. A umidade cubana, a fumaça do ônibus, nossa fome e as raras paradas para ir ao banheiro são irrelevantes na nossa bolha.

Ao chegar a Santiago, vamos a algumas lojas atrás do rum Havana Club Añejo 3 Años e de um mixer para suco de manga — como se meu fígado ainda aguentasse mais álcool — e depois seguimos ao lugar que reservei para passar a noite. Um homem de meia-idade nos cumprimenta na varanda da entrada e nos leva para dentro. É uma casa particular térrea, em tom rosa desbotado, decorada com fotos antigas de uma mulher e paninhos rendados. Plástico amarelado cobre a mobília de veludo verde. Caminhando lentamente, como se estivesse passeando em um museu, o dono nos mostra a casa.

Ele nos leva até um quarto com duas camas de solteiro e uma cômoda com um ventilador em cima. As camas estão cobertas com colchas floridas típicas de casa de avó. Negociar um novo valor para duas hóspedes em vez de uma é fácil, graças à nossa moeda estrangeira. Goles de rum e Backstreet Boys tocando no meu iPod tornam mais agradável o finzinho de tarde com minha nova amiga, enquanto baratas do tamanho de roedores correm pelo chão. Nossa bagagem desfeita está sobre a cômoda para evitar nossas novas amigas apressadas.

Eu e Jessica rapidamente decidimos que vamos encontrar outro lugar para ficar no dia seguinte. Dançamos um pouco, pulando na cama sempre que nossos amigos insetos aparecem. À medida que a noite avança, sinais da doença de Jessica ficam claros. Ela se move devagar, suas pernas e seu abdome retiveram líquido após a longa viagem de ônibus. Ela me ensina a fazer drenagem linfática enquanto conversamos sobre onde eu estava durante a queda do Muro de Berlim, que idade tínhamos quando menstruamos e como seus avós ajudaram a criá-la. A mochila de Jessica tem um compartimento especial para a medicação que ela carrega: frascos com comprimidos de vários tamanhos e cores, porta-comprimidos com os dias da semana e comprimidos soltos. Remédio para dar e vender. E, ainda assim, aqui está ela vivendo a vida acompanhada da doença. Vivendo enquanto está morrendo.

Acabamos por nos acomodar nas camas de solteiro deste quarto vermelho com um grande sol pintado na parede. Quando apago a luz, ouço Jessica se revirando, inquieta, na cama. Brincamos que as baratas vão fazer sua própria festa agora. Então, ela fica séria.

— Por favor, não surte, está bem? — sussurra Jessica.

Não digo nada, mas prendo a respiração, forçando meus ouvidos e meu corpo a identificarem qualquer indício de que eu deveria, de fato, surtar. Será que ela estava fugindo do governo alemão? Será que foi enviada pela minha família para ficar de olho em mim? Será que ela tentaria me matar enquanto eu dormisse? Estou sozinha em um quarto, numa ilhazinha, com alguém que só conheço há catorze horas. Talvez eu devesse estar preocupada.

Hesitando, Jessica começa:

— Lembra quando aquele carro quase atingiu você?

— Lembro — respondo devagar, não entendendo como ela poderia saber que quase fui atropelada em Trinidad, no começo do dia. Foi antes de conhecê-la no ponto de ônibus. Continuo prendendo a respiração.
Ela prossegue:
— Eu estava nele.

Não acredito em coincidências. Mas acredito em sincronicidades e falhas na Matriz. Posto isso, eis o que sei agora, muitos anos depois, em minha nova vida: se não fosse meu encontro "por coincidência" com Jessica, provavelmente eu estaria morta. O peso de viver uma vida inautêntica, repleta de expectativas sociais e culturais, estava me sufocando. Eu me sentia um fracasso e não conseguia encontrar motivos para continuar. Todos os dias eu me perguntava: "Para que serve a vida?". Mas a ideia de chegar ao fim da minha existência sendo o mesmo ser humano despedaçado e vazio abriu caminho para eu criar o tipo de vida que queria levar. Ao imaginar quem eu queria ser no meu leito de morte, convidei a vida a entrar: o encantamento de olhar com atenção nos olhos do meu amante. O tédio feliz de enfeitar patins para mim e minha sobrinha para sua festa de aniversário de dez anos. A inspiração em um trabalho que ajuda os outros. O espanto de ver meu sobrinho completando dezoito anos num piscar de olhos. O assombro do nascimento. O mistério da morte.

Socialmente, evitamos conversar sobre a morte. Como os amigos e a família de Jessica, que a encorajaram a ter esperança na cura em vez de pensar no seu fim, fingimos que temos controle sobre a doença e sobre a vida. O ser humano é engraçado, não é mesmo? Nossa clara inadequação e a impotência diante da morte são um lembrete de nossas limitações. E é totalmente compreensível que isso seja assustador. Mas a ideia da morte é uma semente. Quando essa semente é plantada com cuidado, a vida se desenvolve como as flores silvestres. A única coisa que está sob nosso controle é como escolhemos nos relacionar com nossa mortalidade quando tomamos consciência dela. Foi em Cuba que me tornei consciente disso. Se você ainda não tem essa consciência, que diabos está esperando?

No momento em que escrevo estas palavras, Jessica ainda está viva e em remissão. Porém — alerta de spoiler —, ela vai acabar morrendo. Assim como todos nós.

2

O CORPO SEMPRE VENCE

QUANDO SOU CHAMADA para acompanhar uma pessoa doente, meus clientes e suas famílias muitas vezes acham que sei tudo o que há para saber sobre a morte e o morrer. Mas, apesar das inúmeras horas que já passei com gente que se prepara para a morte, há muitas coisas que nunca vou entender. Quem poderia? Certamente não os cientistas, filósofos ou pregadores de rua que estão entre nós. Eles ainda estão vivos. As pessoas que tiveram uma experiência de quase morte? Essas foram até a antecâmara da morte e deram meia-volta. Doulas da morte, como eu? Também ainda estamos vivas. Posso ler todos os livros e chegar perto da morte mil vezes, mas, sem experimentá-la diretamente, serei apenas mais uma pessoa tão curiosa e sem certezas quanto qualquer outra viva. O que tenho *observado* no leito de morte de outras pessoas é que morrer é um processo de transformação do corpo, e a morte marca o fim dessa transformação. Quando nosso tempo na terra se esgota, nosso corpo passa de um recipiente vibrante e conectado, animado por algo desconhecido, para matéria vazia e inanimada no espaço de uma única respiração.

O corpo conta a nossa história. No fim, ele dá pistas do tipo de vida que levamos. O rosto dos meus clientes muitas vezes revela como eles andaram pelo mundo. Por exemplo, as rugas profundas entre as sobrancelhas de Jonathan sugeriam ceticismo e curiosidade. Ele era astrônomo, e o único pedacinho de chão visível em sua casa era o trecho da sala de estar até o quarto. O resto estava coberto por pilhas de revistas científicas de papel lustroso. Ele se recusava a usar óculos para lê-las. As marcas causadas pelo ato de apertar os olhos constantemente eram visíveis em seu rosto, mesmo quando estava em repouso.

Uma ex-dançarina chamada Elizabeth, que ficou acamada por três anos após múltiplas cirurgias de prótese de joelho e quadril, tinha linhas de expressão profundas ao redor da boca e um par correspondente no canto dos olhos, que se estendiam para as têmporas e em direção ao sol. Elas demonstravam a alegria exuberante de sua vida. Mesmo em suas últimas semanas de vida, Elizabeth dava risadinhas como se estivesse se apaixonando.

Carrancas, desaprovação e tristeza estavam presentes na papada de Ernst. Com pouco mais de um metro e quarenta de altura, ele era tão ranzinza quanto um idoso é capaz de ser, só me permitia visitá-lo porque suas filhas insistiam. Ele parecia se alegrar apenas com a obsessão do neto por trens, a qual ele compartilhava. Para Ernst, era como se sempre houvesse um peixe podre na sala, a menos que o neto estivesse por perto.

A parte superior dos braços, o tronco e as coxas de Edward eram cobertos de tatuagens. Ele era um grande advogado corporativo e presidente de um motoclube na cidade onde morava.

Deixou as panturrilhas e os antebraços livres de tatuagem por causa das férias de golfe com os sócios de seu escritório.

E há também o meu corpo. Espero que, quando eu morrer, meu corpo diga que dancei, aproveitei o calor do sol no rosto e amei tanto agachamentos quanto batata frita.

Em 29 de maio de 1978, pesando quase cinco quilos, meu corpo chegou à terra para brincar. Deus abençoe o corpo de minha mãe. Ela já tinha vivido 26 anos, possuía cabelo afro curto e um corpo que já havia sido habitado por minha irmã quando me instalei nele. Como sua primeira filha só tinha seis meses, ela não sabia que estava grávida de mim. Ela não acreditava que as mulheres pudessem engravidar durante a amamentação. Estava errada. Fui concebida em Londres, mas não quero saber muito disso, a não ser que viajei em seu ventre para nascer em Gana. Tenho viajado desde então.

Meu nascimento foi minha primeira morte: do útero até este mundo. Mudei de forma. Mudei a maneira como respiro. Mudei de ambiente e deixei o único lugar que até então conhecia — o conforto do corpo de minha mãe —, para alegria dela, já que atrasei três semanas. Ou, como gosto de dizer, estava na hora certa, mas não de acordo com as projeções científicas. Isso foi em Acra, capital de Gana, e a única coisa que restava era ser paciente até eu entrar em cena. Sem ocitocina sintética, sem epidural, sem opções, exceto deixar a natureza seguir seu curso e o corpo de minha mãe fazer sua parte. Cheguei depois de um longo trabalho de ambos os lados. O dela foi alimentado por uma refeição de *tuo zaafi* (um prato do norte de Gana feito de massa de milho, ensopado de legumes e carne), enquanto sentava-se de pernas abertas num vaso sanitário; o meu, por uma boa sacudida para que meus ombros largos passassem pela sua pelve. Nasci quando o sol estava em Gêmeos e a lua em Peixes. Gêmeos ascendia no horizonte leste.

Nascida enorme e de olhos grandes, virei uma criança gordinha. Em Gana, as crianças pesadas são motivo de orgulho. Elas são carinhosamente chamadas de *bofti*. Significa riqueza, saúde e boa criação. E um grande apetite, que as mães parecem adorar.

Quando eu era pequena, minha xará, tia Alua, a tia favorita de meu pai, gritava *"Bofti!"* com alegria sempre que eu me aproximava, tentando me pegar, gemendo de satisfação por eu estar tão pesada. Ela ficou exultante por meus pais darem seu nome a uma filha. Sempre me adulando e beliscando minhas bochechas redondas, ela me levava correndo até sua casa para me dar escondido doces, bolo e Muscatella, meu refrigerante favorito, que tem gosto de água gaseificada com baunilha e caramelo misturada com abacaxi e xarope de gengibre. Quando criança, eu me sentia celebrada, desejada, segura e amada no meu corpo.

Aos onze anos, quando nos mudamos para os Estados Unidos, minha relação com meu corpo começou a ficar tensa. Ser gordinha era algo menosprezado ali. Ser negra também. De repente, meu corpo tornou-se um insulto, um inimigo, algo a ser temido e consertado, e não estimado pelo milagre que representava. Na pré-adolescência, minhas curvas chamavam uma atenção que eu não queria.

Hoje, adulta, estou em harmonia com meu corpo, concentrando-me no mistério de sua existência e me deliciando com seu poder e sua graça. Não estou mais tentando me livrar da barriguinha com abdominais e exercícios de prancha de dois minutos. Em vez disso, saboreio chips de tortilha mergulhados em creme de avelã e macarrão com queijo trufado.

Não sou mais gordinha, mas ainda sou grande. Ser grande não é uma escolha. Tenho quase um metro e setenta e oito, em um corpo com muita melanina, feminino, curvilíneo, enérgico, capaz e atlético. Por enquanto. Considero cada um desses atributos privilégios, apesar do que o mundo exterior diz. Meus traços são fortes — tenho maçãs do rosto bem definidas e um espaço grande e bem assumido entre os dentes da frente. Minhas clavículas são proeminentes, fundas o suficiente para reter água. Tenho bíceps grossos que acompanham meus quadris de parideira e tendões das pernas maleáveis. Meus dedos longos e palmas largas conseguem segurar uma bola de basquete feminina por cima com apenas uma mão, apesar de minhas unhas delicadas e bem pintadas.

Minhas pernas fortes são marcadas com cicatrizes grandes e pequenas: provas de uma vida inteira de trapalhadas e aventuras. E tenho bons e velhos pezões que vivem tropeçando. Todos os ossos que já quebrei estão nos meus pés, o que me valeu o apelido jocoso de graciosa (a ironia de que esse apelido agora esteja relacionado ao nome da minha empresa de doulas da morte, Going with Grace,[*] não me passou batida).

Às vezes, quando falo ao telefone com alguém desconhecido, sou chamada de "senhor", sobretudo pela manhã, quando minha voz fica profunda e rouca. Eu ceceio — dando um toque especial ao meu S —, o que não consigo perceber, exceto quando minha fala é reproduzida em áudio ou quando as crianças no ensino fundamental zombavam de mim. Isso é causado pela posição alterada da língua, e não desapareceu com sessões de fonoaudiologia. Não vejo nada de errado nisso. Só é diferente nos Estados Unidos. Funcionaria na Espanha.

Meu cabelo tem dreads que vão até o meio das costas. Vários estão enfeitados com fios dourados, berloques e búzios. Sempre saio bastante produzida, escolhendo roupas coloridas,

---

[*] "Partindo com Graça", em tradução livre. (N. T.)

adornando minhas orelhas e meu nariz com diversos piercings e cobrindo meus dedos e pulsos com o que alguns considerariam um excesso de joias de bronze e cobre. Eu me perfumo com olíbano e mirra.

Por onde passo, as pessoas ficam me olhando. Bem mais em Jaffna, no Sri Lanka, do que em Bedford-Stuyvesant, no Brooklyn. Mas não importa: vou lhes dar algo que valha a pena olhar. Estou aqui por pouco tempo. Por isso insisto em ocupar espaço no mundo, nas salas, na minha vida e nos meus relacionamentos. Eu não aceitaria que fosse de outro jeito. Estou aqui. Este é o meu corpo. É o lugar onde vivo e também o lugar onde morrerei.

Com o tempo, meu corpo, como todos os corpos, vai murchar e se deteriorar. Já estou perdendo colágeno na pele e pigmento nos folículos capilares, e preciso fazer xixi com maior frequência do que antes. Minhas células têm mais dificuldade hoje do que ontem para repor os nutrientes que chegam por meio da alimentação e do ambiente. Meus peitos estão caindo e me rendi completamente à celulite, até nos braços. Só soube que isso existia depois que fiz quarenta anos e a gordura começou a se instalar em lugares inusitados. Linhas de expressão estão se formando ao redor dos meus olhos, e aquela entre as minhas sobrancelhas está se aprofundando. A pele do meu rosto parece mais fina, ao passo que a dos meus cotovelos e joelhos está engrossando. Nenhuma vitamina ou creme anti-idade pode interromper esse processo. Neste exato momento, sou mais nova do que jamais serei e também mais velha do que já fui. Sou humana. Nasci. Vou envelhecer. Não envelhecer significa que morri. Então, por enquanto, prefiro tomar glucosamina para as articulações e usar um creme para a região dos olhos a fim de conservar a elasticidade da pele.

Dia após dia, confiamos em nosso corpo para realizar milhões de tarefas sem muita, ou nenhuma, participação nossa. Você tem ideia de quantas vezes respirou ou quantas vezes seu coração bateu enquanto você lia estes parágrafos? (Cerca de 360 batimentos cardíacos e entre sessenta a cem respirações, dependendo da sua velocidade de leitura.) Ou de quanta informação sensorial extra você está recebendo neste momento para regular a sua temperatura? Quando nos cortamos com uma folha de papel, a maioria de nós confia, sem muito esforço, que a pequena, mas dolorosa, ferida vai cicatrizar sozinha. O corpo transpira, transforma minerais, digere alimentos, cria resíduos, pisca, libera óleo, produz glóbulos vermelhos... você entendeu. Ele desempenha, sem qualquer agradecimento, todas as suas funções para que possamos viver. Confiamos no corpo de olhos fechados.

Confiamos no corpo para ficarmos ligados quando estamos sexualmente excitados e para nos desligarmos quando queremos dormir. Milhões de neurônios disparam quando temos um pensamento passageiro, e confiamos em nossas milhares de papilas gustativas para distinguir o doce do amargo. Por meio da dor, o corpo nos alerta para algo que requer a nossa atenção e envia glóbulos brancos para os nossos tecidos à procura de bactérias e vírus invasivos a fim de exterminá-los antes que eles nos exterminem. Sem termos consciência, o corpo nos alerta do perigo iminente arrepiando nossos pelos da nuca. Quando há emoções fortes (ou uma percepção extrassensorial), o corpo contrai os músculos que estão ligados a cada folículo piloso, fazendo com que nossa pele se levante. Conhecemos isso como arrepio (eu chamo de "piquinho", porque normalmente algo picante está acontecendo quando temos arrepios).

O corpo é o nosso companheiro mais leal. Cuidamos dele de diversas maneiras, muitas vezes superficialmente. Nós o cobrimos com roupas, cortamos o cabelo, bebemos água sofisticada, comemos, tomamos banho e nos besuntamos de hidratante (se você não faz isso, por favor, comece a fazer. Não fique com a pele acinzentada nem por um instante da sua vida). E, finalmente, descansamos quando estamos cansados. A ciência e a medicina não têm solução para tudo. Até que os produtos anti-idade e o pessoal da criogenia encontrem uma alternativa, o corpo sempre vencerá.

Pergunte-me como eu sei.

Durante nove longas semanas, aos trinta e tantos anos, treinei para ser uma corredora de meia distância competitiva: 800 metros, 1.500 metros e 1.600 metros. Um homem que conheci em um parque enquanto me alongava em meio a uma corrida recreativa elogiou minha forma física. Pensando que ele estava dando em cima de mim, mas notando que usava termos científicos para meus músculos, parei. Ele achava que eu daria uma corredora de meia distância promissora, e, como eu gostava de correr, resolvi tentar. Ele queria me treinar de graça para recuperar um pouco de sua antiga glória como treinador de corrida. Eu seria o Rocky dele, e ele, meu Mickey. Concordei em encontrá-lo às terças-feiras para corridas de dezesseis quilômetros, às quintas-feiras para levantamento de peso e aos sábados para treinos de velocidade na pista onde seus antigos colegas de corrida treinavam e onde ele me exibiria.

Nas semanas em que treinamos, eu vivia faminta. Dormia quase dez horas todas as noites. Meu corpo ficou musculoso e definido. Meu cérebro se iluminou, assim como minha pele. Eu conseguiria pegar um pote caindo de uma bancada antes de atingir o chão. Eu me sentia como uma máquina e minha bunda estava ficando mais redonda e levantada. Havia ganhos por todos os lados, mas principalmente na retaguarda.

Por nove semanas, corri. Toda semana eu acrescentava quilômetros aos meus pés e joelhos e corria em explosões curtas e longas na esperança de melhorar meu tempo. Em duas corridas de 5.000 metros, fiquei no topo da minha faixa etária. As terças-feiras queimavam meus pulmões, mas eu conseguia completar a distância. As quintas-feiras queimavam meus músculos, mas eu conseguia superar o peso. Aos sábados, eu me sentia um fracasso quando, durante cada treino de velocidade de 400 metros, meu corpo desacelerava bastante após 250. Eu falava com doçura e gritava comigo mesma para seguir em frente: "Continue. CONTINUE CORRENDO. VAI, ALUA, VAI!". Cheguei até a imaginar que estava sendo perseguida por alguém querendo me obrigar a usar Crocs de salto alto — tudo em vão. Em uma pista com corredores amadores de elite e alguns profissionais, eu ficava sem gás e me sentava no meio da raia. Uma decepção para o meu treinador. Apesar dos meus sonhos de Rocky e Florence Griffith-Joyner, de minha capacidade atlética natural e da vontade inabalável, eu não conseguia correr a distância toda.

Mudamos meu cronograma de levantamento de peso. Adicionei mais carboidratos à minha dieta. Parei de correr distâncias longas, embora fosse o que eu adorava. Tentamos mudar para distâncias mais curtas, mas não foi agradável para mim. Eu dizia ao meu corpo que ele poderia fazer qualquer coisa. Mas ele não conseguia correr a toda velocidade depois dos 250 metros. Correndo na capacidade máxima, meu corpo parava perto dos 300. O poder da mente sobre a matéria nem sempre produz o resultado pretendido. Meu corpo venceu.

A mente é poderosa. Mas não pode fazer tudo. Ela com certeza não pode evitar que as pessoas morram quando o corpo que ela habita está pronto para morrer. Conheço muitas pessoas que *queriam* de qualquer jeito viver, mas, ainda assim, morreram, porque o corpo chegou ao seu fim. Em determinado momento, o melhor que podemos fazer é ouvi-lo e confiar que o burro de carga está cansado e pronto para morrer.

Os privilegiados podem protelar o inevitável por mais tempo: pagar o tratamento mais caro, consultar um médico especialista particular. Da mesma forma, talvez com dieta específica, câmaras hiperbáricas e avaliação da marcha, eu pudesse ter corrido mais longe. Mas, em última análise, você não pode fugir do corpo em que está nem pagar para sair de um corpo doente e moribundo.

Mas não vamos falar do nosso corpo como uma prisão. Neste corpo, temos o privilégio de experimentar o playground mágico que é a terra. Por causa do nosso corpo, podemos comer donuts, pular em poças, cheirar temperos raros, ouvir crianças rirem, fazer bola com chiclete, fazer arte, fazer torta e fazer amor. Morremos porque vivemos. A morte não *acontece* conosco. É algo que fazemos. *Morrer* é um verbo de ação.

Quero que meu corpo seja tão pleno quanto a vida que levo. Quero me sentir em casa neste corpo enquanto eu estiver nesta bola azul giratória. Reconheço agora que a depressão que vivi foi o convite de um corpo vazio para ser preenchido. Sempre buscando e nunca saciada, eu era um fantasma faminto de vida. Minha eterna fome de comida (eu não era gordinha por acaso) é também minha fome de conexão, alegria, significado e amor. Hoje, não consigo diminuir meu corpo se eu quiser. Posso torná-lo mais silencioso, mas escolhi viver fazendo barulho. Escolhi ficar o mais perto possível da morte, acompanhando pessoas até o seu fim. E, nesse processo profundo, a cada vez sou lembrada da celebração da vida e da enormidade de nossa existência milagrosa. Tudo por causa desse corpo incrível que habitamos.

O que é necessário para nos apaixonarmos por nosso corpo? Confiar nele, honrá-lo e permitir que se liberte quando a morte chegar? Quando chegamos ao fim da vida, nosso corpo nos convida a nos rendermos, tendo já se deleitado com as ricas experiências do mundo. No fim das contas, toda vida precisa de uma folga da complexidade que é viver. A natureza faz o que tem de fazer. Tem sido assim desde tempos imemoriais. Ninguém sai vivo.

3

COM A MORTE NOS CALCANHARES

MINHA LEMBRANÇA MAIS ANTIGA da vida é de escapar da morte. Estamos em 31 de dezembro de 1981. Tenho três anos. Minha irmã mais velha, Bozoma, quatro, e minha irmã menor, Ahoba, um. Seguro a mão grande do meu pai enquanto ele me leva correndo pelas escadas dos fundos do edifício dos funcionários do governo onde moramos, em Acra. Normalmente fria, aveludada, firme e seca, a mão do meu pai está quente e suada, agarrando a minha como se temesse que eu escapulisse. Minhas pernas de criança não conseguem descer os sete lances de escada com a rapidez necessária, então meu pai acaba me carregando. Por cima de seu ombro, consigo ver o pátio através das janelas de vidro.

    O governo de Gana está sendo deposto por um golpe militar. Quando um plano para depor um governo fracassa, os golpistas são mortos por traição. Quando é bem-sucedido, os funcionários do governo no poder e qualquer um que se coloque no caminho da oposição são mortos. Em ambos os casos, centenas de pessoas perdem a vida por nada, em meio ao tumulto, à desordem e à anarquia. Sou muito jovem para entender tudo isso, mas o medo da morte recobre Acra naquela manhã.

Quando fecho os olhos agora, imagens desse dia fatídico permanecem comigo: portas de carro abertas bruscamente, pertences jogados às pressas para dentro do veículo. Carros buzinando, impacientes. Pessoas correndo de um lado para outro, em pânico. As imagens mentais parecem vivas e desconhecidas, como retratos do álbum de família de outra pessoa. Vários anos se passaram até eu perceber de onde vieram.

Tudo o que sei sobre aquele dia, além desses flashes desconexos, foi contado por meus pais em conversas sobre esse momento terrível de suas vidas. Eu já era adulta então. Foi estranho ouvir sobre nossa fuga e tentar me inserir nela. Eu estava lá, mas nunca saberei realmente tudo o que senti. Talvez fosse pequena demais para entender o que acontecia ao meu redor, ou talvez esse espaço em branco seja um casulo que me protege dos traumas da primeira infância. Nunca saberei. Mais do que tudo, lembro do calor da mão do meu pai. Em meio ao caos causado pelo medo da morte, sei que me senti calma e protegida com ele me segurando.

Quaisquer que sejam os efeitos sobre mim, a história do golpe pertence aos meus pais. Foram seus corpos que carregaram diretamente o peso dessa experiência. O que se segue é a história deles, ou a parte que escolheram compartilhar comigo, filtrada pelo tempo, pela distância e por sua própria dor.

Meu pai, dr. Appianda Arthur, foi um proeminente funcionário do governo de Gana sob a presidência de Hilla Limann, que, de repente, deixou de ser presidente. Se ficássemos em nosso apartamento, meu pai morreria. E muito provavelmente nós também. Então descemos as escadas correndo para chegar a um lugar seguro, porque o elevador estava ocupado com outros funcionários do governo e suas famílias, também desesperados para fugir. Aos 36 anos, meu pai era uma estrela em ascensão no cenário político de Gana. Ele obteve doutorados em etnomusicologia e antropologia na Universidade Wesleyan, nos Estados Unidos (a qual eu acabaria por frequentar) e teve uma carreira ilustre como professor na Universidade de Gana (que também frequentei; definitivamente uma filhinha do papai).

Além disso, meu pai representava o distrito de Nzema Leste, situado no oeste de Gana, como membro do parlamento; ele fazia parte do comitê que supervisionava o gabinete do presidente e às vezes viajava na comitiva de Hilla Limann. A administração Limann assumira havia pouco mais de dois anos, e agora o governo estava sendo deposto por J. J. Rawlings, uma figura notoriamente violenta na história política de Gana. Foi uma época perigosa para nossa família.

Minha mãe, uma mulher da etnia fante chamada Aba Enim, que trabalhou como modelo em Londres antes de se casar com meu pai, não tinha se preparado para nada disso. Há uma foto dela antes de ser mãe, escondida em suas coisas, a qual vi apenas uma vez; cabelo afro bem curto, shorts jeans cavados, sutiã de crochê e sapato plataforma: uma mulher sexy e durona bem a cara da década de 1970. Em uma das mãos, um cigarro pendurado, na outra, um copo com uma bebida escura, e atrás dela, uma vitrola. Mas, agora, sua vida era diferente. Ela costurava capas de almofada para uma empresa de móveis porque precisávamos do dinheiro extra. A carreira política não é particularmente lucrativa em Gana.

O casamento foi uma jogada inteligente do meu pai. Assim que a carreira de modelo e estilista de minha mãe começou a deslanchar, ele a agarrou e a levou para os Estados Unidos, onde ele concluiu seus doutorados. Ela nunca sonhara em ser uma mãe trabalhadora com três meninas menores de cinco anos. Ela com certeza nunca sonhara em ter de pegá-las em total desespero e fugir de camisola para salvá-las de uma gangue de rebeldes armados.

Depois do anúncio oficial, proferido na rádio às sete da manhã, de que o governo fora deposto e todos que trabalhavam para ele deveriam se render imediatamente ou correr o risco de serem presos e executados, meus pais nos levaram às pressas para a casa de meu tio Paa Kwesi. Minha mãe esqueceu o mingau do café da manhã da minha irmãzinha. O que parecia um pequeno descuido transformou-se em um terror indescritível quando ela tentou recuperá-lo. Anos depois, ao me relatar essa experiência angustiante, minha mãe não conseguiu contar tudo, pois os detalhes eram pesados demais até mesmo para essa mulher obstinada. Ela só conseguiu contar a história aos pedaços. Fico com o coração partido por tudo o que suportou. A graça com que ela veste essa dor silenciosa é, para mim, o epítome da força.

Alguns dias depois do golpe, meu pai decidiu se entregar em vez de correr o risco de ser capturado. Com seriedade, ele e seus companheiros do governo entraram em uma van que os levou até a prisão de Nsawam, nos arredores de Acra. Quando meu pai me descreveu esse momento por telefone recentemente, fiquei comovida ao ouvir sua voz embargada:

— A Bozoma me perguntou se eu iria voltar para o aniversário dela em três semanas — disse ele. — Ela ia fazer cinco anos. Eu não podia dizer que não sabia nem se iria vê-la de novo. Eu só sabia chorar. — Meu pai não é do tipo que se emociona; sua dificuldade em me relatar esse momento, mesmo quarenta anos depois, me mostrou como as feridas eram profundas.

Conforme ele me contou, um grupo de soldados arrogantes da oposição o recebeu com chutes, provocações, tapas e coronhadas. Nos cinco meses seguintes, ele ficou sentado num canto da prisão reservado para aqueles cujo destino ainda não havia sido definido. Durante esse tempo, ele encontrou uma Bíblia dos Gideões e resolveu dedicar sua vida a Deus. Seu coração ficou preenchido e ele se entregou a um propósito singular. A despeito do que estivesse no coração de meu pai naquela cela — medo, raiva, ansiedade, tédio, confusão —, sei que sua conversão foi total e sincera.

Quando chegou a hora de ser julgado por um tribunal militar por seus "crimes", meu pai relatou aos juízes seu recém-descoberto compromisso com Deus e prometeu espalhar o amor do Senhor caso fosse libertado. Eles riram, já tendo condenado seus companheiros a trinta ou quarenta anos por "corrupção".

Enquanto meu pai estava preso, minha mãe também encontrou Jesus. Sua conversão aconteceu durante um encontro de avivamento religioso, em Acra. Na verdade, a dela foi ainda mais improvável do que a dele: a fé de minha mãe geralmente só se manifestava algumas vezes por ano, durante casamentos ou funerais. Mas consigo entender que cuidar de três crianças sozinha, com o marido na prisão, levaria qualquer um a buscar um poder superior. O desespero costuma ser solo fértil para a fé.

Um ponto positivo desse período foi o fato de meus pais terem ficado próximos dos norte-americanos da embaixada dos Estados Unidos em Gana após o tempo que passaram nos Estados Unidos. Esses relacionamentos foram importantes quando minha mãe implorou a seus amigos da embaixada que ficassem atentos à situação do meu pai, pois os Estados Unidos estavam de olho na turbulência política em Gana. Por várias semanas, minha mãe batalhou muito, sem saber se algum dia voltaria a ver o marido.

Depois de seis meses, surpreendentemente, os responsáveis da prisão levaram meu pai a sério e decidiram libertá-lo no início de maio, bem a tempo do meu aniversário de quatro anos. A oração e a fé cristãs de meus pais tinham sido comprovadas, e o reencontro deles foi tão exultante que conceberam uma quarta criança. Eu e minhas irmãs torcemos em segredo por um irmão.

Depois que meu pai foi solto, um antigo colega dele, Chris Weaver, atuou junto à embaixada norte-americana para conseguir nossa viagem rumo aos Estados Unidos. Meu pai ficou para trás porque seu passaporte fora apreendido. Eu, minha mãe e minhas irmãs fomos para Bethesda, em Maryland, morar com o "tio Chris", enquanto meu pai resolvia sua fuga de Gana. Grávida e com três filhas muito pequenas, minha mãe embarcou no avião e nos acomodamos para o longo voo. Eu ignorava a gravidade da situação, é claro, e nunca consegui ficar quieta por muito tempo. Lembro de andar para cima e para baixo nos corredores de nossos voos internacionais, fazendo amizade com outros passageiros.

Na chegada, minha mãe estava sozinha em um país onde ela só passara alguns anos. Desmoronar teria sido uma opção fácil para ela. Mas isso simplesmente não está em seu DNA. Quem a ouve contar acha que ela carregou aquele peso sem esforço: esposa expatriada e de repente mãe sozinha, uma guerreira apaixonada. Quando chegou a Bethesda, era uma fiel que conhecia o cristianismo e procurou, sem parar, um lugar ao qual pudesse se integrar enquanto aguardava pacientemente a vinda de meu pai. Ela encontrou esse lugar na lista telefônica: a Primeira Igreja Batista de Bethesda. Em um domingo, ela nos matriculou na escolinha da igreja e arranjou um emprego ali. Só depois de muita insistência minha, ela revelou que muitas vezes chorava sozinha no banheiro, geralmente comigo ou uma de minhas irmãs batendo na porta.

Depois de uma sorte inesperada e de uma rota penosa para sair de Gana, orientado por agricultores durante o dia e pescadores à noite, meu pai conseguiu chegar à Costa do Marfim e finalmente à Libéria. Lá ele foi classificado como refugiado político e obteve um passaporte internacional, que lhe permitiu juntar-se a nós em Maryland. Seis meses depois de partirmos, ele estava seguro e ao nosso lado, mas o caminho à frente permanecia incerto.

Em Maryland, fomos morar na nossa primeira casa de verdade nos Estados Unidos. Tenho poucas lembranças dos anos passados lá, mas todas são de segurança e família: uma vez, uma babá passou rímel em mim. Achei que meus cílios ficaram longos demais, então os cortei, para horror da babá, que teve de explicar por que uma criança pequena levou uma tesoura aos olhos sob sua supervisão. Lembro do meu aniversário de cinco anos e do delicioso bolo de chocolate relutantemente compartilhado com Ahoba, que completara três anos no início do mês do *meu* aniversário. Para a ocasião, minha mãe nos fez roupas combinando com tecido ganense. Na infância, usávamos muitas roupas feitas em casa e combinando. Eu achava legal, mas meus colegas de escola discordavam. Com a confiança suprema de uma criança de cinco anos, eu dava de ombros. (Na adolescência, a história era outra.) De qualquer forma, éramos forasteiros. E meus pais voltaram do hospital com mais uma menina: minha irmãzinha, Aba. Eu e minhas irmãs ficamos muito decepcionadas. Lembro-me de pedir à minha mãe que a devolvesse, mas hoje não consigo imaginar ninguém além dela. Ela mantém meus pés no chão. Aba completou nossa família.

Durante anos, fomos missionários e refugiados políticos, andando ao redor do planeta enquanto meu pai trabalhava pregando e divulgando o evangelho de Jesus. Aonde quer que fôssemos, nós seis subíamos no palco. Meu pai como pastor visitante, sua linda esposa e suas quatro filhas com roupas combinando. Sorríamos para fotos, acenávamos e partíamos para a igreja seguinte no outro domingo. Em períodos mais longos, ficamos um tempo em Pasadena, na Califórnia, enquanto meu pai lecionava no Seminário Teológico Fuller. Moramos em Nairóbi. Chegamos até a voltar para Gana por alguns anos, enquanto meu pai chefiava o escritório regional da organização não governamental Prison Fellowship International na África, compartilhando sua história de redenção em prisões de todo o continente. Depois que meu pai cumpriu sua pena inicial, as acusações contra ele caducaram e fomos autorizados a entrar no país em segurança. Por causa do trabalho, meu pai fazia muitas viagens internacionais, o que deu à minha mãe a oportunidade de conhecer outras partes do mundo e passar um tempo a sós com ele quando eu e minhas irmãs ficávamos para trás. Na ausência dos meus pais, colegas missionários e amigos da família tomavam conta do bando de bagunceiras que éramos, e, quando voltavam, mamãe e papai traziam presentes.

De Manila, eles trouxeram sandálias de plástico coloridas. Até hoje, na minha cabeça, as Filipinas são a terra do sapato de borracha brilhante. Quando voltou da Austrália, meu pai trouxe um baú de metal cheio de coisas bacanas, incluindo um bumerangue. Lembro-me dele jogando o bumerangue dentro de casa e minha mãe gritando com ele, porque sabia que eu iria correr atrás daquilo. Corri e cortei minha panturrilha direita na quina do baú de metal. Hoje, a grande cicatriz de quase treze centímetros ainda me lembra de tudo o que foi possível para minha família, mesmo em face do caos.

Senti raiva por muito tempo. Durante a maior parte da minha adolescência e início da vida adulta, acreditei que J. J. Rawlings e seus soldados roubaram Gana de mim naquela véspera de Ano-Novo. Se ele e suas forças não tivessem deposto o governo, eu poderia ter crescido num país com gente que se parecia comigo, comia minha comida, falava minha língua. Eu poderia ter namorado pessoas sem ter que lidar com diferenças culturais. Eu poderia ter ido todos os anos ao Kundum, um festival na região do meu pai, ou poderia ter aprendido a regatear nos mercados de Acra. Poderia ter crescido comendo meu petisco favorito, banana-da-terra madura frita enrolada em pimenta, gengibre e sal, também conhecido como *kelewele*.

O golpe me forçou a viver como forasteira aonde quer que eu fosse. Nunca fui totalmente ganense por não ter sido criada lá nem totalmente norte-americana devido à minha herança ganense. Nunca sei como responder a "De onde você é?". A resposta é onde nasci? De onde são meus pais? Onde fui criada? Ou onde moro? Ou onde durmo? "Lar" sempre foi um conceito efêmero para mim, e tive que aprender a cultivá-lo em meu corpo.

Às vezes me pergunto se o golpe e todas as suas consequências me moldaram de maneiras que talvez eu nunca compreenda totalmente. Minha lembrança mais antiga é de uma fuga emocionante, que desafiou a morte. Será que isso ajuda a explicar a eterna inquietação que habita meu espírito, meu anseio interminável por aventura? Talvez aquela fuga fatídica pela escada dos fundos, em Gana, tenha reconfigurado meu pequeno cérebro e me levado a ficar para sempre atraída por experiências culminantes.

Faz sentido. Lutei a vida toda contra um medo quase patológico do tédio. Não me considero alguém que anda atrás de fortes emoções, mas sem dúvida sou viciada em experiências. Paixão.

Festivais de música. Substâncias psicodélicas. Coração partido. Aventura, dopamina, ocitocina. Inundem o meu corpo com substâncias químicas que me façam sentir viva, por favor.

Quando criança, sempre reclamava de estar entediada. "Vá ler um livro", diziam meus pais, exasperados, ao que eu respondia: "Já li todos". (Verdade.) Eu virava tudo de pernas para o ar: desfiava cobertores, desmontava controles remotos. Era movida por uma necessidade insaciável de descobrir *por que* as coisas eram como eram. A escola era uma tortura, assim como os recitais repetitivos das aulas, a completa falta de questionamento. Logo experimentei a mesma frustração com a falta de questionamento no cristianismo. Ficar quieta era um castigo que eu infringia falando sempre com as pessoas ao meu lado ou me mexendo sem parar. O tédio era uma força que me obrigava a tomar uma atitude; eu não o deixaria me pegar.

Pior do que os sentimentos mais assustadores — trauma, perda, terror, sofrimento — é o medo que sempre tive da monotonia. Talvez a rota de fuga que nossa família seguiu pelo mundo tenha algo a ver com isso. Ou talvez eu estivesse destinada a ser uma criança abelhuda, inteligente, curiosa, desajeitada, inquieta e sensível, não importa onde nasci.

Seja como for, o golpe chegou em nossas vidas de forma inesperada. Quando o inesperado chega para nos roubar algo que estimamos, também pode trazer oportunidades incríveis. Como a própria morte.

A verdade é que o golpe, e toda a morte que ele trouxe, criou uma oportunidade para minha família. Somos extremamente próximos. Não importa para onde vou nem aonde já fui, minhas irmãs continuam sendo minhas melhores amigas, mas não estamos livres de desafios. Crescemos espremidas como sardinhas em lata — quatro crianças em seis anos —, então, naturalmente, queríamos matar umas às outras de vez em quando, mas também gostaríamos de matar qualquer um que olhasse torto para uma de nós. O meu lugar é ao lado delas. Como adultas, nosso profundo laço de irmandade me alimenta e me sustenta de um jeito que não seria possível sem o cenário em constante mudança de nossa infância. E, como somos todas altas, com pés grandes e estilos variados, tenho mais três guarda-roupas e armários de sapatos para explorar. Se tivéssemos ficado em Gana, nunca teríamos nos transformado nas mulheres que somos hoje. Quem mais além de minhas irmãs pode compreender as implicações de nossa infância, os encontros de avivamento cristão que duravam a noite toda, as constantes viagens, a merenda escolar de comida ganense e nossa rebelião secreta de adolescentes contra o cristianismo?

Sim, a morte pode ser uma ladra. Mas também é o que traz vida. As folhas mortas caem das árvores e nutrem o solo. As pessoas morrem e abrem espaço para que outras nasçam e povoem a terra. Nossas células envelhecidas morrem continuamente para que as novas possam prosperar. Quando olho para trás e vejo a vida que vivi, consigo reconhecer a sincronicidade de tudo isso.

Naqueles tempos caprichosos, eu e minhas irmãs não sabíamos da luta que meus pais enfrentavam para nos sustentar enquanto exerciam seu trabalho missionário. Apesar do que estavam passando, meus pais decidiram que meninas prestes a se tornarem mulheres precisavam de estabilidade. Então, em 1989, nos mudamos pela última vez como uma família para Colorado Springs. Ali é o centro mundial do movimento cristão evangélico: branco, militar e extremamente conservador. Por fim, em 2006, meus pais se divorciaram, vendendo a casa que construíram e que tinha um porão mobiliado para minhas irmãs e nossos amigos. Cada um foi para o seu lado, mas de alguma forma ainda somos um, com laços forjados por sangue, morte e experiência.

Pequenas mortes ocorriam cada vez que nos despedíamos de uma casa (cujos endereços sempre lembrarei), amigos (cuja maioria esqueci o nome), costumes, rituais e familiaridade. Éramos transformados por cada experiência, mas logo conhecíamos novos lugares, novas pessoas, novas comidas, novos modos. Hoje somos um mosaico de todos os lugares onde já estivemos, um reflexo daqueles que conhecemos um dia e uma tapeçaria de quem nos tocou.

Somos uma turma muito unida: meus pais atenciosos, resilientes, experientes e carismáticos, e quatro filhas inteligentes e corajosas — o mesmo brilho, centelhas diferentes. Nós sobrevivemos. Andamos para lá e para cá no mundo como uma unidade, e nada — *nada* — poderia se infiltrar em nosso círculo. Isto é, até Bozoma conhecer Peter e ele também fazer parte da nossa família.

4

Peter

Quem me dera ter entendido que ao falar que estava cansado, na realidade, ele quis dizer que estava cansado da *vida*. Ele estava cansado de viver num corpo doente. Estava cansado de estar pronto para morrer. Eu não entendi. Peter murmurou algo que não consegui ouvir, então me inclinei para mais perto. Sua voz estava fraca devido aos tumores que cresciam, havia meses, na garganta e nas cordas vocais.

— O que você disse?

— Estou cansado — resmungou ele. Seu olho direito procurou os meus. O outro estava coberto com um tampão, pois começara a girar à medida que o câncer progredia e atacava os músculos que o controlavam.

— Então descanse, está bem? Descanse. — Sorri e dei um tapinha em sua perna. Os cantos de sua boca mal se abriam sob o peso de sua exaustão. Ele não conseguia fingir um sorriso. Com um beijo rápido em sua testa oleosa, juntei minhas coisas e dei boa-noite para minha irmã Bozoma, minha mãe e os pais de Peter, enquanto minha sobrinha de quatro anos, Lael, também se despedia. Sem olhar para trás, saímos do quarto do hospital. Essas foram as últimas palavras que meu cunhado Peter me disse. Ele ficou inconsciente naquela noite e morreu três dias depois. Peter me ensinou como ser doula da morte. Também me ensinou que nunca se cura totalmente a dor da perda. Apenas se aprende a viver com ela.

Em 2001, minha irmã mais velha, Bozoma, começou a falar sobre um cara que havia conhecido no refeitório do trabalho. Ela atuava como executiva de contas júnior na Spike DDB, uma divisão da agência de publicidade DDB dirigida por Spike Lee, e Peter trabalhava para a DDB na parte de criação. Por telefone, ela me contou sobre esse homem que a havia paparicado com vinhos, jantares e um monte de buquês. Conforme as semanas foram se transformando em meses, ficou claro que Peter Saint John tinha vindo para ficar.

Peter era gregário, ambicioso, engraçado e bobo. Com 1,93 metro, socialmente conservador e ítalo-irlandês de Boston, ele também era diferente de qualquer pessoa dos meus círculos sociais. Ele não tinha a menor noção de estilo, a não ser pelo gosto por jaquetas de couro. Usava meias esportivas com mocassins, pelo amor de Deus. Discutíamos por tudo: pena de morte, decisões de carreira tomadas por paixão, vegetarianismo. Bozoma arbitrava. A guerreira da justiça social em mim fez dele um projeto no qual falhei, mas não desisti. Não se pode fazer das pessoas um projeto: outra lição que Peter me ensinou. Ele era o caçula de sete filhos e nunca teve um irmão sobre quem pudesse exercer domínio. Eu me tornei essa irmãzinha. Ele me zoava sem dó nem piedade e me encorajava sem parar. Eu o apresentava aos caras com quem estava saindo, e Peter sempre tinha algo a dizer. Ele mal conseguia aguentar até que fossem embora: "Que idiota esse cara". "Você pode arranjar coisa melhor." Ou o seu favorito: "Pelo amor de Deus, Alua, nem de longe ele é tão inteligente quanto você". Ele resmungava, revirava os olhos e olhava para mim como se eu tivesse perdido o juízo. Então me lembrava de que eu nunca deveria me acomodar. Sei bem o que ele diria acerca de algumas das minhas escolhas recentes em matéria de homem. É assim que os nossos mortos permanecem conosco.

Depois de um ano, Bozoma e Peter noivaram. Fiquei exultante. Eu iria conseguir mantê-lo como meu irmão mais velho *e* ser a dama de honra no casamento deles. Bozoma, a "Noivazilla", insistiu para que eu não fizesse dreads no cabelo antes do casamento por causa de um penteado que ela queria que eu usasse. Mas não a ouvi. Ela ficou danada. A louça que ela escolheu não era meu estilo e, contra o meu bom senso, uma noite eu lhe disse por telefone quando ela pediu minha opinião. Reclamei de Bozoma para Peter, que riu sem dar importância e me aconselhou a não ficar no caminho dela. Ali estava um homem que conhecia minha irmã e a amava exatamente do jeito que ela era. Eu não poderia ter pedido outra coisa de um cunhado. Para um membro adicional da família que não pude escolher, tirei a sorte grande.

Quando a primeira filha deles, Eve, nasceu com 23 semanas, em 2008, e não chegou a respirar pela primeira vez, peguei o primeiro voo de Los Angeles a Nova York para estar com os dois. O sofrimento dos dois era enorme e enchia o pequeno apartamento de um quarto no Upper East Side. Eu e Peter fazíamos longas caminhadas para que Bozoma pudesse ficar algum tempo longe do olhar preocupado e cauteloso dele. Bem-vinda ou não, visitei-os muitas vezes naquele ano. Queria vigiar e cuidar da minha irmã enquanto ela passava por aquela dor inconcebível.

Embora eu geralmente dormisse no sofá ou no colchão durante minhas visitas, às vezes Peter me deixava deitar na cama com ela e ficávamos acordadas conversando, ou sem dizer nada. Não poder curar sua dor acabava comigo, e eu e Peter nos compadecíamos disso, ao mesmo tempo que dávamos abertura para o sofrimento dele, que muitas vezes era deixado de lado em favor do da minha irmã. Peter se importava profundamente com a experiência dos outros.

A segunda filha deles, Lael, nasceu nove semanas prematura, em 2009, no dia do meu aniversário. Cheguei ao hospital, em Nova York, antes do amanhecer, em um voo noturno, e encontrei Peter andando de um lado para o outro na recepção, esperando por mim. Achei que eu fosse explodir; já ele parecia um filhote de labrador frenético. Estava completamente eufórico.

— Ela chegou. É perfeita. Ela chegou! E é seu aniversário! — repetia ele no elevador até chegar ao andar onde o parto se dera, sem conseguir ficar parado, mesmo sendo seis da manhã e ele tendo passado a noite em claro. De todos os dias para nascer, Lael escolheu o meu dia. Assim que chegamos ao quarto, Peter saiu para pegar um lanche e dar a mim e a Bozoma um tempinho juntas com nossa mãe. Quando entrei, Bozoma disse:

— Você gostou do seu presente de aniversário? — Lael estava na UTI neonatal, onde ficaria por algum tempo. Eu mal podia esperar para vê-la.

Eu me arrastei com minha mãe para a poltrona aos pés da maca de parto, enquanto minha irmã era cutucada e revirada pelas enfermeiras. Sem demora, minha mãe me perguntou se eu não precisava tirar um cochilo e o que queria comer. Imediatamente me senti com treze anos e desejei que ela parasse de se preocupar comigo. Ao me dar conta de que exatamente 31 anos antes minha mãe estava na sala de parto me dando à luz, resolvi pegar leve com ela.

Quando voltou de seu passeio, Peter trouxe dois *cupcakes* com os números zero, para Lael, e 31, para mim. Posamos para uma foto. Bozoma segurou o *cupcake* para Lael e eu segurei o meu. Peter amassou meu *cupcake* na minha cara assim que a máquina fotográfica disparou. Encontrei essa fotografia enquanto vasculhava suas fotos digitais em busca de uma imagem para usar em seu funeral. Chorei lágrimas quentes e silenciosas diante de seu computador.

O caminho para a morte de Peter foi lento no início, depois pareceu acontecer de uma só vez e em meio a outras crises familiares. Minha mãe, que se mudara para o norte de Nova Jersey para ajudar Bozoma e Peter, foi diagnosticada com câncer de útero em estágio dois alguns meses após eu voltar de Cuba. Ela esperou até eu estar viajando pela África do Sul para me contar, pois sabia que cancelaria a viagem para acompanhá-la, e ela queria que eu fosse e me divertisse. Fiquei brava com minha mãe por não ter me contado antes e decidi redirecionar minha viagem de retorno para Nova Jersey para suas sessões de quimioterapia. Depois de seis semanas percorrendo o interior da África do Sul e de me apaixonar por um viajante alemão chamado Patrick — um baterista de cabelos e olhos castanhos tão profundos quanto piscinas de chocolate —, cheguei a Nova Jersey.

Eu e minha mãe passamos a manhã do meu aniversário de 35 anos juntas num lugar chamado "bar de infusão". Um nome bastante sexy para um centro de tratamento medicinal tóxico. Essa era sua segunda dança com o câncer. Alguns anos antes, havia sido diagnosticada com câncer de mama, que foi tratado com mastectomia e quimioterapia. Minha mãe costuma ser uma paciente desafiadora, mas ela sabia o que fazer: cateteres, náuseas e suco de romã, porque isso *talvez* ajudasse a retardar a reprodução das células cancerígenas. As sugestões dos amigos eram infinitas e frustrantes, como beber suco de babosa de Porto Rico, em vez de fazer quimioterapia, e ficar deitada de costas com as pernas abertas… para deixar o câncer ser arejado. Era muita ignorância. Ela é conhecida por sua força, por isso a fraqueza de seu corpo causada pelos tratamentos me abalava. Apesar de todo o tempo que passo pensando na morte, considerar a mortalidade de minha mãe ainda me deixa nervosa. Uma das maiores honras da minha vida foi cuidar dela da mesma forma que um dia ela cuidou de mim, desde me preocupar com o que ela comia até perguntar sobre seu sono e se ela já tinha ido ao banheiro.

Como eu estava com minha mãe, pela primeira vez perdi a festa de aniversário de Lael. Generosamente, Bozoma e Peter faziam questão de me incluir em todas as celebrações de aniversário da minha sobrinha. Nos anos anteriores, tivemos tutus, acessórios e esquemas de cores combinando: verdadeiras gêmeas aniversariantes. Nesse ano, nos quatro anos de Lael e nos meus 35, haveria uma festa à tarde em um parque, com guerra de pistolas de água e balões. Minha irmã e Peter prometeram levar Lael até a casa de minha mãe depois da festa para que pudéssemos passar um pouco do nosso dia especial juntas.

Bozoma chegou à casa de minha mãe com Lael, mas sem Peter. Ela nos contou que ele tinha desmaiado no meio da festa e foi para casa descansar. Ele disse que não era nada de mais. Provavelmente estava desidratado e tinha pegado algum resfriado, pois sua garganta estava dolorida havia semanas.

Aquele resfriado era um linfoma de Burkitt em estágio quatro.

De repente, parecia que um meteoro estava vindo em nossa direção. Ele destruía qualquer ilusão de que o mundo é um lugar justo onde cunhados, pais, maridos, filhos, amigos, pessoas vivem apenas porque os amamos e não conseguimos imaginar a vida sem eles.

Os quatro meses seguintes passaram como uma tempestade. Eu estava ou em Los Angeles cuidando dos meus compromissos e refazendo rápido as malas, ou com Patrick viajando pela Europa, ou lendo vorazmente sobre a morte e o morrer, ou visitando minha mãe e Peter doentes em Nova Jersey e Nova York. O corpo de minha mãe estava respondendo bem ao tratamento. Peter não se saía tão bem.

Uma tarde, eu o levei a uma consulta médica para verificar o cateter de Ommaya que haviam colocado em sua cabeça, o qual levaria a quimioterapia diretamente para o líquido cefalorraquidiano. O cateter estava lhe dando fortes dores de cabeça.

— Estou me sentindo um ciborgue — disse Peter enquanto esperávamos pelo médico. Sua cabeça estava raspada, e pude ver a marca arredondada do dispositivo em seu crânio, bem como os pontos onde haviam aberto o couro cabeludo para inseri-lo. Parecia uma marca de mordida. Suas veias azuis desenhavam um mapa sob o couro cabeludo fino e branco, que nunca vira o sol.

— Você meio que está parecendo um — retruquei baixinho. Então fiz um olhar vesgo, encurvei os ombros e sorvi uma baba imaginária, como num filme ruim de zumbi. Ele soltou uma risadinha segurando a cabeça, depois bufou. Isso me fez rir. Botando pilha um no outro, chegamos ao auge da animação. Quando entrou na sala, o médico nos encontrou às gargalhadas. Ri tanto que chorei naquela tarde. Não sei dizer se eu estava rindo de alegria ou de desespero por alegria. A coisa não estava boa para Peter. O câncer se espalhava mais rápido do que conseguiam contê-lo.

Em outubro daquele ano, Patrick veio me visitar em sua primeira viagem aos Estados Unidos. Fomos dirigindo até o México. Jantamos uma lagosta deliciosa em Rosarito e bebemos margaritas demais para voltar a Los Angeles naquela noite. Continuando nossa viagem para o Norte, pela Pacific Coast Highway no meu jipe, paramos em cidadezinhas como Cambria, para comprar pipoca na feira, e Pismo Beach, para tirar fotos com a placa. Sou fissurada pelo filme *As patricinhas de Beverly Hills*, em que a personagem principal, Cher, se torna a líder do Fundo de Ajuda a Desastres de Pismo Beach, então parar para tirar essa foto era obrigatório. Nossa viagem sinuosa de um lado a outro da costa duraria três semanas, culminando na baía de São Francisco. O tempo passado com Patrick foi precioso, pois morávamos em continentes diferentes. Queríamos aproveitar ao máximo.

Depois de alguns dias de viagem, paramos em um restaurante chamado Nepenthe, em Big Sur. Escondido entre as árvores e voltado para a costa, o local é famoso por sua vista do litoral. Seu nome faz alusão a um remédio fictício para afugentar a tristeza, o nepente, citado na *Odisseia*, de Homero. Acabou sendo uma piada cruel. Pedi uma taça de rosé e uma porção de batata frita, e Patrick, uma cerveja: tão previsível como qualquer alemão. Ele foi ao banheiro e liguei meu celular para ver se havia rede. Não havia, então desfrutamos de nossas bebidas e da vista, e vagamos pelo local por uma hora.

Quando entramos na loja de lembranças, meu celular começou a vibrar no bolso. Quando olhei para o aparelho, as notificações apareceram como créditos no final de um filme. Bozoma ligara três vezes. Meu pai havia ligado duas e enviado uma mensagem me pedindo para retornar a ligação assim que eu pudesse. O tom da minha mãe em seu áudio parecia desesperado. Ela ainda usava a caixa postal como secretária eletrônica, como se eu pudesse ouvi-la no alto-falante e então fosse me decidir por pegar o telefone. "Tudo bem, Alua. Você não está aí? Me ligue assim que puder, certo?" Aba ligara. Ahoba também. Mas Peter ligara primeiro. Não era incomum todos ligarmos uns para os outros quando havia uma novidade importante, mas aquilo já era demais, até mesmo para nossa família tagarela.

Intrigada e angustiada, corri de volta para o carro enquanto Patrick pagava seu suvenir. Minha mãe foi a única que deixou recado, então retornei sua ligação. Além disso, ela era a mais delicada.

Sua voz estava agradável, não combinava com o desespero de seu áudio.

— Então, como está sendo a viagem, Alua?

— Oi, mãe. O que foi? — Eu estava impaciente, logo lamentei sua delicadeza.

— Ah, por que você está perguntando? — disse ela de um jeito inocente.

— Porque todos vocês não pararam de me ligar! É com você? O Peter? O papai? O que está acontecendo? — Não consegui conter meu nervosismo. Preocupado, Patrick se aproximou do carro e abriu a porta do carona para mim. Afivelei o cinto de segurança com uma mão enquanto segurava o celular com a outra.

— Bem, você sabe... achei que era importante contar... bem, você sabe que o Peter não tem andado muito bem ultimamente... e... bem, pensei que você deveria saber... — Agora sua calma estava me matando. Eu preferia que alguém me servisse a notícia pura, sem sal, sem tempero, sem bebida para empurrar.

— Mãe! O que foi?! — Eu estava em pânico.

— Os médicos disseram que não sabem se podem mais tratar o câncer dele.

O vento nas árvores, o trânsito na rua e o ar ao meu redor ficaram misteriosamente imóveis, exceto por um grãozinho de poeira visível no raio de sol que batia no carro. Observei-o cair devagar até desaparecer da luz. Só então tomei total consciência da minha respiração e do meu coração, ambos acelerados. Logo Peter não teria nenhum dos dois.

Tomando meu silêncio como permissão, ela continuou:

— Eles não sabem dizer quanto, mas dizem que ele tem pouco tempo. Sei que você está viajando, então volte quando puder, no seu tempo.

— Não, vou voltar imediatamente. — Desliguei com pressa, ansiosa para pegar a estrada e resolver a questão logística. Só então ergui o olhar e reparei que o carro não andava e que Patrick não estava ali. Lutando para soltar o cinto e ir atrás dele, minha frustração aumentou. O cinto travou e ficou duro em meu pescoço. Eu o puxei com força e gritei, descontando meu medo e minha tristeza naquele objeto inanimado no momento em que Patrick apareceu e pulou no banco do motorista.

— Temos que ir. Agora! — falei.

— O que aconteceu, amor? Você está bem? Parecia sério, então deixei você sozinha.

— Você me deixou sozinha porque achou que era sério? Você não acha que eu precisaria de você aqui se fosse sério? ONDE VOCÊ ESTAVA? — Estranhamente, gritei com ele. Minha raiva costuma aparecer primeiro como tristeza, mas, naquele caso, foi raiva direto. Estava desorientada.

Eu estava com raiva de Deus e me perguntei se ele existia mesmo. Estava com raiva do linfoma de Burkitt. Estava com raiva de Peter por estar doente. Estava com raiva do cinto de segurança. Estava com raiva dos médicos. Estava com raiva da minha mãe por dar a notícia. Simplesmente estava com raiva. Patrick ficou espantado, olhando para mim sem entender nada enquanto me acolhia. Ele nunca tinha me ouvido gritar e, em vez de reagir da mesma forma, esperou pacientemente que eu me acalmasse, percebendo que o que estava acontecendo era maior do que ele.

— O Peter... — sussurrei e parei, sem saber como diria as palavras seguintes. Depois que saíssem da minha boca, elas seriam verdade. Era mais seguro mantê-las dentro de mim. Todos estavam mais seguros com as palavras dentro de si. Talvez seja por isso que os médicos relutem em dizer que alguém está morrendo. Uma vez ditas, as palavras são reais.

Patrick estendeu a mão até a minha para me apoiar enquanto eu encontrava coragem.

— Ele está morrendo.

Chorei em silêncio até chegarmos a São Francisco, olhando o céu pela janela para ver se conseguia avistar o meteoro vindo em direção à minha família.

Depois de uma noite em claro, eu e Patrick andamos pela cidade e planejamos nossas viagens para deixar a Califórnia: eu até Nova York para ver Peter, e Patrick de volta para casa, na Alemanha. Apesar de ter sido criada evangélica, não sou de orar. Meus pais são pessoas de fé, e acho que sempre serão; eles sempre tiveram esperança de que eu me tornasse também. Eu costumava ficar irritada quando eles me perguntavam se eu tinha ido à igreja no domingo, mas também compreendia a dor que deviam sentir por sua filha talvez estar indo para o inferno por não aceitar Jesus Cristo como seu Senhor e Salvador. Se eu tivesse uma filha, também tentaria salvá-la desse destino, acho. Descaradamente, comecei a dizer sim quando eles perguntavam se eu havia ido à igreja, porque, na minha opinião, eu tinha. Experimento a igreja em caminhadas. Encontro o divino nas abelhas e nas árvores. Realizo o culto no brunch com amigos. Ou na cama. O riso é uma forma de oração. O sexo também.

Mesmo assim, naquele dia, fiz uma oração desesperada na basílica Mission Dolores por Peter, minha irmã e Lael. É engraçado como recorremos a um poder superior quando a vida parece estar fora de nosso controle.

No dia seguinte, eu e Patrick voltamos para Los Angeles em tempo recorde. Arrumei uma malinha de mão pensando que ficaria em Nova York por pouco tempo. No meu portão de embarque, naquela noite, nos despedimos chorosos e hesitantes, sem saber quando nos abraçaríamos de novo. Nossas despedidas costumavam ser tristes devido à distância entre nós, mas aquele adeus tinha um caráter único e pesado. Mexi nervosamente na lapela de seu cardigã cinza, evitando encará-lo com os olhos cheios d'água, enquanto anunciavam o embarque para o meu voo. Sabíamos exatamente o que estava por vir, e ainda assim eu escolhia seguir esse caminho.

Dois meses depois, eu ainda estava em Nova York. As necessidades de Peter, Bozoma e Lael aumentavam à medida que Peter piorava. Eu não podia ir embora. Eu não queria ir. Da mesma forma como quando Eve nasceu morta e a dor tomou conta da família, eu dormia no sofá à noite e, durante o dia, pesquisava respostas para perguntas incômodas, oferecia leveza, um ouvido e alívio cômico. O sono era difícil de encontrar e não oferecia fuga. Eu sonhava que era pega por chuvas torrenciais, cercada por corvos, engolida por fendas no chão. Dormir era mais custoso do que me manter acordada, embora cada dia nos recebesse com notícias novas e desastrosas. Um dia, os níveis de potássio de Peter caíram drasticamente. Em outro, seus rins estavam falhando. Seu olho esquerdo começou a girar na órbita devido a um músculo enfraquecido. Medicações que deveriam ter um resultado determinado causavam uma série de efeitos colaterais, criando a necessidade de novas medicações. Peter ia e vinha do hospital, mas seu ânimo estava ótimo. Quando fui à farmácia comprar um hidratante mais forte para sua pele ressecada, ele me alertou para não comprar frascos grandes demais. "Não vou precisar muito disso", observou com uma risadinha. A sugestão era insuportável em sua dura verdade.

Encontramos maneiras de injetar humor e alegria em um período sombrio. Um paliteiro de cerâmica da cozinha deles, que para mim lembrava um garçom, tornou-se um porta-comprimidos. Eu colocava ali os medicamentos de Peter, seguindo cuidadosamente o horário definido por cores afixado na geladeira, e os dava a ele com uma profunda reverência e um pouco de suco. "Seus remédios, milorde." Ele pegava o porta-comprimidos e me enxotava com o nariz empinado de um jeito hilário. Em uma ida à loja de materiais para construção, em que fez questão de me acompanhar, Peter dirigiu uma cadeira de rodas motorizada portátil porque estava fraco demais para ficar em pé, mas queria alguma sensação de normalidade. Montei na traseira fingindo que éramos exploradores em uma terra distante e exótica enquanto procurávamos caixas para arrumar coisas no apartamento. "Avante... E ALÉÉÉÉM!", gritava eu. Ele dava uma risadinha e respondia imitando um pirata: "Pra já, amigo!".

Essas caixas continuaram embaladas durante meses após sua morte.

Os pais idosos de Peter vieram da Flórida e ficaram. Por sorte, Bozoma e Peter tinham se mudado para um apartamento maior em Central Park West, no Harlem. Seus irmãos mais velhos, que moravam na Flórida e em Massachusetts, também o visitaram nesse período. O irmão de Peter, Neil, me ensinou a fazer uma torta de noz-pecã, a favorita de Peter, para o Dia de Ação de Graças, que celebramos no hospital junto com seu outro irmão, Stephen, seus pais e minha mãe. Eu e sua irmã Debbie bebíamos vinho branco na mesa da cozinha, à noite, e conversávamos sobre nosso irmão em comum. Ahoba e Aba também vinham quando podiam para ajudar a carregar o fardo. Ahoba estava ocupada com a criação de meu sobrinho, Jahcir, e trabalhava em período integral. As visitas de meu pai eram sempre acompanhadas de muita oração, mas eu nunca sabia para o que rezar.

Foi um período desgastante em termos físicos e emocionais. Para meu espanto, eu estava mais alerta, concentrada e entusiasmada do que nunca. Era para eu ser a pessoa sem rumo, propensa a paixões de curta duração. Costura, fotografia de viagem, fabricação de joias, unhas de gel com cabine UV, aulas de tae bo, corrida de maratona. Eu viajava para um destino, decidia morar ali, só para depois pular para o país vizinho por conta da dica de um companheiro de viagem. Minha família ria da minha sede de viajar. Anos depois, fiquei amiga de uma pessoa que me conheceu nessa época. Quando questionada, ela disse que achava que eu fosse uma "nômade internacional" antes de encontrar o trabalho com a morte. E não é de admirar. A morte injeta propósito em nossa vida quando permitimos. Eu deixei isso acontecer. Ela colocou meus pés no chão, dando um "porquê" para cada dia.

Peter foi a primeira pessoa que assisti como doula da morte antes de saber o que isso era ou o que deveria fazer. Instintivamente, encontrei meu caminho para uma função que eu desempenharia repetidas vezes. Atuar como doula da morte é fornecer um anel no círculo de apoio, que irradia para fora como os anéis de um tronco de árvore. No centro, Peter fazia sua caminhada em direção à morte, apoiado por minha irmã e seus pais. Eu ocupava o anel seguinte, cuidando das necessidades de todos para que pudessem se concentrar no que acontecia.

É verdade que eu também estava perdendo meu irmão, e equilibrar minha dor com essa responsabilidade exigia esforço, mas eu tinha meus próprios amigos e Patrick, que representava mais um anel do círculo de apoio, para me ajudar quando me sentia esgotada. As ondas de choque do sofrimento vão longe, e as constelações de cuidado são vastas.

Fiquei encarregada de *muitas* tarefas nesse período, levei gente para lá e para cá: para aeroporto, hospital, casa, escola, restaurantes e assim por diante. No hospital, quando os médicos saíam do quarto de Peter, eu perguntava se ele e Bozoma tinham entendido o que fora dito e fazia anotações para outras perguntas. Quando minha irmã passou a morar no hospital, na última internação de Peter, fiz uma mala para ela e comprei pijamas que ela poderia jogar fora quando tudo aquilo terminasse. Ela nunca mais iria querer vê-los novamente. Levei também espumante escondido e fiquei com ela na sala para acompanhantes quase todas as noites. Esses momentos de afastamento deram abertura para minha irmã falar sobre as coisas que não podia na frente de Peter: sua exaustão, seu medo, suas dúvidas. Compramos blocos de notas para que Peter escrevesse cartas para Lael abrir quando fosse mais velha. Isso não chegou a acontecer, pois ele logo ficou fraco demais para segurar a caneta. Com Bozoma ao lado de Peter, a maioria dos cuidados de sua filha Lael foram deixados para mim, sua "titia mamãe".

Foi um período corrido. Eu levava Lael para a escola de manhã e, depois que seu dia lá terminava, eu a apanhava no Harlem e a levava de carro para o hospital, no Centro, para passar algumas horas com os pais e fazer a "lição de casa" de uma criança de quatro anos. Quando ela começava a ficar inquieta no quartinho do hospital, com todas aquelas máquinas, botões, bipes e luzes, dávamos boa-noite, e eu a levava para jantar em casa e a colocava para dormir. Algumas noites fazíamos artesanato para seus pais. Depois que Lael adormecia, uma amiga de Bozoma vinha pernoitar para que eu pudesse voltar ao hospital e verificar como todos estavam.

Quando a exaustão chegava ou o estado de Peter piorava, às vezes eu passava a noite em uma cadeira no quarto do hospital. De manhã, acordava antes de Lael, ia para casa e a aprontava para a escola. As últimas semanas de vida de Peter foram como um longo e obscuro dia de cochilos revigorantes, buscas por uma vaga nas ruas de Nova York, lanches em vez de refeições, médicos, desinformação, elevadores de hospital e fatalidade iminente.

Lael e eu, já próximas, tivemos muito tempo de intimidade durante esses meses. Crianças pequenas são muito curiosas a respeito da morte. Além de estarem na fase de desenvolvimento do "por quê?", aos quatro anos elas começam a lidar com a noção de impermanência do objeto, de acordo com o psicólogo suíço Jean Piaget. As coisas e as pessoas podem desaparecer para sempre? As perguntas de Lael nas sonolentas manhãs de sábado, antes de fazermos panquecas e eu colocá-la para ver desenhos animados, não decepcionavam:

— Para onde vamos após a morte?

Depois de perguntar o que ela achava, eu lhe indagava o que sua mãe havia dito. Era importante manter a mensagem consistente, e eu sabia que não deveria interferir em conversas importantes entre pais e filhos que não eram meus. Deixo essa tarefa para sua mãe à medida que Lael cresce e continua me fazendo perguntas difíceis, como por que as pessoas tiram os pelos pubianos. Ela sempre foi curiosa e herdou essa característica de mim, sua companheira geminiana.

Lael perguntou se as orelhas de Peter cresceriam muito. Alguém havia lhe dito que seu pai conseguiria ouvi-la do céu depois que ele morresse, e, como ela não podia visitar o céu, concluiu que era longe. Ela perguntou se Peter voltaria para onde estava antes de nascer, o lugar de onde ela tinha vindo havia pouco tempo. As crianças sabem muito mais da morte do que pensamos. Suas perguntas eram difíceis e me doía dizer que eu não sabia as respostas, proporcionando-lhe ao mesmo tempo segurança e conforto. Ela perguntou se eu também iria morrer. Respondi que planejava ficar por aqui por um bom tempo. Quando evitamos as perguntas das crianças sobre a morte, sem querer transmitimos a ideia de que elas devem engolir seus pensamentos assustadores. O que acaba por reforçar a cultura da fobia da morte. Conversar com as crianças sobre isso é um equilíbrio delicado, mas acredito que devemos a elas a verdade do nosso "não sei, mas sei que…". Eu gostaria de ter mais respostas, pelo bem de Lael. E pelo meu também, sobretudo quando a realidade da morte iminente de Peter se aproximava. Estávamos terrivelmente despreparados.

Em termos gerais, lembro-me de desejar que tivéssemos muito mais informações. Teria sido de valor inestimável perguntar a alguém como abordar o tema da morte com crianças. Ou como eu deveria falar sobre a escolha entre sepultar ou cremar Peter. Ou quais eram os sinais de que ele estava morrendo. Seria muito valioso ter alguém apenas para dizer: "Isso é normal. Vocês estão se saindo bem. Essa situação é uma merda. Eu entendo vocês". Agora, essas frases fazem parte do meu pacote de doula, e eu as distribuo como doces no Halloween ao trabalhar com as famílias, dependendo de seu nível de tolerância com minha boca suja. Eu teria dado tudo por alguém que nos lembrasse de agirmos com consciência nos últimos dias de vida de Peter e que oferecesse maneiras de dizermos adeus com graça.

Eu também teria gostado que alguém tivesse nos explicado a melhora antes da morte. Algumas vezes chamado de "lucidez terminal", esse é o período no qual a pessoa que está morrendo parece mais alerta, estável e estimulada. Ela começa a fazer planos, a contar piadas e relembrar o passado com a família. Após dias se recusando a comer, ela pode pedir uma refeição. Parece uma reviravolta na saúde do ente querido moribundo, mas é o contrário. Quem vê isso pela primeira vez pensa estar testemunhando o milagre que esperava. Na verdade, o que a pessoa testemunha é um sinal comum de que a morte está próxima. O odor mais agradável das flores é sentido antes de murcharem; o mesmo acontece com o brilho trazido pela melhora antes da morte, com aquele restinho de chama de vida antes de ela se apagar.

No domingo, 8 de dezembro de 2013, Peter melhorou. O time de futebol americano New England Patriots ia enfrentar o Cleveland Browns. Peter era um grande torcedor do Patriots, mas naquele momento ele também era um fantasma de si mesmo: emaciado, deprimido e letárgico. Nos últimos dias, mal havia falado. Por isso, fiquei surpresa e encantada ao ouvir sua voz do outro lado da linha me pedindo para levar Lael ao hospital vestida com sua pequena camiseta do Patriots.

Eu também queria gritar uma vaia ao telefone. Eu e minhas irmãs torcíamos pelo Broncos, e Peter sabia disso. Falar mal do Patriots para ele era um dos meus passatempos favoritos. Mas ele estava morrendo. O mínimo que eu podia fazer era deixá-lo torcer por seu time em paz, certo? E, caramba, ele sabia fazer isso como ninguém. Peter levava essa paixão às últimas consequências. Maldito Patriots. Cheguei a me perguntar se esse nível de autossacrifício me valeria uma indicação ao Nobel da Paz. Por um instante, também pensei em vestir Lael com a camiseta do Broncos por baixo da outra, contudo, após refletir um pouco, percebi que isso a deixaria com muito calor. (Mas, sim, sou mesquinha a esse ponto.)

Quando eu e Lael chegamos ao hospital, encontramos Peter sentado na cama. Ele ainda parecia estar morrendo, mas, na reuniãozinha antes do jogo, contava piadas e dava ordens aos amigos e familiares, incluindo Bozoma, minha mãe e seus pais, que ainda estavam na cidade. Para onde tinha ido o homem das últimas semanas? Ele parecia o velho Peter de sempre, embora também estivesse extremamente magro, imóvel, careca e com problemas de fala devido aos tumores que cresciam em suas cordas vocais. Era difícil para mim aceitar que essa versão doente de Peter também era Peter. Ele pediu a seu melhor amigo, Mecca, que conseguisse que um banco no Central Park fosse dedicado a ele após sua morte. Sussurrava pedidos particulares para outras pessoas. Fiz anotações. A doula da morte que desabrochava em mim estava trabalhando duro para garantir que seus desejos fossem atendidos. A certa altura, ouvi Peter pedir uísque, como se estivéssemos em um bar, e não ao lado da cama de um homem frágil, doente e fraco. Perplexa, olhei para Bozoma. Ela deu de ombros.

Que diabos está acontecendo?

Antes de o jogo terminar, a melhora de Peter já tinha passado, e ele pediu um pouco de tranquilidade. Um por um, seus amigos disseram algo como "Até mais, irmão" e foram embora. A hora de Lael ir para a cama se aproximava, então eu precisava levá-la para casa. Como ele parecia muito bem, passei a noite com minha sobrinha para deixar Peter, Bozoma, sua mãe e seu pai terem um tempo a sós. As cadeiras do quarto no hospital eram artigo de luxo, e uma pessoa a menos significava que outra poderia apoiar os pés no assento vazio para dormir.

Sem saber que seria a última vez que me despediria de Peter, fiquei indiferente quando ele me disse que estava cansado. Estivera tão vibrante naquele dia. Muito parecido com o que era antes e diferente de alguém próximo da morte, apesar de todos os sinais. Eu esperava que esse fosse o nosso milagre, mas, no meu íntimo, eu estava cautelosa. Depois de nos despedirmos, fui para casa com Lael, coloquei-a para dormir e me servi de uma taça de vinho. Patrick foi a primeira pessoa para quem liguei, e pedi que me contasse sobre seu dia para trazer de volta alguma normalidade ao nosso relacionamento. Em seguida, liguei para meu pai, Ahoba e Aba para atualizá-los. Todos visitaram Peter em diversos momentos ao longo da doença, mas não puderam jogar tudo para o alto por um longo período, como eu. Ser a andarilha da família, ao que parece, tem algumas vantagens. Completamente exausta depois das ligações, adormeci no sofá com meia taça de vinho na mão (o resto derramou nas minhas calças) e acordei com um torcicolo bem a tempo de saudar o sol.

Deixei Lael na escola e fui imprimir fotos de família para um de seus trabalhos. Quando cheguei ao quarto do hospital, naquela manhã, depois de pegar colírio para o pai de Peter, o clima era sombrio. Minha mãe estava ao telefone no corredor, entre o quarto de Peter e o quarto ao lado. Com os olhos inchados e os cabelos desgrenhados, Bozoma estava à direita de Peter, agarrada ao seu braço. A mãe estava à esquerda, olhando fixo para a mão do filho. Seu pai olhava pela janela para nada em particular. Embora já passasse das dez da manhã, Peter ainda não havia acordado. Ele nunca mais acordaria.

Por três dias e três noites ficamos em vigília ao lado da cama enquanto Peter deixava com dificuldade este mundo. O Natal, dali a duas semanas, era a sua festa favorita. Ouvimos músicas natalinas e usamos gorros de Papai Noel. Uma enfermeira com uma voz fantástica veio cantar algumas dessas canções para ele. Médicos dos cuidados paliativos entravam com cautela para ver como ele estava. Havia um pedido de desculpas não pronunciado em seus movimentos e em suas vozes. O que acontecia era claro, mas ninguém ousava dizer as palavras que nomeariam aquele estado confuso e liminar. Peter estava em processo ativo de morrer.

Por volta das três da manhã de quarta-feira, 11 de dezembro de 2013, senti uma agitação no quarto do hospital. Acordei e encontrei a mãe de Peter cutucando o pai dele para acordá-lo. Bozoma já estava com os olhos fixos no peito de Peter, observando sua respiração irregular de ofegos profundos, seguidos de respirações superficiais. Ficávamos exultantes toda vez que ele respirava com dificuldade pela boca, que se manteve aberta por dias, embora eu não saiba por que estávamos exultantes. Outro fôlego significava que ele ainda estava vivo, mas também significava que ainda sofria. E que seu processo de morte seria mais longo. Porém não respirar mais significava que Peter havia partido. Ambos os cenários eram igualmente devastadores e nenhum oferecia consolo. Agonia pura e precisa em uma respiração.

Bozoma manteve sua posição à direita dele e a mãe, à esquerda. O pai de Peter tocou a perna esquerda, de mãos dadas com a esposa, os dois vendo o filho caçula morrer. Minha mãe ficou atrás de Bozoma, com as mãos em seus ombros. Como inúmeras vezes antes, eu me posicionei aos pés de Peter, os quais eu massageava regularmente com um hidratante para evitar que rachassem. Naquele dia estavam frios e amarelados devido à icterícia. Desde então, aprendi que em algumas tradições religiosas a alma se desprende primeiro dos pés para sair pela cabeça. Eu os segurei, agradecendo a ele, em silêncio e em prantos, por ter caminhado pela terra e entrado em minha vida, e lhe desejei sorte na nova caminhada, para onde quer que fosse.

Pouco antes das quatro da manhã, quatro dias antes de completar 44 anos, meu cunhado-irmão Peter Saint John deu seu último suspiro.

* * *

O quarto encheu-se de um silêncio ensurdecedor, até Bozoma quebrá-lo com um choro agudo e derrotado. Seu marido e pai de suas filhas, Eve e Lael, estava morto. De um fôlego a outro, a centelha da vida deixou o corpo de Peter. Ele não criaria novas lembranças. Ele não diria mais qualquer palavra. Ele nunca mais nos tocaria. Nunca mais ouviríamos sua voz. Seu corpo grande, que abrigara toda uma vida humana e a profundidade do nosso amor, voltou à mesma matéria de que era feito. Logo se desintegraria no fogo da cremação. Das cinzas às cinzas. Peter partiu, mas a dádiva da sua vida permanecerá em cada vida que ele tocou e em todas as vidas que tocamos, pois o carregamos conosco.

Quatro dias mais tarde, num domingo de muita neve, realizamos seu funeral em uma catedral católica. Em seguida, fizemos para ele uma festa de aniversário de 44 anos. Havia chapéus de festa, balões, uísque e charutos. Procurei-o em todos os cantos do restaurante, sabendo que não apareceria. Só que não pude evitar. Ele teria adorado a festa. Ele deveria estar lá. Mas não estava. A ficha da realidade de sua morte ainda não caíra e ainda me escapa muitos anos depois. Ainda não consigo acreditar que Peter não está aqui, que não viu Lael adolescente, não me viu com a mesma idade que ele tinha quando morreu, não viu o que criamos a partir de sua morte. Ainda procuro por ele.

Peter veio até mim, apenas uma vez, em um sonho.

Nesse sonho, dei de cara com um grande desfile de rua. Semelhante ao Mardi Gras, em Nova Orleans, com pessoas de todas as etnias, formas, tamanhos e idades usando muitas cores, chapéus, fantasias e joias, dançando em volta umas das outras. As roupas todas muito vibrantes e usadas como se fossem o normal do dia a dia. Uma batida de tambor distante e suave, como um batimento cardíaco ouvido num exame de ultrassom, fornece a trilha sonora. Purpurina flutua no ar até onde consigo enxergar. Estou maravilhada com esse lugar encantado, onde as pessoas vivem em cores fortes e respiram purpurina em vez de oxigênio, mas me aproximo da multidão com cautela. Sou uma forasteira e todos ali ocupam o espaço como se a ele pertencessem.

À direita, vejo um grande carro alegórico no formato de um peixe-dourado decorado com lantejoulas azul-cobalto e verde-limão do tamanho de bolas de tênis. A nadadeira dorsal verde-escura e brilhante do peixe gigante ondula sem esforço de um lado para outro, dando a impressão de que está nadando pela rua em água de purpurina. Parado sozinho no topo da nadadeira amarela fluorescente, como um capitão, está meu amado Peter, em toda a sua realeza. Fico aliviada ao ver alguém familiar, mas chocada com sua roupa. Ele está usando uma cartola cintilante roxa e turquesa, uma gravata de cetim turquesa-clara sem camisa e calça de látex fúcsia com botas plataforma prateadas. Estou envergonhada por ele estar ali sem camisa, e alegre por vê-lo tão livre. Tirando a fantasia, ele parece uma versão de si mesmo que não ficou doente. Alto, vigoroso, robusto, com os dois olhos voltados para a frente, nenhum deles girando por causa de um músculo instável.

Peter me avista na multidão e desce entusiasmado do carro alegórico, abrindo caminho até mim. Pulo para abraçá-lo e choro de alegria por colocar meus olhos oníricos nele. Peter ri das minhas lágrimas. Acho que as pessoas ali provavelmente não choram, a não ser de felicidade. Ele me pergunta como cheguei ali e respondo que não sei. Acabei de chegar. Não pertenço a este lugar, mas ele é cheio de cor e de um amor arrebatador, e quero ficar. Faz com que eu me lembre do festival Burning Man. Sempre quis ir lá com ele. Peter afirma que eu não deveria estar ali, mas brinca que não está nem um pouco surpreso por eu ter quebrado as regras. Rimos de novo, e é reconfortante estar com ele dessa maneira. Peter me conhece como uma pessoa disruptiva, e ele não está errado, mesmo no mundo dos sonhos.

Tento fazer perguntas sobre onde estamos, mas ele não responde; preocupado que alguém me veja, começa a olhar em volta ansiosamente. Também olho ao redor, mas tudo o que vejo é júbilo. Nem um pingo de ameaça.

Quanto mais tempo fica comigo, mais ansioso Peter se mostra. Por fim, ele me diz que precisa voltar para seu grande peixe psicodélico, que está nadando sem ele. Imploro para que fique, mas sinto-me dividida, porque ele estava muito feliz no carro alegórico e agora está preocupado comigo. Não quero que Peter fique preocupado, mas a possibilidade de me separar dele novamente é insuportável. Já vivi a dor intensa do luto por sua morte uma vez e não quero experimentá-la de novo. Agora que Peter está comigo, ele *tem* de ficar. A festa segue atrás dele e me sinto desolada por ele estar indo embora. Eu lhe imploro e lhe suplico, e então vejo que Peter também está sofrendo por me deixar. No entanto, ele tem que ir. Então cedo, derrotada. Embora tudo dentro de mim grite para que meu cunhado-irmão fique comigo só mais um pouquinho, para não me largar ali sem ele, vou deixá-lo ir porque é o melhor a fazer. Ele pertence a este lugar.

Peter tira a cartola e raios de luz colorida são disparados de sua cabeça. O cateter de Ommaya ainda está visível, mas o cabelo loiro-escuro cresceu em volta dele, roçando as orelhas. Ele precisa de um corte. E de uma maldita camisa. Peter coloca a cartola em mim e eu a agarro com as duas mãos, enterrando-a na cabeça e sentindo a purpurina grudada nela. Ele me pergunta se sinto a purpurina com os dedos. Faço que sim. Consigo sentir a textura enrugada e as bordas afiadas. Ele me pergunta se vejo a purpurina em meus dedos e no ar. Respondo que sim: pontinhos dançantes de turquesa e roxo brilhantes no meu campo de visão e nas minhas mãos. Peter olha para mim sério, contrastando totalmente com a animação ao nosso redor. Ele me diz que eu só deveria ter ido com ele até o portão, que não deveria tê-lo seguido para dentro como uma irmãzinha xereta. Tenho que ir embora. Ele é amoroso. Amável. E firme. Como o irmão mais velho que foi para mim em vida.

Com essas palavras e sem se despedir, Peter dá meia-volta e corre no meio da multidão com suas botas prateadas em busca de seu peixe flutuante e brilhoso. Ele não olha para mim. Começo a recuar, querendo continuar neste lugar eufórico, até que o ambiente inteiro fica repleto apenas de fagulhas de purpurina. As pessoas coloridas se foram. A festa acabou. O carro alegórico dele se foi. Peter se foi.

Acordo desse sonho na casa de Patrick, na escura e úmida Berlim, com os olhos molhados e inchados. Estou triste porque pareceu tão real e não consigo mais senti-lo. Talvez ele esteja numa aventura psicodélica com um peixe no mundo dos sonhos, mas, no mundo físico, Peter ainda está morto. E temos que continuar sem ele.

Cerca de uma semana depois do funeral de Peter, eu não conseguia me concentrar em nenhuma tarefa. E havia muita coisa para fazer. Talvez fosse o luto ou a total falta de limites e de autocuidado que me deixaram esgotada. Patrick não parava de me pedir que fosse para a Alemanha ficar com ele. Eu lhe jurava que estava tudo bem, mas meu querido namorado me incentivou a deixá-lo cuidar de mim por um tempo. Depois de alguns dias insistindo que estava bem, mas sem conseguir me lembrar de como vestir uma calça ("Preciso me sentar para fazer isso? Primeiro é o botão ou o zíper? Droga, vou usar saia!"), concordei com ele. Talvez fosse o luto, talvez fosse a exaustão. Pensar em deixar Bozoma sozinha pela primeira vez em meses me deixava arrasada, mas eu não servia mais para ela porque não servia para mim mesma. Eu estava exaurida e vazia. O autocuidado tem que ser uma prioridade quando acompanhamos alguém até a morte. Eu não sabia disso ainda.

Usando um bloco de notas adesivas coloridas e brilhantes, me sentei à mesa de jantar uma tarde, tentando delinear rapidamente as tarefas que precisavam ser realizadas para que pudéssemos encerrar os assuntos de Peter antes de eu partir para a Alemanha. Achei que apenas algumas bastariam. Mas uma pequena tarefa logo deu lugar a trinta.

> Entrar em contato com as operadoras de cartão de crédito e as agências de proteção ao crédito.
> Catalogar e fechar faturas e contas on-line.
> Obter acesso à conta de e-mail de Peter.
> Descobrir o que fazer com suas roupas. Limpar seu armário agora ou esperar?
> Devolver o equipamento médico.
> Examinar sua correspondência.

Entrar em contato com o Seguro Social.
Localizar sua certidão de nascimento e apólices de seguro.
Determinar se Peter está sujeito a inventário (processo pelo qual a Justiça decide quem herda o quê depois que alguém morre).
Encontrar o documento do carro de Peter.

Lembro-me muito bem desta última nota adesiva por causa do labirinto de papelada que exigiu. Peter queria presentear o sobrinho com seu carro, um Mitsubishi Eclipse bordô. Achei que só precisássemos dar as chaves ao rapaz. Tolice minha pensar que seria tão simples assim ou que as regras para transferir o documento de um carro após a morte de um ente querido facilitariam o luto. Não, não: o processo de transferência de propriedade de um veículo após a morte, quando não foi devidamente transferido por meio de um documento testamentário, como o último testamento válido deixado pelo testador ou um fideicomisso, é um *pesadelo* pelo qual nem mesmo quem não está de luto quer passar. Se ninguém quer ficar esperando no Departamento de Veículos Motorizados em um dia normal, imagine então em meio a um luto profundo!

Aconteceram tantas, mas tantas, situações como essa. Era só eu ligar para uma operadora de cartão de crédito avisando que Peter havia morrido para eles quererem falar com ele a fim de confirmar se eu estava autorizada a movimentar sua conta. *Ele está* MORTO, *idiota*. Toda vez que eu tinha de repetir que Peter estava morto, eu me afundava mais no poço do luto. E, ao mesmo tempo, o imposto sobre a transmissão *causa mortis* aumentava. Se eu, a valorosa cunhada advogada, não conseguia entender a miríade de coisas que tinham de ser feitas para encerrar os assuntos do meu cunhado, como minha irmã, arrasada pelo luto, conseguiria? Como as pessoas que não têm nenhum apoio conseguiriam? As notas adesivas foram preenchidas muito rapidamente. Eu já havia acabado com um bloco inteiro de notinhas de dez por dez centímetros, e ainda estava muito longe do fim da lista. Eu olhava para Bozoma sentada no sofá, de pijama às quatro da tarde, o cabelo ainda preso em um lenço, olhando para o nada — enquanto a TV, no mesmo canal das últimas seis horas, berrava bobagens para preencher o vazio.

Naquele momento eu teria oferecido um rim no mercado clandestino para alguém nos ajudar. Por que não havia alguém atencioso, compassivo, experiente e amável para auxiliar? Alguém que pudesse explicar a ordem de encerramento das contas de Peter? Isso me custou pelo menos doze notas adesivas. Ou dar sugestões do que fazer com o equipamento hospitalar que se tem em casa? Seis notas adesivas. Que diabos deveríamos fazer com todos os remédios que sobraram? Quatro. Onde eu poderia descobrir quais apólices de seguro ele tinha? Catorze. A mesa da sala de jantar estava repleta de notas amarelas, verdes, laranja e rosa sem resposta. Apenas mais perguntas que deixavam um rasto que dava voltas e ia parar no mesmo lugar. Peter estava morto e não tínhamos as informações de que precisávamos para encerrar seus assuntos. Elas tinham morrido com ele.

Em termos práticos, percebi que havia centenas de milhares de pessoas lutando com tarefas semelhantes. De acordo com o Relógio da População Mundial, do portal de informações de saúde Medindia, mais de 150 mil pessoas morrem todos os dias no mundo. Até certo ponto, a vida de todos precisa de um desfecho após a morte. Peter não era a primeira pessoa a morrer nem seria a última. Então, por que a experiência de sua morte parecia tão solitária? Por que me sentia tão sozinha ao tentar ajudar? E que tipo de sociedade de merda é esta que compreende a universalidade de uma experiência dolorosa, mas não faz quase nada acerca disso? Por que deixamos uns aos outros sozinhos em nossa dor? Era como estar novamente com Jessica naquele ônibus em Cuba, certa de que ela não era a única que tinha pensamentos sobre a morte, mas que havia sido deixada sozinha para enfrentá-los. Só que desta vez estava acontecendo na minha família.

Deus tenha dó da assistente social que me mandou fazer uma pesquisa na internet para descobrir o processo de inventário. Xinguei a pessoa até a décima geração, e ela captou *toda* a minha raiva (leia-se: luto). O hospital sugeriu que a funerária podia ajudar. A funerária me disse que ligaria para o Seguro Social em nosso nome, mas que teríamos que resolver os outros assuntos de Peter por conta própria. Sugeriram que eu procurasse a unidade de cuidados paliativos.

Achei que os cuidados paliativos estavam ligados apenas a um lugar aonde as pessoas fossem para morrer. Eu estava errada. Cuidados paliativos não são um lugar, mas uma teoria de assistência que muda o foco dos cuidados curativos para os qualitativos, com uma equipe especializada que acompanha esse processo. As pessoas podem receber cuidados paliativos em qualquer local. No entanto, a equipe médica do hospital de Peter parou de tentar curá-lo tarde demais, então ele nunca foi encaminhado para esses serviços antes de morrer. A sensação era de que haviam passado a perna nele. A unidade de cuidados paliativos me informou que seus serviços de apoio ao luto poderiam me ajudar com minha frustração (leia-se: luto), mas que não teriam como me auxiliar nas burocracias que eu enfrentava. Onde estavam as pessoas que deveriam ajudar nessa hora? Temos profissionais que nos guiam em cada etapa da nossa vida. Professores particulares ajudam nos trabalhos escolares quando não estamos aprendendo direito.

Cerimonialistas ajudam a planejar casamentos. Corretores ajudam a vender casas. Terapeutas ajudam a conduzir relacionamentos. Doulas de parto acompanham as pessoas durante o processo de nascimento. Que diabos, existem profissionais em abraços! Então, por que não há ninguém para ajudar quando se trata do fim de uma vida?

Meu desejo de curar males sociais muitas vezes move minhas ações. Por isso me tornei vegetariana quando criança e ingressei no mercado de trabalho como defensora pública, ganhando 40 mil dólares por ano, enquanto meus colegas da faculdade de direito seguiram o ramo empresarial e ganhavam centenas de milhares de dólares. Minha entrada no trabalho com a morte não foi diferente. Para mim, trabalhar com a morte é ativismo em sua essência. Movido pela raiva, mas envolto em amor.

A maioria de nós que exerce o trabalho com a morte é motivada por razões similares. Ou assistimos a uma morte tão bela e idílica que queremos que todos experimentem o mesmo, ou assistimos de braços cruzados ao sofrimento de um ente querido, enquanto também sofríamos, e não queremos que mais ninguém tenha de carregar o mesmo fardo. Em ambos os casos, viemos para melhorar a experiência dos outros. Vim trabalhar com a morte porque queria ajudar a "consertar" o sistema que vi.

Eu queria jogar um coquetel *molotov* em todo o sistema de serviços de saúde e de morte (ou em sua ausência).

Eu não queria que mais ninguém sofresse o que a minha família sofreu.

Eu queria que alguém nos dissesse claramente que Peter estava morrendo.

Eu queria que alguém explicasse os sinais do morrer.

Eu queria que a equipe de cuidados paliativos dissesse em voz alta: "Sinto muito pelo que está acontecendo".

Eu queria que alguém estivesse comigo para ajudar a resolver a bagunça burocrática.

Eu queria tornar a morte de Peter a mais ideal possível, dentro das malditas limitações de "meu irmão mais velho está morrendo de um câncer agressivo e não posso ajudá-lo". A morte de um ente querido é uma droga para todo mundo. No entanto, o que podemos fazer para torná-la mais suave? Assim como uma criança quer atenção quando está com um "dodói", nós também queremos saber que alguém se importa com o fato de estarmos sofrendo.

Minha raiva pelas notas adesivas continua até hoje, aliás. Entretanto, a raiva pelo fato de minha irmã e milhares de pessoas serem apanhadas pela tempestade burocrática depois de uma morte se transformou em motivação. Se não havia ninguém a quem chamar para me ajudar, com certeza eu poderia ser esse alguém a quem as pessoas recorreriam quando seus entes queridos mais precisassem delas. Eu poderia lembrá-las de que estavam fazendo a coisa certa. Poderia entrar na fila do Departamento de Veículos Motorizados no lugar delas. Poderia aprender sobre a melhora antes da morte e explicá-la. Poderia ajudá-las a descobrir como falar com os filhos sobre a morte. Poderia capacitá-las para cuidarem de seus entes queridos por conta própria. Poderia estar *com* elas na trincheira. Poderia segurar suas mãos. Poderia amparar seu coração. E, embora não pudesse fazer a dor desaparecer, poderia lhes mostrar que alguém sabia que aquilo era difícil. Poderia ser sua testemunha. Eu queria ser.

5

Apareça e fique calado

Uma vez, quando eu tinha doze anos, meu pai me acordou sacudindo meu ombro às quatro da manhã.
— Alu! Alu! Quer vir comigo?

Abri os olhos. Eu não sabia para onde ele estava indo, mas minha resposta era *sempre* sim. Meu pai viajava muito por causa do trabalho missionário e quando estava em casa dividia seu tempo entre mim, minhas três irmãs e minha mãe. Momentos a sós com ele eram raros, e, quando partia, eu sentia tanto sua falta que cheirava suas roupas. Ele amava pequenas aventuras, e meu coração pré-adolescente não conseguia recusar nenhuma — ainda não consegue até hoje. Embora não fosse uma pessoa matinal, aproveitei a oportunidade de uma missão misteriosa e me vesti.

Era 1990 e morávamos em Colorado Springs havia um ano. Eu e meu pai nos agasalhamos para enfrentar o clima de dezembro e subimos em nossa perua Chrysler bordô. Tirei meus dedos da luva preta e branca grossa, que combinava com meu chapéu, para afivelar melhor o cinto do banco do carona. Ficou um pouco emperrado. Ao tocar o metal frio da fivela do cinto, meus dedos adormeceram. Soprei ar quente neles, enfiei-os de volta no calor da luva e sentei em cima das mãos. Com o rádio ligado numa estação de notícias, meu pai seguiu em direção à rodovia. Minha mãe ficaria fora da cidade por algumas semanas, e, embora ela tivesse preparado refeições suficientes para nos alimentar durante esse tempo, meu pai decidiu que queria carne fresca para complementar as refeições. Meu pai não brinca em serviço quando o assunto é carne. O céu começava a clarear quando partimos para nossa aventura. Eu estava bem animada.

Uma hora e meia depois, ele saiu da estrada em algum lugar da zona rural de Denver e estacionou ao lado de uma cerca de onde se via uma casa ao longe. Animais vagavam por ali, separados por espécie. Um homem nos cumprimentou quando saímos do carro e trocou gentilezas com meu pai. Avistei cabras, vacas e muitos equipamentos agrícolas. Um cheiro de estrume pairava no ar. Finalmente chegamos ao galinheiro, onde os galos já cocoricavam para saudar o dia.

Respirando no meu cachecol para gerar calor e dispersar o cheiro pungente, vi o sol nascendo sobre as Montanhas Rochosas do Colorado. Então, ao longe, ouvi um balido aterrorizador. O som foi tão desesperado que consegui sentir o medo e a tristeza em meu próprio corpo. A adrenalina atravessou meu peito e atingiu a ponta dos dedos, aquecendo-os. Eu não conseguia respirar. Tentei com dificuldade identificar de onde vinha o barulho e se eu poderia ajudar, mas, como num pesadelo real, não fui capaz. Enquanto meu pai inspecionava as galinhas para selecionar algumas, fiquei cada vez mais perturbada. De onde vinha o barulho? Por que o animal estava tão assustado? O que acontecia com ele?

Uma forte explosão foi ouvida e o balido parou de repente. Parecia que o tiro tinha me acertado. Imediatamente comecei a chorar.

Meu pai correu para o meu lado.

— O que aconteceu, Alua? Hein? Por que está chorando? Qual é o problema?

Não consegui encontrar palavras para o choque.

A inquietação do meu pai aumentou e ele me sacudiu de leve.

— A cabra, papai — consegui dizer, sufocando com as lágrimas. — Acho que mataram uma cabra.

Os olhos do meu pai se apertaram, depois se arregalaram rapidamente. Ele nunca lidou bem com as lágrimas nem com o incômodo das filhas. É o tipo de homem que ri tanto que chega a se engasgar, e, até aquela manhã, eu ainda não o tinha visto chorar. Meu pai sempre esperou nos proteger da dor, e sua natureza jovial, combinada com uma boa dose de masculinidade africana, não dava espaço para sentimentalismo nem grandes demonstrações de emoção. Como era chegada aos dois, eu não dava um minuto de descanso.

Minhas paixões sem limites encantavam, perturbavam ou irritavam meus pais, dependendo do dia. Em Colorado Springs, quis pintar meu quarto no porão de amarelo vivo e, para minha surpresa, eles concordaram. Na terceira ida à loja de tintas para que eu pudesse comprar a cor *sem erro*, eles já estavam compreensivelmente frustrados, mas me levaram de qualquer jeito. Uma vez, quando era pequena, levei um inseto para a cozinha pensando que meus pais também ficariam encantados com a iridescência do bichinho. "Leve de volta para fora ou vou matar ele!", gritou minha mãe. Animais e insetos não tinham lugar em nossa casa, e eu, mais uma vez, havia ultrapassado com entusiasmo uma fronteira.

Naquela manhã, na fazenda, meu pai murmurou um monte de palavras que não consegui decifrar, me deu um tapinha nas costas como se quisesse soltar algo preso na minha garganta e me levou correndo para o carro. Ele ficou constrangido e eu, inconsolável. Apesar de todos os perigos e riscos que minha família enfrentou ao fugir de Gana, aquela cabra era o mais perto que eu chegara da morte de um ser vivo. Como ela poderia estar chorando num minuto, respirando no outro e morta no seguinte? E por que ninguém, além de mim, parecia se importar?

No caminho de volta da casa dos horrores onde animais eram assassinados, meu pai tentou explicar que os humanos obtinham sua carne daquele jeito. Ele crescera em uma parte de Gana onde as famílias são responsáveis por matar os animais que comem, então aquilo não era incomum para ele nem para a maioria das pessoas mundo afora. Quanto a mim? Eu apenas fiquei olhando sem expressão pela janela do carro. Não conseguia entender; tinha ouvido o animal *gritar*. Sentido sua dor. Como eu poderia colocar carne de animal na boca novamente se eu conseguia sentir suas emoções? O animal estava com medo quando morreu e agora eu deveria *comer* esse medo? Sem chance. Embora não pudesse fazer muito por aquela cabra, eu podia escolher não fazer mal a outra.

Quando chegamos em casa, eu tinha certeza de que nunca mais comeria nenhum tipo de carne. Meu pai sabia que não adiantava discutir com sua filha cabeça-dura e coração mole. Então ele se ofereceu para me levar à única loja de produtos naturais que existia na cidade nessa época para encontrar substitutos da carne. E, porque seu amor também é solidário, meu pai decidiu se tornar vegetariano comigo.

Durou até o almoço.

Naquele tempo, os substitutos da carne tinham gosto de papelão. O vegetarianismo ainda estava a vinte anos de se tornar algo atraente. Depois de se engasgar com um hambúrguer vegetariano, papai perguntou se poderia voltar a comer carne. Ri e o liberei, grata por se importar.

A cabra foi uma primeira amostra de minha empatia sem limites. A empatia parece um sentimento virtuoso, no entanto, como qualquer experiência emocional intensa, pode ser uma espécie de vício. Tem sido para mim. Desde que me conheço por gente, meu coração partido é meu norte. Aos onze anos, fiquei muito tocada com a história de um adolescente chamado Ryan White. Quando minha família se mudou de Gana para os Estados Unidos, Ryan White já era um nome familiar. Ele era uma criança branca com hemofilia que contraíra aids por meio de uma transfusão de sangue. Na época, o HIV e a aids ainda não eram muito compreendidos, e professores, pais e diretores escolares ficaram apavorados com a possibilidade de Ryan frequentar as aulas com outras crianças. Ryan lutou na Justiça e, com isso, tornou-se uma das primeiras pessoas a chamar a atenção nos Estados Unidos para a epidemia de aids. Suas juventude e lucidez contrariavam a percepção de que o HIV só infectava pessoas negras, homens gays, viciados em drogas ou pessoas más — em outras palavras, quem "merecia".

Fiquei preocupada com o ostracismo da escola e da sociedade em relação a Ryan por causa de sua doença. Não conseguia entender por que ele não podia ir à escola como eu devido a algo que seu corpo fazia. Conforme obtinha mais informações pelo noticiário, sofri com a morte de muitas outras pessoas, que tantas vezes padeciam sozinhas e sem família. Eu era muito jovem para compreender a demonização dos homens gays ou os constantes julgamentos de sexualidade contidos no modo como falávamos sobre a doença. No entanto, eu era sensível o bastante para saber que havia algo errado. Isso partia meu coração de doula da morte em formação. Chorei durante o funeral de Ryan em 1990, grudada na TV.

Assim como aconteceria com a cabra um ano depois, meu sofrimento despertou um senso de justiça, que acabou por se transformar em ativismo. Em 2000, ano em que me formei na Universidade Wesleyan, passei o verão em Chiang Mai, na Tailândia, trabalhando com educação em HIV/aids na Associação Cristã de Moços. Dei aulas sobre saúde sexual enquanto meus colegas tailandeses se reuniam ao meu redor com os dedos na minha cabeça, brincando que, se uma aranha caísse no meu cabelo afro bem enroladinho, ela ficaria presa e morreria. Mesmo tendo vivido 21 anos com um cabelo tipo 4C, passei a lavá-lo com mais frequência depois daquele dia, com medo de que se transformasse em um túmulo de aranhas.

Foi uma viagem esclarecedora em vários sentidos. Aprendi a importância de compreender os costumes e valores de uma cultura antes de discutir temas tabus, como a morte. Ou o sexo. Durante uma viagem de fim de semana a Mianmar para expandir o alcance do programa de educação sexual, meus amigos e eu chegamos ao local onde iríamos lecionar, coordenado por outra organização humanitária, e encontramos guardas armados do lado de fora proibindo nossa entrada. Aprendi rapidamente a seguir o exemplo dos membros da comunidade antes de impor a minha presença e as minhas próprias crenças. Aprendi que às vezes ignorância é apenas falta de acesso ao conhecimento e à informação.

Apesar dos desafios culturais, eu nunca me sentira tão dona de mim como na Tailândia. Já tinha ido a outros países antes, mas naquele momento eu era mais velha e estava sozinha, sem pais para me proteger, nem irmãs com as quais conspirar. Fazia um trabalho que animava meu espírito, me aventurando com outros viajantes nas ilhas tailandesas, vendo como outros seres humanos viviam e comendo mangas maduras todos os dias. Não conseguia ir embora.

Eu deveria voltar da Tailândia para casa e começar a faculdade de direito, mas adiei minha passagem de volta para os Estados Unidos até perder a matrícula em quase todas as universidades em que passei. Meu pai ameaçou ir me buscar se eu adiasse meu retorno novamente. Peguei o voo seguinte e apareci para me matricular na faculdade de direito da Universidade do Colorado, em Boulder, a última que ainda me aceitaria, mesmo já estando fora do prazo. Andando pelas estantes da biblioteca jurídica, com *jet lag* e danada da vida, eu ainda conseguia sentir o cheiro de *pad see ew* e ouvir os *tuk-tuks*.

Depois do primeiro ano na faculdade de direito, trabalhei defensoria pública da área sul do Brooklyn, na unidade que cuidava de casos relacionados ao HIV/aids, juntando minha educação formal ao meu sofrimento juvenil por Ryan White. Finalmente, eu poderia *fazer* algo concreto em relação às injustiças que me feriam no mundo.

Uma de minhas primeiras clientes foi Natasha, uma mulher negra e magra de 26 anos com uma tatuagem de girassol no pescoço. Nascida e criada no Brooklyn, Tash estudara em uma faculdade destacada e de elite — uma instituição de ensino pequena e de excelente padrão acadêmico —, como a que eu frequentara. Ela usava seu cabelo natural curto, como o meu, e adorava misturar palavras eruditas com gírias. Conversávamos naturalmente sobre diversos assuntos, como Mary J. Blige, Mumia Abu-Jamal e budismo. Ela era tão alta quanto eu e também tinha um espaço entre os dentes da frente, embora menor do que o meu. Como ela nunca tentara fechá-lo, apesar da sugestão de vários dentistas, aceitei-a no grupo das pessoas com diastema. Muitos de nós tivemos que lutar para manter esse espaço. Eu e Tash parecíamos ter muito em comum. Só que Tash contraíra HIV de um antigo namorado. Naquele momento, ela tinha aids, criava sozinha o filho que tivera com esse ex e recebia benefícios do governo. Além de tudo isso, ainda estava sendo despejada.

Outra vez, minha empatia foi mais forte do que eu. Tomei como pessoal sua situação. Dia após dia, eu atendia às necessidades de Natasha, muito além do que me era exigido como estudante de direito tratando de seu caso de discriminação habitacional. Eu a ajudava a pegar receitas médicas e a pedir refeições, e ensinei seu filho a amarrar os sapatos. Com frequência, eu ficava cansada no trabalho por ter passado parte da noite conversando com Tash quando ela se sentia assustada, sozinha ou precisava de alguém para realizar alguma tarefa cotidiana.

Nada disso fazia parte do meu trabalho. E, ainda assim, eu me sentia mais viva e mais certa da minha utilidade ao realizar essas tarefas do que quando respondia uma notificação extrajudicial. Descobri que na defensoria pública havia poucas oportunidades para me sentir realmente útil. Não importava quanto trabalhássemos, parecia que estávamos enxugando gelo. O sistema de opressão continuava despejando mais gelo sobre nós. O trabalho trazia pouca gratificação imediata.

Tash pode ter se aproveitado da minha generosidade, mas eu não me importava. O alívio que ela parecia sentir quando eu estava por perto era verdadeiro — e real — o bastante para mim. Infelizmente, eu deixava de atender minhas próprias necessidades para atender às de Tash. Esse é o perigo de quem sente empatia sem limites. Esqueça aquela história de darmos apenas a camisa que vestimos. Daríamos a nossa pele se pudéssemos.

Talvez eu estivesse representando alguma versão confusa do que meus pais incutiram em mim. Afinal, eles passaram a vida servindo ao evangelho, à família, à comunidade, a nós. Posso nunca ter compartilhado de seu fervor religioso, mas, de qualquer maneira, talvez algum Jesus tenha se infiltrado em minha visão de mundo — *amarás o teu próximo como a ti mesmo*. Parecia que eu estava me lembrando das quatro primeiras palavras e me esquecendo das últimas quatro. Parecia sagrado.

Perto do fim do meu estágio de verão, minha supervisora, Cynthia Schneider, me chamou em sua sala. Pensei que seria elogiada pelo bom trabalho que estava fazendo com Natasha. Em vez disso, Cynthia me disse para recuar de um modo estranhamente franco. Quando perguntou por que eu estava passando tantas horas com Tash, minha única resposta foi:

— Se fosse eu, iria querer que me ajudassem a fazer todas essas coisas.

Cynthia balançou a cabeça de um jeito sério.

— Bem, Alua, não é você.

Ficamos em silêncio por um momento enquanto eu tentava entender esse conceito revolucionário. Tash era negra. Tinha mais ou menos a minha idade. A mesma educação. Contexto semelhante. Era uma igual. Uma colega. Uma irmã. E, ainda assim, ela não era eu. Eu não podia compreender a profundidade de sua experiência porque não a estava vivenciando. *Era um conceito novo!* Destruí o espaço entre mim e Natasha, misturando nossas experiências e necessidades. Empatia doida. Também nunca perguntei do que Tash precisava para além do que foi tratado em nossa entrevista inicial e no contrato de prestação de serviço. Amavelmente, Cynthia me alertou para o perigo da síndrome do esgotamento profissional e para a possibilidade de imperícia se eu não reorientasse minha mente para as necessidades legais de Tash.

— Proteja seu coração — sugeriu ela.

Esse talvez tenha sido o melhor conselho profissional que já recebi, superando até o de contratar um contador público certificado quando comecei a Going with Grace, minha empresa de doulas da morte. É importante não confundir a experiência dos outros com a nossa, senão daremos a eles o que gostaríamos para *nós* mesmos, e não o que *eles* precisam. Esse é um erro comum. Foi algo que tive que aprender a não fazer.

As palavras de Cynthia me ajudam a realizar o trabalho com a morte e surgem na minha cabeça com frequência. Pessoas empáticas tendem a cair nessa armadilha. Tentamos nos colocar no lugar do outro, mas isso simplesmente não funciona com quem sabe que está morrendo nem com quem está de luto por uma morte. Não há como nos colocarmos em seu lugar, mesmo que tenhamos vivido uma experiência semelhante.

Parte do desejo de nos colocarmos no lugar do outro vem da vontade de curar a dor que percebemos nele. Só que não há como curar a dor do luto ou da morte. Isso significa que temos de ficar confortáveis com essa parte de nós que se sente impotente diante da dor do outro. Pode significar longos silêncios. Pode significar que não queiram a nossa companhia ou o nosso refogado de atum. Nosso apoio deve ser demonstrado de diferentes maneiras.

Meu lema para dar apoio às pessoas que estão de luto ou morrendo é simples: apareça e fique calado. Depois de reconhecer que a situação é uma droga e que você não sabe o que dizer, deixe-as mostrarem o caminho. Se ficarem em silêncio, fique em silêncio com elas. Se quiserem falar algo agradável, acompanhe-as. E, se quiserem falar de dor, deixe-as falarem da dor *delas* — não da sua experiência, a menos que lhe peçam. Apenas fique nas trincheiras com elas e lhes dê o incrível presente de ser testemunha.

Durante anos, fiquei imaginando o que teria acontecido com Natasha. Se tivesse que fazer tudo de novo, provavelmente eu ainda teria ensinado seu filho a amarrar os sapatos, mas teria perguntado a ela que tipo de apoio precisava e desejava em vez de intervir e tentar ser tudo. Imagino que, não muito tempo depois de nosso trabalho juntas, Tash tenha morrido, vítima de uma doença traiçoeira. Continuo grata por ela ter me ensinado a diferença entre compaixão e empatia.

A empatia diz: "Sei pelo que você está passando". Já a compaixão retruca: "Talvez eu não entenda exatamente pelo que você está passando, mas quero saber de sua experiência. Compreendo que é difícil e estou bem aqui com você". Acredito que a compaixão seja a maior força de cura do planeta, sobretudo quando alguém está morrendo. As doulas da morte e aqueles que ficam ao lado do doente têm de ser compassivos para serem eficazes. Se vierem com qualquer outra abordagem, serão condescendentes ou paternalistas. Embora a intenção seja boa, equivale a empurrar nosso amor goela abaixo dos doentes. Por exemplo, você já tentou amar um amigo que está buscando se livrar de um vício? Ou persuadir um outro a terminar com alguém? Já tentou convencer um ente querido a perder alguns quilos porque você *sabe* como isso será bom para ele?

Não funciona muito bem, certo?

O mesmo se aplica ao trabalho com a morte. Acompanhar um cliente durante o processo de morte com a atitude de "sei o que é melhor para você melhor do que você mesmo" pode muito bem ser um pecado capital. Mostra falta de confiança e respeito na capacidade do cliente de administrar sua própria vida — e sua própria morte.

Então, o que ocorre quando aparentemente a coisa mais afetuosa a fazer é "ajudar alguém" a aceitar o fato de que vai morrer? Ou aceitar o fato de que alguém que amamos está morrendo?

Cerca de três quartos das ligações que recebo são de familiares bem-intencionados que desejam que eu ajude seus entes queridos a aceitarem o fato de que vão morrer. Fico numa sinuca de bico: o familiar doente acha que sou o anjo da morte vindo buscá-lo. Eu me sinto uma idiota e ele se sente traído. Ninguém vence.

Aprender a andar lado a lado com nossa mortalidade é uma das jornadas mais importantes que faremos. E é muito pessoal. Encaramos a morte como encaramos a vida. Algumas pessoas convivem com a verdade sem esforço, enquanto outras a mantêm a distância. Nenhuma abordagem é melhor do que a outra. Cada pessoa se move em seu próprio tempo. Se não conseguimos convencer nossos amigos a deixarem seus companheiros tóxicos e egoístas, o que nos faz pensar que podemos obrigar um ser humano relutante a reconhecer o dilema existencial mais profundo?

Anos depois de tentar em vão me tornar a salvadora pessoal de Tash, me deparei com essa questão como doula da morte quando conheci Akua. Parada na entrada de sua casa, bato à porta primeiro com delicadeza, depois com mais firmeza. Consigo ouvir o que parece ser música vindo de dentro, mesmo com as janelas fechadas. Embora minha hora de chegada tenha sido combinada com seu filho Reggie, nunca sei ao certo em que estado vou encontrar meus clientes. Com certeza não espero um concerto.

Uma cuidadora profissional abre a porta depois de algumas batidas e me deixa entrar no apartamento de Akua, que fica no primeiro andar. Caixas de som ecoam música de todos os cantos, e num instante reconheço os ritmos multifacetados e o saxofone de Fela Kuti. Quase não há espaço nas paredes vermelhas, cobertas de arte africana: máscaras, pinturas, representações da vida rural e figuras humanas abstratas. A cuidadora me conduz até o quarto pelo labirinto de livros, entalhes em madeira e esculturas no chão. Encontro Akua na cama, jovial, de estatura baixa e careca, dançando elegantemente apenas com os braços bem magros. Parece uma cena bastante incomum para alguém com a progressão da doença mencionada por Reggie. Será que ela está vivendo a melhora antes da morte?

— Entre, entre! Que honra receber você na minha casa! — grita Akua por cima da música, mesmo com o diafragma enfraquecido. Ela alonga as vogais como se estivesse cantando as palavras. Agradeço gritando enquanto Akua faz um gesto para que a cuidadora abaixe a música. Todos encaramos a morte de maneiras diferentes e, naquele momento, a morte de Akua parece uma grande festa. Estou perplexa e desconfiada. Que tipo de morte será essa? O que exigirá de mim?

Nascida Helena, ela atingiu a maioridade nos anos 1960 e, pela maior parte da vida adulta, adotou o nome ganense Akua, que significa "menina nascida na quarta-feira". Na doença, voltou a ser Helena, pois nunca mudou de nome legalmente e se cansou de corrigir os médicos. Concordo em chamá-la de Akua, e ficamos maravilhadas com a probabilidade de uma afro-americana que viajou por toda a África Ocidental encontrar uma doula da morte ganense em Los Angeles. Akua diz acreditar que isso significa que ela retornará à terra de onde seus antepassados foram levados à força conduzida por mim. Só acha que ainda não é a hora.

— Hoje de manhã falei com o meu grupo de oração e eles me disseram que Deus ainda não vai me levar. Esta vida não terminou para mim. Não estou pronta para morrer. Vou ser curada desse câncer! — Ela perfura o ar ao redor da cama com o dedo em cada sílaba tônica.

Fico surpresa, mas, de repente, a natureza jovial de sua casa faz mais sentido. Eu não esperava por isso, e minha perplexidade se transforma em curiosidade. De acordo com Reggie, estou aqui porque ela quer criar rituais para seu leito de morte. Akua sabe que tipo de trabalho faço e pediu especificamente por mim. Pela descrição dele, ela já convive com osteossarcoma há alguns anos, mas está confinada à cama há poucos meses e ciente de que sua morte se aproxima. O filho me disse que ela fez as pazes com isso. O tumor na coluna cresceu rapidamente, bloqueando os nervos que permitem mexer as pernas, e o câncer se espalhou para o cérebro. Ela está bastante magra e frágil; seus olhos castanho-escuros estão muito fundos. Mesmo assim, brilham.

Na semana anterior, Reggie e Akua andaram procurando por cuidados paliativos e pediram minha opinião com base na recomendação do médico. A hora de morrer se aproxima, mas Akua não está pronta. E não faz parte do meu trabalho convencê-la. Sou uma doula da morte que acredita em milagres, mas ainda assim apenas uma doula da morte. Não sou Deus. E Deus disse a ela que ainda não é a sua hora. Não costumo discutir o que qualquer deus disse a alguém. Essa é uma discussão perdida. Como a negação da morte geralmente tem origem no medo, pergunto a Akua o que ela teme.

Depois de refletir um pouco, ela responde com suavidade:
— Morrer antes de fazer tudo o que preciso.

Esse é um medo comum da morte. Ela pode chegar a qualquer momento, estejamos ou não preparados, e nos sentimos impotentes diante da ideia. Pensamos em nossa vida como se nos pertencesse, nosso ego absorto no que temos a contribuir para o mundo, e não nos vemos como apenas uma nota numa sinfonia. Quando chega a hora, a morte não falha.

— Sabe, sou dançarina e artista, e o meu melhor trabalho ainda está por vir. — Sua convicção é tão pura que quero acreditar nela. Akua ainda dança com os braços acompanhada pela música e por suas palavras, agora com o saxofone de Fela baixinho ao fundo.

— O que você gostaria de fazer no tempo que lhe resta? — pergunto. Parece uma pergunta bastante inofensiva. Espero que ela não perceba que não afirmei nem neguei sua sugestão.

— Quero me cercar de música e arte. Quero dançar de novo. Quero escrever peças e atuar em palcos. Ainda há arte em mim. — Juntas, imaginamos como podem ser os meses seguintes, fazendo planos alternativos em face da possibilidade de o tumor na coluna não permitir que ela dance. Temo que nunca mais vá dançar, mas, por ora, guardo esse pensamento para mim.

Luto com essa decisão. Será que estou alimentando a ilusão de que, um dia, Akua voltará aos palcos? A esperança, no final da vida, é uma faca de dois gumes: pode ser um motivador poderoso ou pode nos cegar para a verdade que precisamos enfrentar. É razoável desejarmos viver até a formatura da nossa neta, mas seria sensato esperar por um milagre quando a ciência e a realidade de nosso corpo moribundo nos dizem algo diferente? Isso pode ser arrasador. Quero proteger Akua da decepção que acabará por vir quando seu câncer continuar se espalhando. Acredito que esteja fazendo isso rapidamente, mas não posso poupá-la (ou qualquer pessoa) da dor profunda de aceitar sua mortalidade. Se eu contar a Akua o que acho ser a verdade, ela pode desmoronar. Pode se paralisar. No entanto, isso tavez a deixe mais preparada para enfrentar o que virá.

Esse é um dilema clássico da doula da morte, mas com apenas uma solução: acompanhar o cliente onde ele estiver. Em sua jornada rumo à morte, lembro a cada ser humano o seu direito de fazer as próprias escolhas. Akua escolhe sonhar com a dança. Nesse momento, escolho sonhar com ela.

Combinamos que vou procurar uma cadeira de rodas que passe por sua porta e um profissional que instale uma pequena rampa na entrada de seu prédio para que ela possa pegar um veículo que transporte a cadeira. Ela quer ir a espetáculos, então olhamos a programação do Ahmanson Theatre, em Los Angeles, seu local preferido. Não sinto nenhum conflito interno ao apoiá-la nisso. Não estou prometendo a Akua que ela vai se recuperar totalmente. Estou ajudando-a a viver esses dias de um jeito que preencha o seu espírito. Esse é o credo mais elevado de uma doula da morte.

Nas duas semanas seguintes, eu e Akua conversamos de vez em quando. A cadeira de rodas é fácil de obter. A rampa para os degraus da entrada do prédio, não. O profissional aceita o serviço, mas não há como construir uma rampa no edifício. Essa é uma batalha para a qual tenho certeza de que não temos tempo. A doença está progredindo e, em pouco tempo, o tumor na coluna continuará a espalhar dor por todo o corpo. Reggie, após o choque e a frustração iniciais por sua mãe insistir que se recuperaria, liga novamente e me pede para voltar. Dessa vez, ele me garante, Akua quer falar sobre sua morte.

Eu me sinto triste por Reggie. Ele é um filho com medo não só de perder a mãe, mas também do que significaria para ela morrer sem fazer as pazes com seu fim. Se Akua fosse minha mãe — da qual ela me lembrava, com sua cabeça negra e macia, careca por anos de quimioterapia, e suas convicções cristãs —, talvez eu ficasse mais impaciente com seus sonhos. Só que ela não é. Tash me ensinou isso.

Na minha visita seguinte a Akua, Fela Kuti não está tocando, mas um monte de itens e obras de arte ainda decoram o chão de seu apartamento. As portas do armário estão abertas e sua cama está de frente para as fileiras de roupas coloridas.

— Pegue o que quiser — diz ela, gesticulando sem força para a roupa. Não importa que o seu tamanho seja o que eu vestia aos seis anos e, ainda assim, provavelmente eu era mais gordinha do que ela quando tinha saúde. Faço sua vontade e vou até o armário de Akua, aproveitando a oportunidade para falar sobre o que ela vestiu e viu na vida. Ela me conta histórias sobre os figurinos, as produções em que participou e a costureira em Gana que fez uma roupa para ela com *kente*, um tecido tradicional. Dessa vez, parece mais com uma mulher consciente de que o fim da vida se aproxima: séria, retrospectiva e pensativa, mas ainda assim dramática. Não perdemos todas as partes de nós só porque estamos morrendo. Nós nos tornamos mais o que somos.

Quando a conversa sobre estilo termina, eu e Akua conversamos sobre seus sonhos de ir ao Ahmanson Theatre. Peço desculpas se criei alguma esperança adicional. Culpando apenas a si mesma, ela me diz que ignorou deliberadamente os médicos, o encaminhamento para os cuidados paliativos e a dor que percorre seu corpo. Akua ainda não estava pronta, mas em seus momentos de silêncio, começou a refletir sobre o que o tumor veio lhe ensinar.

Quando aceitou a verdade de que sua morte estava próxima, ela se conectou com o que mais queria da vida: dançar, atuar, estar no palco. Quando ficou claro que ela não conseguiria mais *fazer* nada disso, procurou maneiras de *ser* isso. Akua disse que seu tumor viera para lembrá-la de que ela era um ser dinâmico e resplandecente independentemente de estar ou não num palco. Era seu direito inato e ela não precisava mais estar no palco para reivindicá-lo. Ela o tinha vivido. E agora está pronta para pensar sobre seu leito de morte e morrer.

Na hora da morte, Akua quer se ver rodeada de rosas roxas, lilases e lírios. Ela quer ouvir Nils Frahm tocando nas caixas de som, tão alto quanto seu corpo moribundo possa suportar. Quer que fechemos seus chacras enquanto estiver na fase ativa de morte, e juntas criamos um ritual para completar depois que ela der seu último suspiro. Ela quer que Reggie, sua nora, seus netos e sua melhor amiga estejam presentes. Quer estar na sua casa, que é repleta de música, arte e experiências. Porém, acima de tudo, quer morrer em total entrega, grata pela dádiva de ter sido um ser humano dinâmico e resplandecente. Akua morreu apenas três semanas depois da minha primeira visita e alguns dias após a última.

Se tivéssemos tentado forçá-la a aceitar sua morte antes, é provável que não tivesse feito essa poderosa autodescoberta. Ela a fez em seu próprio tempo. Às vezes, tudo o que precisamos é de um pouco de tempo se o tivermos. E que os outros nos acolham com carinho exatamente onde estamos. E, se você não consegue aceitar que outra pessoa vai morrer, nós o acolheremos quando você finalmente conseguir.

6

Ensine-me a ser doula

A MAIORIA DAS PESSOAS, em algum momento da vida, desempenhará a função de doula da morte. Viver e morrer em comunidade significa que algum conhecido, um dia, precisará de apoio: um avô, um vizinho, um melhor amigo, um animal de estimação. Se dependesse de mim, todos teriam letramento em morte — a compreensão de sua importância, ferramentas para apoiar o outro, percepções sobre como lidar com nossa mortalidade e competências. Muitas e muitas competências.

Ter compaixão e servir estão na origem do meu trabalho, mas essas forças por si só não fazem de ninguém uma doula da morte. Ser doula da morte requer mais do que ficar ao lado do doente, segurar sua mão e cantar "Kumbaya".

Uma boa doula da morte tem de prestar profunda atenção em sua própria relação com a morte, assim como em juízos de valor, preconceitos, privilégios e limitações herdados. Temos de compreender a burocracia e os aspectos legais relacionados ao cadáver, ter uma vasta base de informações e recursos, e ser capazes de trabalhar junto com equipes de cuidados. Também é útil conhecer os aspectos práticos envolvidos na preparação para a morte, como a habilidade na criação de rituais, manutenção de múltiplas verdades e enfrentamento da profundidade emocional. E temos de fazer tudo isso respeitando nossas necessidades.

Basicamente é isso que aprendemos no treinamento de doula da morte, embora não seja aplicado em uma instituição de ensino formal. É uma arte, um ofício. É um trabalho tão antigo quanto a humanidade. Desde que as pessoas vivem no mundo, outras as têm acompanhado durante seu processo de morte.

Nem toda doula da morte faz um treinamento. Algumas aprendem esse trabalho com seus ascendentes ou observando de perto o membro da comunidade que é chamado quando a morte vem. A maioria de nós é simplesmente jogada nisso, como no meu caso com Peter.

Nos meses seguintes à morte de Peter, deixei o luto me guiar. Foi um período difícil, de profunda tristeza, mas também de curiosidade crescente. Eu me perguntava como era possível que o sol continuasse a nascer. Tinha crises de choro ou de riso em momentos socialmente inapropriados. Usava as camisetas e as jaquetas de couro de Peter. Li todos os livros sobre a morte em que consegui colocar as mãos. A linha era tênue. Não importava para onde olhasse, eu conseguia ver com facilidade como a vida e a morte interagiam.

Não tinha certeza se era apenas uma resposta ao luto ou um interesse passageiro, como tantos que eu já havia tido. No entanto, como o meu desejo de ficar mais perto de quem estava morrendo persistiu, procurei um programa de treinamento, recomendado por minha terapeuta.

Ela mencionou uma conhecida que havia feito um curso de introdução à formação de doulas da morte, em um lugar com o intrigante nome Sacred Crossings [Travessias Sagradas]. Ela me passou o e-mail da mulher em uma nota adesiva.

— Quem sabe? — falou ela. — Não custa tentar.

Ela ainda não sabia que eu estava falando sério. Deixei de lado meu ódio profundo por notas adesivas e guardei o papel como se valesse um milhão de dólares.

A Sacred Crossings é, ao mesmo tempo, uma funerária alternativa e uma organização de educação para a morte. A aula introdutória mais próxima oferecida ali já estava cheia, mas, por telefone, implorei e supliquei à instrutora, prometendo levar minha própria almofada, água e uns lanchinhos. Ela cedeu.

Quando bati à porta da casa situada em Pacific Palisades, onde a aula iria acontecer, fui recebida por uma mulher linda, com cabelo castanho e liso na altura dos ombros, vestida com um quimono de veludo e usando um lenço. Ela se chamava Olivia Bareham.

— Você é bastante persistente — disse ela, rindo com um sotaque britânico monótono e me olhando com curiosidade.

— Você nem imagina o quanto! — respondi, brincando com satisfação.

Cordial desde o início, Olivia me fez entrar na sala. Havia três sofás de tecido bege lotados de pessoas, outras estavam sentadas em almofadas coloridas no chão, em bancos de meditação ou em posição de lótus nos tapetes que cobriam o chão de madeira.

Durante uma hora, escutei sobre o trabalho das parteiras da morte.

— Eu queria lavar e vestir o corpo do meu marido após sua morte, mas as enfermeiras me disseram que a funerária deveria fazer isso — disse uma mulher branca de certa idade, com cabelos grisalhos bem curtos e joias de turquesa e coral.

Outra mulher idosa e de voz suave mencionou que, após a morte do marido, o corpo foi levado em meia hora. Ela não sabia que o corpo podia ser mantido em casa; se soubesse, teria optado por passar um pouco mais de tempo com ele. Ao redor da sala, os outros participantes assentiam.

Cada pessoa ali parecia uma variação daquelas duas: mais velhas, brancas em sua maioria, de cabelos grisalhos, com muitos lenços e tie-dye. No entanto, não havia dúvida de que aquela era a minha tribo. Todos nos sentíamos atraídos por aquele momento escuro, denso e indescritível da vida humana, o ponto final que dá sentido à vida. Na saída, peguei um punhado de folhetos em cima da mesa e fui para o meu carro. Entrei, coloquei o cinto e solucei, ri, chorei e dancei no meu banco. Eu sabia que havia encontrado algo a que valia a pena me agarrar.

O Programa de Formação de Doulas da Morte da Sacred Crossings aconteceu durante três fins de semana em 2014. Nessa época, eu e Patrick viajávamos muito para acalmar o meu pesar após a morte de Peter. Então, durante o curso, eu pegava um avião e vinha de qualquer país onde estivesse morando temporariamente para ter minha mente e meu coração inteiros transformados por Olivia e meus colegas durante alguns dias antes de enfrentar uma pilha de livros.

O livro tibetano do viver e do morrer, de Sogyal Rinpoche, traduziu a natureza efêmera da vida e o terror inefável que senti quando Peter morreu. *It's OK to Die* [Tudo bem morrer], de Monica Williams-Murphy e Kristian Murphy, realçou a falência dos Estados Unidos por meio de seu sistema de saúde injusto, mostrando que o meu apoio à causa também tinha lugar neste mundo. *Ritual: Power, Healing and Community* [Ritual: poder, cura e comunidade], de Malidoma Some, me lembrou de que uma vida sagrada é uma vida ritualizada, que nos ajuda na preparação para a morte. Eu estava começando a descobrir a verdade sobre o caminho que escolhera: trabalhar com a morte, como a morte em si, era algo insondavelmente vasto. Eu poderia cavar para sempre, e ainda assim não chegaria nem perto do mistério.

Terminei o curso um ano depois da morte de Peter, desesperada por não termos tido acesso a informações que tornariam sua morte mais suave para todos. Tudo estava claro agora: se dependesse de mim, todo mundo teria o apoio que eu agora sabia ser possível.

No início, eu queria saber como construir uma prática que fosse além de cuidar de corpos em casa e de funerais domiciliares. Também queria entender o aspecto logístico da coisa. Consegui um emprego de meio período em uma funerária alternativa chamada Friends Funeral Home and Cremations, com uma mulher de nome Ziri Rideaux. Fui voluntária no Tranquil Care Hospice e trabalhei para ajudar a construir o Anam Cara, um raro lugar no condado de Los Angeles que oferecia cuidados paliativos sem fins lucrativos, abrigando pessoas que não tinham apoio em sua própria casa ou que precisavam de um lugar para morrer. Também obtive uma licença para vender seguros de vida, a fim de entender como o setor funcionava. Comprei café e bolo para muitas pessoas que trabalhavam em indústrias adjacentes à morte, incluindo advogados de planejamento sucessório, e fiz inúmeras perguntas a elas. Queria entender o trabalho que faziam, pois era um ramo do direito diferente daqueles em que eu atuava na defensoria pública. Mantive seus cartões de visita à mão para dar aos clientes que precisassem de apoio. Isso foi tudo o que usei da minha formação jurídica na elaboração de meu negócio de doula. Depois que larguei o direito, nunca mais olhei para trás.

A Going with Grace foi formalizada em 2015, após um retiro de meditação *vipassana* com voto de silêncio de dez dias, onde o nome e a estrutura da empresa me ocorreram. Das pessoas mais surpresas por eu ter construído um negócio bem-sucedido, estou no topo da lista. Nunca havia pensado nisso. Tenho raiva do capitalismo, faço doações de coisas o tempo todo e fui demitida de todos os empregos em que tive relacionados a vender alguma coisa. No entanto, eu sabia que neste trabalho não teria que convencer ninguém de nada. Eu só precisava compartilhar o que estava no meu coração, e havia muito nele.

Dividi minha ideia com minha amiga Emily Marquez, que conheci num treinamento de voluntariado em cuidados paliativos e que ficou tão entusiasmada quanto eu. Mergulhamos de cabeça juntas. Emily cuidaria do marketing; eu, do conteúdo. Discutimos ideias, testamos fontes e tentamos elaborar um plano de negócios. Após seis meses, decidimos nos separar, mas a Going with Grace, como é hoje, nunca teria existido sem Emily. Com sua bênção, segui em frente, apavorada por continuar sozinha. Tive que fazer isso mesmo com medo.

Com a estrutura do negócio definida, a centelha que senti em Cuba, no ônibus com Jessica, se transformou em um pequeno fogo, com as chamas aumentando conforme eu aprendia mais sobre as experiências dos outros. Estar nas trincheiras com Peter havia tornado esse assunto pessoal. Eu ainda tinha raiva, mas também estava faminta. Sabia que embarcava em uma atividade que toca cada ser humano no planeta e todos os aspectos da sociedade. Como eu poderia ficar entediada um minuto sequer?

Montar um negócio de doula da morte, contudo, *era* chato. Eu não sabia nada sobre o assunto, porém não tinha escolha. Meu notebook virou meu melhor amigo, mas do tipo grudento, que suga todas as suas energias. Há um álbum de fotos digitais minhas daqueles anos intitulado "O escritório de hoje" e passa longe de ser glamoroso: eu e meu notebook em um trem da Long Island Rail Road, em táxis, em cafés, no mecânico, em um bar durante um happy hour com amigos que estavam por perto. A inspiração vinha em qualquer lugar, então eu elaborava o conteúdo, criava oficinas, pesquisava regras tributárias, fazia modelos em tamanho real de materiais promocionais e rascunhava e-mails de apresentação em qualquer lugar. Não havia um botão de "desligar" para mim.

Depois de formalizar o negócio, pendurei uma tabuleta e esperei pelos clientes.

Ninguém veio.

Então fui atrás deles. Participei de reuniões em locais especializados em cuidados paliativos em Los Angeles, mas a maioria das portas foram fechadas na minha cara por gente que achava que eu estava invadindo seu território. O consenso na época era de que eu não entendia o conceito de cuidados paliativos ou era uma garota entusiasmada cuja paixão logo acabaria. Eu me sentia uma vendedora de enciclopédias indo de porta em porta.

Graças ao deus de Abraão, um desses locais especializados em cuidados paliativos me ofereceu um espaço em seu evento de Dia de Finados, no estacionamento próximo ao prédio. Montei uma mesa dobrável branca, forrada com um sári turquesa que eu comprara na Índia, e espalhei meus cartões de visita e folhetos. Parada sem jeito e mexendo na minha saia de estampa africana turquesa combinando com o sári, distribuí folhetos que havia imprimido por dois dólares cada, sorrindo com ansiedade para cada pessoa que passava, que provavelmente se perguntava por que eu estava tão feliz em um evento relacionado à morte. Quando alguém jogava o folheto no lixo depois de ir embora, eu ia buscá-lo, desamassava-o e o colocava de volta na mesa. O dinheiro era curto.

Um casal que conheci nesse evento me indicou para uma amiga cuja mãe estava morrendo. Tentei manter uma expressão séria, mas por dentro eu dava cambalhotas. "Alguém morrendo queria meu apoio! Uhul!" Fizemos a consulta e ela me pagou o dobro do que pedi. Tinha atribuído um valor monetário mais alto ao serviço do que eu. Foi o primeiro sinal de que meu negócio poderia dar certo.

No início, realizei oficinas para amigos e familiares, e então a notícia se espalhou. Logo estava organizando uma oficina a cada duas semanas para sete a dez pessoas que eu não conhecia. Esse foi outro desafio novo e apavorante: aprender a falar na frente das pessoas sobre sua mortalidade. Assisti a meus pais pregando em púlpitos a vida toda e conseguia imitar suas pausas, inflexões e reações emocionais numa piada interna que compartilhava com minhas irmãs. No entanto, quando tive que abrir a boca para me dirigir a uma multidão como *eu mesma*, às vezes ouvia aqueles malditos fonoaudiólogos tentando me convencer de que havia algo errado no meu jeito de falar. Então, quando uma capelã amiga minha, reverenda Maggie Yenoki, me ofereceu seu púlpito na igreja Unitária Universalista para falar à sua congregação sobre a morte, fiquei apavorada — de não saber o que dizer, de parecer uma esquisitona obcecada pela morte, de ficar exposta e vulnerável. Felizmente, com o forte incentivo do médico paliativista B. J. Miller, que conheci em uma de suas palestras, cheguei à conclusão de que poderia alcançar mais pessoas de uma só vez no palco do que uma a uma. E, caramba, como ele estava certo. Eu me superei, fiz a apresentação e não entrei em combustão espontânea quando subi ao púlpito. Depois disso, eu falava sobre a morte e o morrer sempre que alguém se interessava em ouvir. Notícias sobre mim e meus serviços continuaram se espalhando.

Nas festas, falava sobre meu trabalho de doula e as pessoas me olhavam de um jeito engraçado. Elas reagiam dizendo que desejavam que eu estivesse lá quando sua mãe, seu tio-avô, seu pai, sua cunhada, sua tarântula de estimação morreram, ou expunham suas ideias sobre o pós-morte, ou murmuravam: "Que legal", e daí ficavam longe de mim pelo resto da festa, me encarando com desconfiança do outro lado da sala. Eu queria lhes dizer que minha relação com a morte não era contagiosa — mastalvez minha paixão fosse.

Meus próprios amigos e familiares ficavam intrigados com meu trabalho, mas compreensivelmente hesitantes. Não era a primeira vez que eu anunciava com paixão uma nova aventura. Quando Bozoma foi me pegar no aeroporto, com o Mitsubishi Eclipse bordô de Peter no meu retorno de Cuba, falei do meu encontro com Jessica e do desejo de me aproximar da morte. Ela franziu a cara para mim e perguntou: "Que diabo aconteceu com você em Cuba?". Soltei uma risadinha. Meu pai ficou hesitante, me encorajando a reconsiderar o direito, mas não consegui voltar. Minha mãe, como sempre, disse: "Ah, tudo bem", o que significava que ela não estava totalmente de acordo, mas que não tentaria me impedir. Pelo contrário, ela me deixou ficar em seu apartamento de um quarto quando eu estava sem dinheiro até eu conseguir ajudar a pagar um apartamento de dois quartos para nós.

Gosto de acreditar que meus entes queridos contiveram seus julgamentos porque viram em mim um fervor que estava desaparecido havia muito tempo. Eu também o vi, e foi incrível. No entanto, por trás do entusiasmo, eu era puro medo: não havia um plano a seguir no trabalho com a morte. Eu não conhecia nenhum outro negócio como o meu. Ainda não entendia que o empreendedorismo seria uma jornada espiritual — um teste implacável da minha fé em mim mesma e na minha visão. Eu *sabia* que era possível, mas não tinha evidências. Todos os dias, perguntas me incomodavam: será que esse negócio é mesmo viável? Alguém dá a mínima, a não ser eu? Quem eu penso que sou para levar isso adiante? Será que fui talhada para esse trabalho?

Se, nessa época, eu soubesse o quanto a ocupação de doula da morte exigiria de mim, talvez tivesse ficado com medo, jogado tudo para o alto e me tornado manicure. Trabalhar com a morte é como andar numa corda bamba metafísica, que o leva a lugares no seu interior que talvez você não esteja pronto para visitar.

Ao longo dos anos, houve clientes cuja morte me encheu de tanta luz e vida que me fez flutuar e mortes tão desafiadoras que me desconcertaram completamente. Elas exigiram tudo de mim, usaram todos os recursos à minha disposição. Nesses momentos, fui invadida pelo pavor de não saber se havia servido meus clientes como precisavam. E, então, quando tudo acabava, eu era deixada com dúvidas paralisantes. E isso não aconteceu apenas quando eu ainda era uma doula da morte inexperiente.

Com seis anos de prática, conheço Justina. Ela é uma famosa guru de autoajuda, que poderia ter pedido qualquer coisa em seu leito de morte, até mesmo admirar a *Mona Lisa* rodeada de franceses gostosos. Eu me sinto honrada em receber o telefonema para acompanhá-la em sua morte, que ocorrerá em apenas doze dias, embora, é claro, ainda não saibamos disso.

Em nosso telefonema preliminar, ela conta que está muito doente, com esclerose lateral amiotrófica (ELA) e câncer de cólon, e sabendo que está perto da morte quer garantir que seus assuntos práticos sejam resolvidos. Quando chego para o nosso primeiro encontro, sou recebida por um assistente que sabe pronunciar meu nome — uma novidade. Tudo na casa de Justina confere com o que ouvi. O salão da frente está coberto de tapetes de pele e cristais Swarovski. Lulus-da-pomerânia brancos correm por ali com um dedicado passeador de cães atrás deles. No canto, há um suntuoso trono branco com acabamento em tachas douradas. Fotos glamorosas dela ao longo dos anos estão em molduras douradas e decoram as paredes. Seu assistente aponta para um conjunto de portas de vidro.

Através delas, vejo Justina sentada em uma poltrona coberta por lençóis velhos, de frente para a televisão e com nada menos do que quinze pessoas sentadas ao redor. Seu cabelo está cacheado com esmero, ela tem batom nos lábios e as unhas feitas. Justina me recebe com alegria. As pessoas entram e saem trazendo flores, histórias e gratidão. Ela tem um sorriso e uma palavra de reconhecimento para cada uma. Começo a entender por que é tão amada. Justina faz as pessoas se sentirem vistas. Elas florescem sob seu olhar.

Conversamos sobre o que Justina precisa e definimos expectativas básicas para nosso trabalho juntas. Exceto pela presença dos fãs que a adoram, este é um primeiro encontro típico. Justina quer atualizar seu testamento (como essa questão não é da minha alçada, eu a ponho em contato com um colega advogado de planejamento sucessório) e precisa de ajuda para organizar várias cerimônias públicas em sua memória, incluindo uma no famoso Beverly Hills Hotel. Pergunto-lhe o que ainda falta fazer em sua vida, além das questões práticas. Inclinando a cabeça de um jeito arrogante, ela responde: "Nada". Falamos de seus quatro casamentos. Ela diz que já fez sexo suficiente para sete vidas e me interroga com insistência sobre minha vida amorosa, desejando o mesmo para mim. Sorrio e recebo com alegria a bênção de uma especialista como ela, mas me pergunto se está se esquivando da minha pergunta com distrações picantes.

Justina insiste que seus relacionamentos amorosos ficaram bem resolvidos, mas há uma tristeza em seus olhos azul-claros que não consigo identificar, além do pavor existencial. Isso me incomoda. Terminamos o encontro falando sobre os rituais que ela deseja no leito de morte, as músicas que quer ouvir enquanto estiver morrendo e seus pensamentos sobre o pós-morte.

Em minha segunda visita a Justina, uma semana depois, as coisas mudaram drasticamente. O batom e os visitantes se foram, e o ar está pesado. A tristeza em seus olhos azuis lacrimosos é total. Tínhamos planejado conversar sobre a disposição de seu corpo e o destino de seus animais de estimação, mas é nítido que ela não está com disposição para isso. Justina está incomodada com uma coceira na panturrilha que seus cuidadores não conseguem fazer passar. Ela murmura pragas para eles e para o céu. "Ninguém entende. Ninguém entende", repete baixinho em meio a lágrimas. E ela está certa. Não entendemos. Pessoas cercam-na diariamente cantando-lhe louvores. Várias pessoas moram em sua casa e cuidam dela 24 horas por dia, mas ela ainda se sente sozinha. Ela é quem está enfrentando sua mortalidade.

Enquanto uma enfermeira paliativista ajeita a sonda de alimentação de Justina, ela mexe os dedos para mim, com olhos suplicantes. Seguro sua mão e ela a aperta levemente enquanto seus olhos se enchem de lágrimas. Fica claro que estou aqui não apenas para ajudar a fazer planos logísticos. Justina quer que eu a acompanhe nesta última etapa de sua vida. Quando a enfermeira termina, Justina manda todo mundo sair, mas me pede para ficar. Permanecemos em silêncio até que a situação fique confortável para ela.

Justina ficou exposta emocionalmente: algo, pelo que sei, raro para ela. Nesse estado, ela é dura e desdenhosa com seus cuidadores. Sua cabeça fica baixa e ela evita contato visual quando fala com outras pessoas, exceto comigo. Não está fazendo piadas sobre seus amantes nem me devolvendo perguntas. Esse é outro lado dela que tenho a honra de conhecer: vulnerável, desarmada pela doença.

Justina confessa que está infeliz e me pede para lhe dizer em quanto tempo vai morrer. Nenhuma resposta que eu dê pode acalmar sua angústia. Ela me diz que não quer ter que aguentar isso por muito mais tempo. Já são dois anos com a doença.

Embora tenha problemas para se comunicar, ela fala bastante. Está cansada daquele monte de gente circulando por sua casa, às quais ela acha que deve um sorriso. Não quer mais tomar os remédios, mas não se sente à vontade para comunicar essa decisão aos médicos nem aos cuidadores. Ela acha que por causa de seus fãs deve continuar vivendo, continuar lutando, mas está cansada. Sussurrando, me revela que já recebeu medicação para acabar com sua vida, mas não sabe se vai tomá-la. Justina não quer mais visitas, nem entregas, nem pessoas não íntimas chorando ao seu lado. Quer morrer cercada apenas pelas seis pessoas que melhor a conhecem, com quem pode ser ela mesma por completo, em seus próprios termos.

É fundamental para mim ouvir isso. Ajuda-me a identificar as necessidades mais íntimas de Justina de ser vista, ouvida e tratada como um ser completo. A agitação inicial de Justina diminuiu. Saio desse encontro com a clareza do que estou fazendo ali. Estou ali para ajudar Justina a ter uma morte em sua intimidade, não testemunhada pelo mundo. Estou ali para gerenciar o processo, para honrar sua vulnerabilidade e para preservá-la como é — não como é para mim ou para os fãs que a adoram.

Alguns dias depois, quando Justina entra na fase ativa de morte, chamo as seis pessoas que ela solicitou. No entanto, a notícia de que ela está morrendo vaza, e um monte de gente aparece, espreitando na sala de estar à espera de uma oportunidade. É como se Justina estivesse em um zoológico da morte, com voyeurs tentando pegar os últimos pedacinhos dela enquanto ainda está viva. É um malabarismo dar espaço para o sofrimento deles e ao mesmo tempo respeitar os desejos de Justina. Faço o melhor que posso, e mesmo assim sinto que estou falhando.

Isso não deveria estar acontecendo. As pessoas se jogam chorando nela ou agarram seus pés enquanto soluçam. Quero mandá-las se afastarem, mas as deixo ali por um momento, depois ajudo a levantá-las e a conduzi-las para trás de um biombo que colocamos para tentar proteger o espaço de morte de Justina. Assim que afasto uma pessoa, outra se esgueira por trás de mim.

A situação piora. Alguém derrubou o biombo, deixando Justina totalmente à vista. Recruto a enfermeira paliativista como segurança para manter as pessoas longe de Justina quando ela começar a fazer sua partida. As enfermeiras de cuidados paliativos podem ser as melhores aliadas das doulas da morte nesse trabalho, e vice-versa. Somos uma extensão mútua do cuidado: um par extra de mãos, olhos e ouvidos. Percebendo que a respiração de Justina está desacelerando, a enfermeira paliativista acena com a cabeça para mim. Não posso mais me preocupar em manter os desconhecidos afastados. Volto meu foco exclusivamente para Justina. Tomo meu lugar ao lado de sua poltrona reclinável e seguro sua mão.

Ficamos em vigília enquanto sua respiração desacelera, cantando canções que ela pediu e acariciando sua cabeça. A enfermeira paliativista se aproxima, mantendo o perímetro em torno de Justina e seus seis amigos escolhidos, e juntos contamos os segundos entre suas respirações. Quando respira apenas quatro vezes por minuto, nos entreolhamos. Ela está perto. Depois de soltar seu último suspiro, fazemos uma pausa. O ambiente está calmo enquanto a gravidade do que aconteceu começa a despontar, silenciosa, exceto por algumas fungadas abafadas. Presto reverência não me movendo. Logo após a morte, não há nada a fazer senão ficar quieto em homenagem ao que acabou de ocorrer.

Quando o burburinho começa e o choro fica mais alto, coloco a mão de Justina na mão de um de seus amigos próximos e vou para o centro da sala. Falando com hesitação, reconheço a magnitude do que acabamos de testemunhar, encorajo todos a serem amáveis consigo mesmos em sua dor e peço privacidade para cuidarmos do corpo de Justina antes da chegada da funerária. Sei que a funerária não virá antes de ligarmos, mas só quero que aquelas pessoas deem a nós, e a Justina, algum espaço. Elas saem em fila, em estado de choque: o espetáculo acabou.

Finalmente, somos apenas nós.

Respiramos juntos depois de eu fechar a porta. Seguro uma tigela de água morna com algumas gotas de óleo de lavanda para que seus melhores amigos possam lavá-la conforme Justina pediu. Permanecemos ao lado do corpo. Seus amigos contam histórias absurdas sobre a vida e os amantes dela. Eles fazem piada a respeito de sua teimosia e de sua grande visão. Acariciam seu cabelo e beijam suas mãos. E abraçam a amiga de uma forma que só quem melhor nos conhece pode fazer.

No caminho para casa, ligo para minha mãe e choro tanto que não consigo ver a estrada. Por mais de oito horas, não tive um momento para mim mesma, não tomei nem um gole de água, não comi nada. Todo o meu foco foi para tentar manter a morte de Justina tão íntima quanto ela pediu. Minha mãe sugere que eu pare até me recompor, mas só quero chegar na minha casa, no meu santuário, então chamo um carro para me levar pelo resto do caminho. Deixo o meu estacionado em uma rua secundária de Los Angeles.

Passo o resto do dia na espreguiçadeira laranja ao lado da janela, no meu apartamento, olhando para o vazio, comendo sem pensar batatas chips e chorando. Algo na gordura, no sal e na mastigação ruidosa me acalma, sobretudo depois de ter assistido a uma morte. Estou exausta e arrependida. Temo ter falhado com Justina em seu pedido de ser acompanhada, em suas últimas horas, apenas pelas pessoas que ela mais amava e em quem mais confiava. Não foi o que ela teve.

Mesmo após seis anos de prática, me pergunto se fui feita para esse trabalho.

Depois de passar algumas horas tentando entender o que vivenciei, lembro que preciso lavar meu corpo: um ritual que sempre faço quando chego em casa depois de ver um cliente. Ajuda meus sentidos a me fixarem ao meu corpo e leva embora o que não me pertence. A ideia de ficar de pé no chuveiro me oprime. Nua, entro na banheira, mas não consigo descobrir como fechar o ralo para tomar banho, embora já tenha feito isso dezenas de vezes. Choro de frustração por não saber como cuidar de mim neste momento. Ligo para David, meu amorzinho há um ano, e apenas digo que preciso dele. Nem sei exatamente do que preciso.

David vem. Ele enche a banheira, coloca sais de banho e óleo de eucalipto e me prepara uma xícara de chá enquanto fico de molho. Ele se senta na privada, me ouvindo despejar todos os meus fracassos como doula e meu medo de não ter capacidade para realizar esse importante trabalho. Ele me enxuga e me abraça enquanto falo e choro, sem parar, até adormecer. Estou deitada nua, ranhosa e me sentindo um fracasso.

Alguns dias depois, começo a ter clareza novamente. Em uma das aulas de formação de doula da morte que agora ministro, os alunos refletem sobre o que dividi com eles acerca da atuação como doula. Eles me lembram de que lidei, ao mesmo tempo, com as experiências diferentes dos enlutados e de quem estava morrendo. Permaneci centrada durante o caos. Trabalhei com a equipe de cuidados médicos. Honrei as necessidades da minha cliente acima de tudo e honrei minha necessidade de também ser cuidada. E me lembram do poder intimidador e purificador de testemunhar uma morte.

"Fracasso", como eu o concebia, era só mais um demônio familiar que aparecia em meu inconsciente. Justina me ensinou a separar a mim mesma da experiência. Não tinha a ver com o que eu podia ou não fazer. Tinha a ver com a morte *dela*. Justina morreu nos braços de seus amigos mais próximos, como ela pedira. Eu segurei sua mão. Eu a servi. Para quem está no leito de morte, atender às suas necessidades é tudo o que podemos fazer.

7

Viva e morra negro

Começo a trabalhar com uma cliente chamada Nancy em junho de 2016. Ela é uma mulher branca de 96 anos — ex-bibliotecária com um gosto por gatos e suculentas — que desenvolveu Alzheimer quinze anos antes. A filha de Nancy me contratou para acompanhar a mãe no lar de idosos onde Nancy está passando o fim da vida. Embora os funcionários geralmente sejam afetuosos e compreensivos, esses lugares muitas vezes parecem depósitos onde as pessoas vão definhando até morrer. Com frequência, são o melhor que as famílias podem fazer.

A filha de Nancy percebe que o tempo de convívio que minhas visitas proporcionam à sua mãe é valioso, mesmo que — seja lá qual for a razão — ela própria não possa oferecê-lo. É claro, porém, que a filha de Nancy ama a mãe e está tentando lhe fornecer bem-estar.

E assim tenho oportunidade de conhecer Nancy ao longo de vários meses. Isso não é incomum em meu trabalho com a morte.

Tenho clientes com quem trabalho durante meses, semanas, dias, e clientes com quem falo em um único telefonema apressado.

Aos 96 anos, Nancy quer ser independente, mas seu cérebro e seu corpo não lhe dão mais essa possibilidade. Ela gosta de fazer caminhadas sozinha, mas não consegue encontrar o caminho de volta. O lugar onde ela está tem uma unidade fechada para impedi-la de ir além da saída e se perder. Ela mal consegue se lembrar da filha, muito menos do caminho de casa. A cada visita, me apresento e pergunto se posso ficar um tempinho, pois ela não se lembra das minhas visitas anteriores. Com um sorriso tímido e sedutor, ela sempre diz: "Ora, pode", tocando a presilha no lado direito da cabeça e colocando o cabelo grisalho curto, mas ainda cheio, atrás da orelha.

A doença de Nancy progride durante o tempo em que a acompanho. No início, conseguíamos ter uma conversa completa: nosso primeiro elo aconteceu por causa do amor mútuo pelos livros. Nancy *adorava* livros (*E não sobrou nenhum*, de Agatha Christie, era um dos favoritos), não apenas lê-los, mas também seu formato, seu cheiro e sua presença física. Ela conseguia elogiar tanto a lombada de um livro específico que eu acabava por amá-lo também. Conversávamos sobre um assunto o máximo de tempo que ela conseguisse, antes que um salto lógico aleatório aparecesse do nada e eu tentasse acompanhar.

Depois de umas seis semanas, conversar fica mais difícil; ela esquece palavras, fica frustrada e se fecha. Às vezes, folheamos seus livros de pássaros e ela me fala deles ou mostra seus álbuns. Contudo, a essa altura, ela já esqueceu quem é a maioria das pessoas e dos pássaros, mais uma vez para sua frustração. Então cantamos juntas, ou fico ao seu lado enquanto ela come, entrando em qualquer realidade que ela esteja vivendo no momento. Nossas visitas são agradáveis, e é um exercício segui-la no que ela faz.

Cerca de seis meses após o início de nossas visitas, chego e a encontro visivelmente agitada, diferente de seu comportamento normal e cortês. Ela está sozinha em uma mesa na sala comunitária enfiando jornais amassados nos bolsos laterais de sua cadeira de rodas enquanto a televisão do canto berra. Grupos de idosos estão sentados às mesas, jogando cartas, lendo, lanchando ou olhando para o nada. De vez em quando, Nancy pega uma folha de jornal de uma pilha que está sobre a mesa e tenta lê-la, mas, como o cérebro está atrofiado de um jeito que afetou sua compreensão, ela olha para a folha e, com raiva, rasga-a em pedaços, que então enfia nos bolsos da cadeira de rodas. Ela faz isso sem parar, tão rápido quanto suas mãos com artrite permitem, mas ninguém percebe. A vida no lar de idosos segue ao seu redor.

Por cima do ombro de Nancy, na pilha de jornais, vejo um obituário da atriz e socialite Zsa Zsa Gabor, que ficou famosa no início dos anos 1950 e havia morrido poucos dias antes. Como pacientes com Alzheimer em estágio moderado da doença conseguem, por vezes, acessar a memória de longo prazo, aponto para a foto para tentar reorientar a energia frenética de Nancy.

— Sim, sim, eu conheço essa mulher! — diz Nancy imediatamente.

Fico surpresa.

— Conhece?

— Sim, conheço. Ela está nas fotos. Ela é tão bonita. Tão doce. — Nancy olha a página e sorri com carinho. Seus ombros relaxam. Sinto que talvez tenhamos estabelecido uma conexão novamente, apesar de seu humor. Depois de um minuto, ela aperta os olhos para a página e a pega, colocando-a bem na frente do rosto, como se tivesse descoberto ali um código secreto.

Ela levanta o rosto com aversão.

— Ela é *negra*? — A pergunta é lançada como uma acusação.

— Hã... — gaguejo. Pelo que sei, Zsa Zsa Gabor é do Leste Europeu, em outras palavras, bem branca. Vejo isso nitidamente na foto do obituário e fico surpresa que Nancy esteja confusa. Fico tão atordoada que não consigo responder antes de ela jogar o jornal com força na mesa e me fuzilar com os olhos.

— Espere aí, *você* é negra? — Mais uma vez, seu tom pejorativo é um dardo jogado contra mim.

Estou estupefata. Sem palavras.

Claro que sou negra.

Sou *bem* negra.

Quando me apresento, uma das primeiras palavras que uso é *negra*. Não uso o termo afro-americana porque, em sua definição estrita, não se aplica a mim. Minha ascendência é ganense, portanto, não me cabe reivindicar o legado da escravidão norte-americana. Meus antepassados foram deixados lamentando seu destino na África Ocidental depois de terem seus vilarejos saqueados e queimados, seus entes queridos espancados e levados à força. Tecnicamente, sou de uma terceira cultura: nasci na África, cresci nos Estados Unidos, e minha família misturou essas duas culturas para criar a nossa própria.

No entanto, quando uma mulher branca segura a bolsa perto do corpo quando ando rápido demais numa esquina, ela não sabe, nem se importa, que sou ganense. Nem eu. Não tem relevância. Ambas temos consciência de que ela me vê como uma ameaça. Todos que, como eu, têm a pele com muita melanina e moram nos Estados Unidos da América vivem sob a mesma nuvem de racismo, sejam ganenses, jamaicanos, afro-americanos ou afro-brasileiros.

Ela quer saber se sou negra? Que diabos, sim, sou negra.

Minha mente dispara com as implicações da pergunta de Nancy. Quero perguntar a um médico se o Alzheimer pode tornar as pessoas mais propensas ao ódio ou se apenas revela seus verdadeiros sentimentos, como o álcool desvela o desejo e diminui a inibição: um efeito da cerveja, só que aplicado ao Alzheimer. Duvido. Até agora, Nancy tem sido muito gentil comigo, mas estou ciente de que mudanças de humor e de personalidade são um sintoma da doença. Será que o Alzheimer está causando uma espécie de cegueira racial nessa mulher, revelando a falácia do conceito de raça, ou está permitindo que sua bandeira racista tremule livremente?

Antes que eu descubra como responder à pergunta de Nancy, ela pega o jornal de novo e começa a rasgá-lo furiosamente em pedacinhos. Minha cabeça gira com conjecturas e temor. Nancy nasceu em 1920, o que significa que seus anos de formação aconteceram durante a era Jim Crow. Até onde sei, talvez ela ainda acredite que as pessoas negras poluem piscinas e descendem dos macacos. Na época em que ela foi criada, os linchamentos ainda eram comuns, assim como a violência racial sancionada pelo Estado e pela segregação aberta. Quando Nancy era menina, mal havia se passado uma geração inteira desde os tempos da escravidão.

Até aquele momento, eu tinha feito a escolha consciente de me sentir segura perto dela. Nancy estava doente e precisava do meu apoio, então lhe dei o benefício da dúvida. Não deveria me surpreender que, conforme sua mente fosse regredindo, ela dissesse alguma bobagem. Porém, é a primeira vez que algo assim acontece no meu trabalho com a morte.

Entre muitas coisas, o que me impressiona nesse encontro com Nancy é que as desigualdades com as quais ela conviveu e das quais se beneficiou iriam acompanhá-la até a morte. Acho que pouca gente se dá conta disso. Fico exasperada com o fato de as pessoas acreditarem que a morte é o grande equalizador. Sim, todos morremos, mas morremos de causas diferentes, em porcentagens diferentes e de maneiras diferentes. Não há nada de igualitário na morte a não ser o fato de que chega para todos. A morte e o morrer são processos culturalmente construídos que refletem a dinâmica do poder social: eles são desiguais. O modo como morremos está, em grande parte, atrelado às interseções das nossas identidades.

Para ajudar de maneira adequada as pessoas que estão morrendo, temos de estar dispostos a olhar para seu complexo conjunto de identidades. Mulheres brancas vivem mais do que mulheres negras. Homens morrem mais cedo do que mulheres. Pessoas heterossexuais vivem mais do que pessoas LGBTQIAPN+. Pessoas pobres morrem mais cedo do que as ricas.

Esses são fatos. Não nascemos todos iguais e não vivemos nem morremos do mesmo jeito.

Nos Estados Unidos, em geral os bebês negros nascem em um conjunto de circunstâncias diferente dos bebês brancos. A disparidade entre os dois grupos continua pela vida afora e até a morte. Os corpos negros carregam as cicatrizes profundas do racismo na saúde, da brutalidade sistêmica e do trauma intergeracional.

Há também o estresse básico adicional de ser uma pessoa negra vivendo nos Estados Unidos, criado pela tentativa de assimilação a um mundo que teme corpos negros. Em momentos de tensão, sei que tenho mais chances de sobreviver ao conflito se eu me tornar pequena e inofensiva e ficar quietinha para não ser considerada desordeira ou amedrontadora.

Isso acontece em ambientes pessoais, públicos e profissionais. Antes de trabalhar por conta própria, eu ficava calada quando o trabalho não era distribuído de forma justa porque não queria parecer zangada. Não faço caminhadas à noite quando estou com energia reprimida porque não quero chamar a atenção da vizinhança. Até hoje tenho medo de ser parada pela polícia. Os fatores estressores contínuos, grandes e pequenos, que acompanham a existência nesta pele são numerosos demais para serem contados.

Mesmo assim, aqui estou eu, uma doula da morte negra, esperando aliviar as dificuldades que *todos* enfrentamos na morte. Minha presença nessa área é importante, porque, quando os cuidados com a morte são realizados sem consciência da diferença, do privilégio e do preconceito, isso pode ser usado como uma arma, marginalizando ainda mais as comunidades e as pessoas em um dos momentos mais cruéis e terrivelmente dolorosos de sua vida.

Isso importa. Da mesma forma que as pessoas querem suas identidades validadas em vida, também o querem na morte. E é crucial que seus entes queridos vejam isso acontecer, como um sinal de que quem amam está sendo enxergado, respeitado e honrado.

Existe uma espécie de falso daltonismo muito comum nos espaços de bem-estar ("Não vejo a cor das pessoas" ou "Esqueci que você é negro") e que infelizmente também invadiu a comunidade da morte e dos que estão morrendo. Não confio nem acredito em quem diz não ver cor — a menos que a pessoa seja de fato cega. Não querer *me* ver em todo o meu esplendor é não querer reconhecer nem valorizar meu individualismo e a riqueza da minha história. É um apagamento opressivo que não reconhece, entre outras coisas, que a força das pessoas negras se evidencia na sua capacidade de vergar sem quebrar. Se eu não ficar atenta, é fácil me sentir tanto invisível em uma área dominada por pessoas brancas como aprisionada em sistemas que não consideram os privilégios, os preconceitos e a discriminação que existem em qualquer outro lugar. Se eu ganhasse um dólar a cada vez que alguém dissesse "Não sei o que a *raça* tem a ver com como morremos", daria para comprar à vista um carrão.

Como mencionei: sou negra. *Bem* negra. Está na essência da minha identidade. Quando todo o resto me for retirado, ainda serei negra, em voz alta e com orgulho. Quero que isso seja reconhecido quando chegar a minha hora de partir.

Quando era criança, eu não tinha muito um conceito de raça. Conhecia as diferenças exteriores dos seres humanos, pois havíamos viajado bastante quando eu era pequena e fora exposta a uma ampla gama de tons de pele. Quando eu tinha seis anos, mudamos de Orange, na Califórnia — onde meu pai estava concluindo o seminário —, para Nairóbi. Meu pai assumiu o cargo de diretor da Prison Fellowship International na África, abrindo ministérios prisionais em diferentes países do continente. No prédio onde fomos morar, havia famílias indianas, irlandesas e de países da África Oriental. Aprendi a julgar as pessoas com base em sua capacidade de doar. As famílias indianas eram generosas com os biscoitos. Outras famílias — britânicas, etíopes e ugandesas — tinham crianças da minha idade que brincavam comigo e minhas irmãs. Uma família norte-americana tinha bolinhas de borracha de todos os tamanhos, que podíamos levar para fora enquanto os adultos conversavam coisas de adulto. Raça era um conceito estranho. Os únicos termos de comparação eram a bondade de espírito e a generosidade na hora do lanche.

Meus pais matricularam eu e minhas irmãs em uma das melhores escolas de Nairóbi, frequentada por muitos filhos de missionários que atuavam no Quênia. Eles eram, em sua grande maioria, brancos. (Aparentemente, a possibilidade de deixar o país de origem para viajar e divulgar a palavra de Jesus é um privilégio.)

As turmas na Academia Rosslyn eram pequenas e geralmente separadas por idade, exceto as aulas de música, em que alunos mais novos e mais velhos se misturavam. Todas as semanas, o professor nos atribuía instrumentos, e a competição pela bateria era acirrada. Imagino que a maioria dos alunos escolhiam esse instrumento porque não podiam ser tão barulhentos em casa. Eu incluída. Eu *só* levantava a mão para a bateria. De uma das últimas fileiras, eu pulava com minha mãozinha no ar, esperando ser vista. Um dia, o professor finalmente me escolheu. Meu coração deu um pequeno salto mortal diante da minha sorte.

Fui com orgulho (leia-se: *com arrogância*) para a frente da sala reivindicar meu lugar de direito na bateria. Enquanto me dirigia para lá, ouvi alguns sussurros. "Por que ela?" "Ela é negra." "Ela pelo menos sabe *tocar* bateria?" Aos poucos, um sentimento de vergonha substituiu minha animação. Comecei então a compreender: minha própria existência me tornava diferente. "Eu não sou como eles. E o que sou é algo que eles não gostam. E eles acham que tem alguma coisa errada comigo." Confusa, quis chorar, mas, em vez disso, descarreguei minha dor na bateria.

Em razão do trabalho missionário de meus pais, nunca ficamos no mesmo lugar por muito tempo. Compreendi que, em qualquer lugar que aterrissássemos, minha negritude significava algo diferente. Alguns anos mais tarde, por um breve período, voltamos para Gana, onde o conceito de raça não existe. Em Gana, todo mundo é negro, então ninguém tem que ser negro. Não há com o que se comparar. Agradeço por ter vivido essa experiência antes de minha família se mudar em definitivo para os Estados Unidos, anos depois. Ela me deu uma forte percepção de mim mesma antes que os complicados tentáculos do racismo começassem a se enroscar em mim em Colorado Springs, uma cidade ultraconservadora, evangélica e terrivelmente branca. Eu sentia um orgulho cada vez maior da minha pele, dos meus lábios, das maçãs do meu rosto, da minha resiliência e da minha audácia.

E ainda assim...

Na minha primeira semana de aula, no sexto ano da escola de ensino fundamental Howbert, fui chamada de selvagem, coça-bunda africana, macaca e picolé de chocolate. Minha percepção de ser o "outro" foi atiçada, e eu me tornei arrogante para disfarçar minha dor. Já é bem difícil ser a nova aluna no meio do semestre. Era quase insuportável ser uma das únicas crianças negras, gordinha, vinda de um continente que a maioria dos meus colegas desprezava, enquanto passava também pelas angústias da puberdade. Meus colegas perguntavam se eu ia de elefante para a escola e se era a primeira vez que vestia roupa. Minha mãe ainda fazia nossas roupas. Eu gostava disso. Eu me achava estilosa, mas ainda não tinha aprendido como era brega não ter os tênis Reebok ou as calças Hammer da moda. Como eles se atreviam a me xingar quando eu já tinha visto mais do mundo aos onze anos do que eles provavelmente veriam a vida toda? Eles nunca tinham nem pegado um avião para fora do estado, quanto mais viajado pelo mundo. Eles não sabiam dos arranha-céus, das estradas com pedágio, da eletricidade, da alegria, da história e da realeza da

África. Eu não dizia nada, mas sabia que os ignorantes eram eles. Era humilhante.

Meus pais me consolavam moldando minha resiliência. Quando se tratava de dor e decepção, o mantra tácito da minha família era "Não se deixe atingir". Lágrimas eram permitidas, mas não muito toleradas. A única vez que me lembro de chorar descontroladamente foi quando um garoto me chamou de "vaca preta gorda e feia" durante uma brincadeira de criança. Minha mãe falou que ele não compreendia minha beleza, deu um tapinha nas minhas costas e me disse para não chorar. Não consegui conter as lágrimas. Ela me deixou soluçar.

Parecia que éramos a única família negra do quarteirão, do bairro, da cidade, então nossa casa era um oásis. Ali conversávamos em fante e comíamos quase exclusivamente comida ganense. Não importava para onde fôssemos, nas tardes de sábado minha mãe alinhava as quatro filhas e arrumava nossos cabelos: pomada modeladora e enfeites de cabelo de todas as cores imagináveis emaranhados com elásticos. Pentes de todos os tamanhos ficavam espalhados pelo chão. Sentávamos entre suas pernas, uma por uma, e ela puxava, desembaraçava, umectava com óleo, hidratava, separava e depois trançava nossos cabelos até virarmos a garota negra perfeita para irmos à igreja no domingo.

Enquanto isso, os diretores da escola tentaram me fazer repetir um ano devido ao meu ceceio e ao continente onde ocorrera a maior parte da minha formação. Quando meus pais insistiram que eu fizesse um teste para ver o meu desempenho, os avaliadores sugeriram que pulasse dois anos. Fui considerada "superdotada", rótulo que me acompanhou e me assombrou. Nada mal para uma coça-bunda africana, hein?

Tendo como prioridade meu desenvolvimento social, meus pais não quiseram que eu pulasse de ano. Graças a Deus! Eu já me sentia forasteira o bastante do jeito que estava. Não gostava do que muitas outras crianças gostavam. Não me sentir como os outros me fazia mal. Sofri muito nesses anos.

Hoje, vejo que ser uma forasteira me preparou para trabalhar com a morte de um jeito que a menina "vinda da África" do anuário escolar nunca poderia ter imaginado. Afinal, um moribundo é um forasteiro. São pessoas saindo desta vida enquanto nós estamos mergulhados nela. Olhamos para elas como se através de uma vidraça. Eu me sinto atraída para o lugar de onde muitos se afastam por ser aterrorizante, diferente, assustador demais. Não acho que seja por acaso que nas minhas aulas de treinamento de doula da Going with Grace pessoas brancas cisgênero e heterossexuais às vezes sejam minoria. Só consigo me lembrar de três caras brancos heterossexuais entre milhares de estudantes LGBTQIAPN+, que habitam muitas interseções e celebram sua diferença. Aqueles que ficam à margem na vida conseguem chegar mais facilmente à margem na morte.

Ainda assim, aconteceram coisas boas na minha adolescência. Para cada professor que só conseguia ver a cor da minha pele e sugeria que eu considerasse seriamente virar secretária (mesmo frequentando aulas de inglês de nível universitário), havia alguém como meu professor de coral, o sr. Craig Ramberger, que me incentivou a me candidatar a alguns conservatórios porque achava que eu tinha muito talento. Fiz amigos, entrei para o time de líderes de torcida, fiz parte da corte do baile de boas-vindas, fui eleita a melhor jogadora do time de futebol e me diverti nas aulas de música — danem-se as primeiras experiências de bateria.

A música era um meio seguro de dar vazão às grandes e confusas emoções que eu já intuía serem um pouco "demais" para o mundo exterior. No coral, eu podia cantar meus sentimentos e deixá-los ir: *Cânone em ré maior*, de Pachelbel, me tocava tanto que eu me escondia no banheiro para chorar, envergonhada com a profundidade de minha experiência emocional.

Por mais que eu adorasse música, uma carreira nessa área não era uma opção. Meus pais incutiram em mim e em minhas irmãs a crença de que poderíamos ser qualquer coisa... desde que fôssemos médicas, advogadas ou engenheiras. Em outras palavras, algo prestigiado e de alto desempenho, mas nada criativo. Criatividade não dava dinheiro: essa era desde sempre a maior preocupação do meu pai, embora ele tocasse clarinete e nos comprasse flautas doces para praticarmos. Ele queria saber se seríamos capazes de cuidar de nós mesmas quando nos tornássemos adultas e de cuidar dele quando envelhecesse.

Depois de ser aceita em algumas faculdades de prestígio — não graças ao meu orientador educacional —, escolhi a Universidade Wesleyan, onde meu pai obteve seu doutorado e onde Bozoma já estava matriculada. Um pedacinho de mim ainda se pergunta quem eu teria me tornado se tivesse escolhido o conservatório de Oberlin. Eu poderia ser uma maestrina morando em Madri, bebericando *espressos* o dia todo, fumando cigarros finos e usando jeans *skinny* preto desbotado. Fico pensando se eu também acabaria encontrando meu caminho para o trabalho com a morte. Percursos diferentes, o mesmo destino?

Escolhi a Malcolm X House, o dormitório negro, para morar dentro do campus no primeiro ano. Eu queria de novo aquela sensação de Gana, onde todo mundo era negro. As aulas e os alunos foram um curso intensivo em cada aspecto da cultura negra norte-americana que eu havia perdido na Colorado Springs branca como a neve — tal como bell hooks, o *dance hall reggae* e o jogo de cartas espadas (sou péssima nesse jogo, mas fico por perto falando besteira enquanto os outros jogam).

Aos poucos, fui entendendo que a negritude poderia se parecer com qualquer coisa. Poderia ser minha hilariante colega de quarto do primeiro ano e para sempre melhor amiga, Magda Labonté, uma atriz libriana e haitiana-americana do Brooklyn que amava o Mr. Cheeks, dos Lost Boyz, e não tolerava um pingo de desrespeito de ninguém. Poderia se parecer com os estudantes de medicina da baía de São Francisco que não paravam de falar "super" e ficavam tensos com química orgânica. Poderia se parecer com estudantes de arte nigerianos e atletas brasileiros. Eu poderia ser uma negra hippie esquisitona e ninguém teria problema com isso. Björk, plantains e Biggie Smalls: todos eram a minha praia.

O mesmo aconteceu com o ativismo. Em 1998, entrei para uma irmandade historicamente negra dedicada à sororidade, a bolsas de estudos e à assistência — o grupo Pi Alpha da Delta Sigma Theta —, e estudei no exterior, em Gana, onde logo me enfureci com os estragos feitos pelo colonialismo. Ao retornar, fui eleita presidente do corpo discente, com uma campanha voltada para a ajuda financeira a estudantes negros no intuito de reduzir o fardo dos empréstimos que carregamos após a formatura. Nós nos formamos devendo dezenas de milhares de dólares e depois passamos décadas tentando superar as taxas de juros, mal tocando o capital principal. Não podemos comprar casa nem acumular recursos, mesmo com nossa formação, que deveria nivelar o campo de jogo. Começamos no vermelho. O sistema não está programado para vencermos. Ele se revela em diferentes aspectos de como vivemos e também de como morremos.

Minha raiva continuou e minha educação formal me deu as ferramentas para fazer as pessoas finalmente prestarem atenção. Comecei a entender meu poder e o complementei com minha aparência externa. Eu não tirava as botas de combate pretas, as calças camufladas, a camisa com estampa africana que provavelmente eu mesma tinha costurado e o colar de búzios. Então cortei o cabelo.

O "grande corte", que livra a mulher negra do cabelo com química, só se tornaria popular e comum vinte anos depois. Porém anos tentando me enquadrar em um padrão de beleza branco tinham me esgotado. Na hora, a cabeleireira não gostou do meu pedido.

— Esse corte vai deixar você horrorosa — observou ela. Racismo internalizado é uma merda.

Ela perguntou se eu estava com o coração partido. Respondi que sim, mas não do jeito que ela sugeria. Meu coração foi partido por Amy, no sétimo ano, que disse que minhas piores características eram meus lábios, minha bunda e o tom muito escuro da minha pele, mesmo ela fazendo bronzeamento artificial. Meu coração foi partido pelas modelos da revista *Seventeen*, pelos professores que se recusavam a ver minha inteligência por causa da minha pele. Meu coração foi partido pelos Estados Unidos. Mais uma vez, falei para a cabeleireira cortá-lo. Meu cabelo iria crescer como veio ao mundo. Crespo. Grosso. Lindo. Bem atrevido e preto.

Quase não há formação para cuidar das pessoas negras na indústria de cuidados com a morte, e a pouca que existe geralmente vem na forma de "cuidados com os cabelos negros". Esse segmento se concentra em cuidar de um padrão de cabelo bem crespo; como se esse fosse o único estilo de cabelo "negro", e não um dos cerca de *quinze* estilos que só eu tive ao longo da vida.

O modo como definimos uma boa morte é bastante influenciado por nossas identidades. Em conversa com uma pessoa trans que estuda na Going with Grace para ser doula da morte, ela disse que não sabe o que seria uma boa morte porque tem medo de imaginá-la para si. A taxa de mortes violentas de pessoas trans é impressionante, e ela simplesmente não quer ser assassinada. No entanto, não é difícil imaginar o que seria uma "boa morte" para uma pessoa cisgênero, heterossexual e branca.

Estamos condicionados a pensar que uma "boa morte" é aquela que acontece em idade avançada, na nossa própria casa, rodeados dos nossos entes queridos, depois de uma trajetória plena e tranquila, tendo a nossa humanidade reconhecida e honrada no fim da vida. A maioria das boas mortes em que pensamos são aquelas em que o corpo para lentamente.

Em termos históricos, no entanto, as pessoas negras têm morrido de muitas maneiras "ruins": nas mãos daqueles que as sequestraram e capturaram, nos calabouços — amontoadas umas sobre as outras —, no comércio transatlântico de escravizados, nas mãos de proprietários de escravizados; por meio de espancamentos, experimentos governamentais, violência das ruas, brutalidade policial; no parto, no sistema carcerário; e de uma série de outras condições físicas oriundas do racismo estrutural. Esses traumas epigenéticos criam raízes na árvore genealógica, passando de geração em geração. No entanto, a alegria geracional também é nosso direito inato.

Muitos dos atributos que associamos a uma "boa morte" são os mesmos que criam uma boa vida. As pessoas, porém, são diferentes. Absolutamente todas as pessoas. O mito de um monólito negro, tanto na morte como na vida, rouba nossas idiossincrasias, nosso humor, nossos amores, nossas obsessões, nossa individualidade e nossas interseções. Acho que é uma tentativa de tornar a negritude mais fácil de entender e digerir. Entretanto, não é possível nos reduzir. Como fazer generalizações sobre uma raça de pessoas que suportou séculos de brutalização e ainda assim se recusa a ter sua alegria suprimida?

Reconhecer essa verdade é a melhor maneira de alcançar essa boa morte elusiva, que se baseia em quem fomos como indivíduos, e não como um monólito.

Todos merecemos isso.

8

Percebendo seus pés

Às vezes, apaixonar-se é como tropeçar em si mesmo. É uma das grandes e complicadas aventuras da vida e uma das minhas maiores alegrias. Depois de uma vida inteira de relacionamentos, me tornei perita em suas muitas etapas. Aquele frio na barriga ao descobrir uma conexão com um estranho promissor — o reconhecimento do terreno, a química. "Ah, ele é bonito *mesmo*." Então seu cheiro inebriante, aos poucos se tornando familiar; o sussurro de um apelido íntimo com os lábios roçando na orelha. O abrandamento gradual até um relacionamento, conforme a paixão se expande até virar *amor*, do tipo duradouro. O corpo, o coração e a psique transformados para sempre, e esse amor permanecendo em nós até morrermos.

Apaixonar-se pode levar a um medo paralisante da morte. Ficamos muito mais conscientes da nossa mortalidade e da mortalidade da pessoa amada quando estamos apaixonados. Tememos perdê-la, e a vida tem mais valor e propósito. Pode ser assustador.

Porém, o que mais importa a não ser nos abrirmos para o amor? É um dos "porquês" da vida. Ele molda nossas lembranças mais completas e intensas. E sua perda definitiva parece uma ruptura irreparável. Quando alguém que amamos morre, o amor que sentimos um pelo outro não vai a lugar nenhum. Apenas muda de forma.

Declarei amor eterno a um bom número de pessoas com quem namorei e até a alguns estranhos (como Tevin Campbell). Meus amigos e minha família, em geral, reviram os olhos para mim: "Lá vai ela de novo". Eu rio de suas provocações e tento ignorar seus julgamentos implícitos. Segundo eles, sou de extremos, não namoro sério, sou volúvel, o amor que sinto — e expresso — é de alguma forma menos profundo ou menos importante do que o tipo de amor adulto e "real".

O amor pode assumir diversas formas. Alguns de nós o sentimos, em sua forma mais pura, em uma série de encontros; outros, em relacionamentos longos. Para alguns, a monogamia é um pacto sagrado. Para outros, pode ser uma prisão. Seja como for que se encontre o amor genuíno, deve-se aceitá-lo e retribuí-lo. Minha família e meus amigos podem até me provocar pela ferocidade com que aproveito o amor quando ele está disponível, mas minhas declarações são reais. Sempre. Não importa como termine. Porque, no fim, meu amado morrerá, assim como eu.

Quando Kip entrou em minha vida, eu tinha acabado de chegar à Costa Oeste com meu diploma de direito da Universidade do Colorado, em Boulder, enfiado nas malas. Eu estava em Los Angeles visitando minha prima Tina por alguns dias antes de ir para Oakland começar minha vida "adulta" pós-faculdade. Parei em um posto de gasolina, em Hollywood, para abastecer meu Honda Accord verde depois da viagem do Colorado, e ele estava do outro lado da bomba enchendo seu Ford Explorer da mesma cor. Nossos veículos tinham tons semelhantes e, procurando um jeito de passar de sorrisos e olhares maliciosos para uma conversa, ele fez um comentário sobre isso.

Ele tinha quase um metro e noventa, pele negra, era forte, usava dreads finos que caíam pelas costas e piercings na sobrancelha e na língua que lhe davam uma vantagem intrigante para um professor de inglês do oitavo ano (se tivesse sido *meu* professor de inglês no oitavo ano, eu teria reprovado direto só para poder ficar olhando para ele). Descobrimos que ele nasceu exatamente uma semana antes de mim. Nós nos sentimos almas gêmeas.

Ele era tantas coisas em uma só pessoa: louco por tênis, com uma coleção imaculada de Air Jordans de todas as cores e estilos. Músico, produzia batidas pesadas para jovens rappers vorazes em seu estúdio de música caseiro improvisado, que era tão impecável quanto a coleção de tênis perfeitamente organizada em seu armário. Em nosso primeiro encontro, ele me levou ao restaurante tailandês Toi, no Sunset Boulevard. Pedi *pad thai* com arroz integral de acompanhamento, que comi com uma colher em uma das mãos e um garfo na outra, conforme aprendi quando morei na Tailândia por um verão. Ele ficou maravilhado com minha agilidade. Comi demais porque estava nervosa. Ele não comeu quase nada, porque também estava nervoso.

Começamos a conversar com nosso garçom sobre o então presidente George W. Bush. Ele era um admirador; Kip não era. Fingi ficar ofendida com as amplas generalizações de Kip sobre o Partido Republicano; ele não entendeu o meu sarcasmo. Quando a ficha caiu, Kip jogou a cabeça para trás e soltou uma risada estrondosa de barítono, torcendo o nariz e balançando a cabeça. Na hora em que a sobremesa — arroz-doce com manga — chegou, eu já tinha coraçõezinhos nos olhos.

Não querendo que o encontro acabasse, fomos de carro até a praia, em Santa Mônica, onde caminhamos e demos as mãos sob o luar. Falamos sobre nossos álbuns favoritos e compartilhamos nossas crenças do mundo. Nessa primeira noite, fizemos um pacto de que, dando o relacionamento certo ou não, ainda combinaríamos nosso DNA e teríamos filhos, cientes de que nossos genes criariam superatletas. Ele acreditava que ficaríamos ricos com um filho jogando futebol americano na National Football League (NFL). Eu não queria filhos, mas fazer esse pacto divertido com Kip foi fácil. Ele era tão atraente que eu ficava boba, e o fato de imaginar um futuro comigo era lisonjeador. Era o tipo de cara que normalmente só se vê em comédias românticas.

Depois de apenas alguns beijos doces, voltei para o apartamento da minha prima Tina, às três da manhã, e a acordei, anunciando toda entusiasmada que iria me casar com Kip. Minha prima gemeu e se virou na cama, dizendo que já tinha ouvido essa história antes (o que era verdade). Mas, um mês depois de ter chegado, me mudei para o apartamento de Kip. De uma hora para outra, a vida que eu tinha imaginado na baía de São Francisco desapareceu.

Cheguei à Califórnia na base do cara ou coroa. Depois de me formar, tudo o que eu sabia era que não queria seguir o caminho sofisticado dos escritórios de advocacia, mesmo que um ano de salário em um desses lugares quitasse meu empréstimo estudantil. Eu sabia que não teria estômago para o golfe, as conversas sobre dinheiro e todo aquele papo-furado. Não me interessava pelos casos defendidos por esses lugares e não conseguiria dormir de noite sabendo do papel que eu desempenharia neles, por menor que fosse. Agora que eu sabia que a vida de advogada sem grana estava me chamando, a única coisa que faltava resolver era se eu seria uma advogada sem grana na cidade de Nova York (muitos amigos, mas com *inverno*) ou em algum lugar no estado da Califórnia (sem amigos, mas com *sol*). Sem conseguir escolher, recorri ao acaso: cara, Nova York. Coroa, Califórnia.

Venceu a Califórnia.

Decidi ir para Oakland: vida no centro da cidade, muitos liberais, hippies, pessoas LGBTQIAPN+, artistas e ativistas. Depois do insosso Colorado, a negra Oakland parecia a terra prometida.

Em vez disso, fiquei a quase 650 quilômetros de distância, em um apartamento de sessenta metros quadrados, em Pasadena, com Kip. Pode não ter sido o que eu planejara, mas qual era o problema? Estávamos muito felizes.

Quando tínhamos brigas bobas, ele pedia desculpas me escrevendo musiquinhas fofas. Tínhamos noites românticas em nosso apartamento ou no telhado, para onde ele carregava mesa, cadeiras, velas e caixas de som e cobria o chão com pétalas de rosa. Quando tive um ataque desproporcional acreditando que um vizinho roubara meu computador para vender as peças, ele me lembrou, rindo, que eu estava usando contraceptivo hormonal pela primeira vez e talvez as pílulas não estivessem dando certo com a química do meu corpo. Ele estava certo, e fiquei com raiva por isso.

Os anos seguintes foram preenchidos com as dores crescentes do amor jovem conforme íamos caminhando aos tropeções pelo mundo "real". Kip ganhava a vida como professor de inglês do oitavo ano em uma escola pública subfinanciada, e, embora eu quisesse ajudar a pagar as contas, adiei a decisão de encontrar um trabalho na área jurídica o máximo que pude. Em vez disso, trabalhei como figurante em sets de filmagem, como recepcionista em um spa e atendente em uma academia, onde homens tentando me paquerar perguntavam se eu era atriz ou modelo.

— Não — eu respondia com satisfação. — Sou advogada.

Acabei por conseguir um emprego na defensoria pública de Los Angeles. "Aí está", pensei com uma pontada de orgulho e um pouco de pavor. "Finalmente sou uma advogada de verdade."

Como a mulher que se mudou para o apartamento de solteiro de Kip, apresentei-o aos conceitos revolucionários de organizador de chuveiro e panos de prato. Não havia sofá, apenas um futon de loja popular virado para uma TV de tela plana desproporcionalmente grande que engolia a parede oposta. Quando ele fez uma cabine de som em nosso quarto, não deixando espaço para meus sapatos, me mudei para meu próprio apartamento. Ele acabou comprando uma casa geminada para nós, a qual reformamos com a ajuda de seu pai, pregando tábuas de assoalho e pendurando luminárias. Continuamos aos tropeções, acertando bastante no amor e errando muito no relacionamento. Seguimos em frente.

Depois de três anos, começaram as inevitáveis e irritantes perguntas de familiares e amigos. Quando nos casaríamos? Quando começaríamos uma família? Estávamos na idade "certa" — ambos com 29 anos —, e para quem olhava de fora éramos o casal perfeito: jovens, talentosos e negros, uma advogada e um professor, ambos no serviço público. No entanto, éramos duas pessoas muito diferentes, que estavam começando a descobrir que não tinham os recursos para negociar uma vida comum.

Kip era um cristão devoto e uma pessoa caseira, que preferia passar as noites de sexta-feira trabalhando em sua música, jantando e assistindo a um filme. Minhas noites de sexta-feira ideais eram passadas em shows e socializando com outros esquisitões, rodopiando pela rua e deixando o *sim* ditar o caminho. Embora eu também tivesse uma formação cristã, a Bíblia que guardei — com o meu nome gravado na capa e presenteada a mim por meus pais quando fiz dezoito anos — estava na minha prateleira ao lado de Maya Angelou, Hafiz, Osho, Carlos Castañeda, Eckhart Tolle, uma biografia de Jimi Hendrix e *Tantric Orgasm for Women* [Orgasmo tântrico para mulheres]. Ele sonhava em sentar-se em uma varanda tomando limonada com os netos correndo ao nosso redor. Eu sonhava em bebericar um Sauvignon Blanc nas ilhas Seicheles com ele e meus livros. Apesar do nosso pacto inicial de gerar uma prole de superatletas, a ideia de ter filhos me deixava nervosa e lhe comuniquei isso, quebrando minha promessa logo de cara e com frequência. Estava claro que não conseguiríamos ter uma vida integrada sem abrirmos mão de coisas importantes. No entanto, seguimos em frente.

Quando ele me pediu em casamento do lado da Interestadual 105, eu agarrei o anel e, sem pensar, saí correndo rápido pela autoestrada — rindo, chorando, assustada. Fomos para casa, ficamos abraçados na cama por um tempo e depois ligamos para nossas famílias. Eu não conseguia parar de olhar para o meu novo e lindo anel de safira amarela e diamante ético em meio às lágrimas de alegria. Eu iria me casar com meu melhor amigo. Eu deveria ter ouvido meu corpo, que correu quando ele fez a pergunta. O corpo sempre vence.

Pensar em meus sentimentos me deixava confusa. Eu queria *sim*, um dia, usar um vestido luxuoso e sapatos de salto alto Badgley Mischka rosa-choque e incrustados de cristais. No entanto, me sentia agitada e queria arrancar minha pele com a ideia de um casamento. Fiz um grande esforço para entender por que precisávamos dar uma grande festa para amigos e familiares a fim de honrar um compromisso que assumiríamos apenas um para o outro. Combinamos que fugiríamos para a Costa Rica e para o resort Casa del Sol. Andei descalça pela praia com um vestido emprestado e um buquê de gérberas amarelas e laranja que minha mãe insistiu que eu levasse. Nada de Badgley Mischka daquela vez.

Numa tarde de domingo, quando eu arrumava a nossa cama, três meses depois de voltarmos da Costa Rica, descobri que Kip não fazia a cama com o lençol de cima. Ele preferia apenas o lençol que cobria o colchão e um edredom. Isso era novidade para mim, e olhei para Kip como se tivesse brotado um terceiro olho nele. Será que eu teria que viver sem o lençol de cima pelo resto da vida? Será que estava destinada a uma vida de bactérias e células da pele absorvidas diretamente pelo edredom? Que tipo de vida seria essa? A partir daí, meus pensamentos voaram direto para os meus sonhos de viver na zona rural do Japão, dançando sob as flores de cerejeira que caíam e bebendo chá de jasmim. Eu teria que desistir de tudo isso? Do que mais eu teria que abrir mão para fundir minha vida na dele? Que outras partes de mim teriam que morrer?

Entrei em parafuso com essa ideiazinha inócua, sem saber que, na realidade, eu estava sofrendo pela saudade da minha vida de solteira. O casamento era ruim para a cabeça. Eu observava Kip com atenção enquanto ele dormia, tentando imaginá-lo velho. Não conseguia. Chorava lágrimas silenciosas no travesseiro. Queria fazê-lo feliz e queria ser feliz, mas não sabia como fazer as duas coisas sem me perder no processo. Eu não sabia nomear esse sentimento, mas a longa sombra da perda pairava sobre mim.

Apesar da terapia de casal, tivemos dificuldades. Kip foi paciente, mas, no final, não conseguimos resolver. Seis meses depois de ficarmos um de frente para o outro na praia, concordamos em nos separar. Nunca chegamos a dar entrada na papelada para registrar nosso casamento legalmente. Quando nos separamos, tudo o que tivemos que fazer foi ir embora.

A separação foi dolorosa, cruel e confusa. Às vezes parecia que meus órgãos vitais tinham parado de funcionar. Havia muito fracasso internalizado para enfrentar, muitas questões importantes para as quais eu não tinha resposta. Não era isso que eu deveria querer? Casada aos 29 anos com um homem gostoso, bem-sucedido, criativo e musculoso, que me amava à beça e queria uma vida longa comigo? Como é que eu podia ter olhado nos olhos de tamanha felicidade, virado as costas e ido embora?

Minha família foi amável comigo e com Kip durante nosso sofrimento. Mesmo assim, eu ouvia aqueles velhos julgamentos vindos do meu inconsciente e sendo jogados na minha cara: "Você é de extremos. Você é volúvel. Você usa os homens e depois os joga fora. Você não sabe o que quer. E nem entende como o amor adulto — do tipo 'real' — funciona".

Levou um tempo até que tudo terminasse com Kip. Nossas vidas estavam emaranhadas em muitos lugares, e cada nó tinha que ser desfeito à mão. O desenlace de uma vida. Precisávamos decidir o que fazer com os móveis planejados que construímos para caber no espaço: Kip ficou com eles. Quem ficaria responsável pelas dezenas de fotos nossas emolduradas na parede da sala de jantar? Eu. O liquidificador que ganhamos como presente de casamento: brigamos por ele. Nossos sonhos em comum: jogamos no lixo.

Quando o relacionamento finalmente acabou, fiquei arrasada e fui parar no sofá da minha irmã caçula, Aba, por algumas semanas. Passei minhas noites soluçando em uma toalha no banheiro, esperando que ela não ouvisse. Ela teve a dignidade de fingir que não escutava. Aba tinha sua própria tristeza para suportar; Kip se tornara como um irmão para ela.

Deve haver um nome para a dor que experimentamos pela vida que achamos que deveríamos ter, pelos eventos que nunca aconteceram, pelas histórias que não tiveram um final feliz. A cada passo do nosso caminho, algumas possibilidades morrem enquanto outras florescem, e em cada transição, mesmo nas alegres, há dor. De donzela para mãe. De solteiro para casado. De desempregado para empresário. O velho *eu* morre; nasce um novo. O luto é contínuo e sem término.

No fim das contas, você pode sofrer ao mesmo tempo por um sonho e por um futuro não revelado. Aquele em que o cunhado amado ainda está vivo ou em que você nunca deixou seu país de origem. Aquele em que conseguimos o emprego perfeito, e aquele em que posamos, sorrindo, para a foto de Natal ao lado da pessoa escolhida, ano após ano, com o cabelo ficando branco e as crianças crescendo.

Não importava, no fim das contas, que a vida de casada não fosse *meu* sonho. Era o sonho da revista *Cosmopolitan*. Pertencia ao patriarcado e à sociedade. Eu estava sofrendo com a ideia de uma vida que nunca foi minha, mas, ainda assim, sofria. As normas culturais são como o chumbo na nossa água potável: você pode saber que ele está lá, mas isso não faz com que você fique menos doente.

Durante anos, me culpei pela dissolução do nosso casamento. Kip não poderia ser melhor, e fui eu quem não tive força suficiente para fazer nossa união dar certo. Quando me ofereceram uma chance de ter a vida dos sonhos, fui eu quem deu meia-volta e fugiu pela autoestrada. O fracasso era meu, mas as repercussões afetaram profundamente Kip.

E, no entanto, agora, mais de quinze anos depois, nem Kip nem eu me parece um fracasso. Ainda somos bons amigos. Ainda compartilhamos uma conta da Associação Americana de Automóveis (AAA). Se ele me enviar a letra de uma de suas músicas por mensagem, ainda vou sorrir. Ele é tão lindo, genuíno e sincero como quando nos conhecemos, apenas com alguns fios grisalhos em seus dreads e muitos mais tênis. É uma alegria ver o homem que ele se tornou depois que nos separamos, mesmo que esse homem não seja meu. Ele nunca me pertenceu, como também não pertenci a ele.

O risco de amar qualquer coisa é perdê-la. Mesmo quando o amor segue a tradicional narrativa romântica de "até que a morte nos separe", a morte sempre chega. Mesmo sendo doloroso, é óbvio e simples: ame alguém, e um dia seu coração será partido. No entanto, de alguma forma, os seres humanos escolhem continuar amando. O coração ferido é, em si, uma morte: a morte do relacionamento, a morte da pessoa com quem nos relacionamos, a morte de um futuro em comum. E com a morte vem o sofrimento. A dor também é o solo fértil a partir do qual podemos nos renovar.

Surge então a pergunta: como podemos sair mais fortalecidos logo após termos nosso coração partido? Porque, se coração partido matasse alguém, eu já teria morrido umas cem vezes (mais ou menos). E também teria me recuperado melhor, mais plenamente e para sempre marcada pelo preço e pelas recompensas do amor.

Naquele momento em que Kip segurava um anel brilhando com uma promessa, nas luzes da autoestrada, meu corpo foi inteligente o bastante para saber a verdade do que eu realmente queria, mas não podia admitir. Ele me disse para dar meia-volta e correr. Era apenas uma questão de tempo até que eu fosse forçada a aceitar essa verdade e aprender a viver com ela. Muita gente passa a vida lutando contra o que sabe ser verdade, mas o pior de tudo é lutar contra finais que acabarão por vir, como a morte.

Usando a entrada sem chave para a modesta casa de Elena e Mike, em um bairro vizinho a Beverly Hills, em Los Angeles, pego o bloco de notas próximo à porta. As tarefas foram especificadas claramente por Elena. A primeira é tirar os sapatos. Em seguida, devo lavar as mãos no banheiro longe da sala para evitar trazer bactérias ou vírus a Mike. Por causa da ELA, sua capacidade de tossir e liberar muco está gravemente comprometida, e qualquer vírus comum, como o de um resfriado ou da gripe, pode matá-lo. Depois de lavar as mãos e reforçar com álcool em gel, devo indicar minha presença ficando parada na porta do quarto até que ele me convide a entrar. Elena avisa que, se Mike não estiver com disposição para receber visitas, vou saber.

Conheci Elena três meses antes de Mike morrer. Ela entrou em contato comigo para que eu fornecesse apoio adicional temporário enquanto ela fazia uma viagem anual só de mulheres com suas melhores amigas da faculdade. Mike insistiu para que ela fosse, embora Elena não quisesse sair do lado de seu amado. Minha função é visitá-lo durante uma hora todos os dias, avaliar com cuidado sua doença e sua disposição, verificar se os cuidadores estão fazendo seu trabalho e relatar tudo para Elena.

Mike e Elena enfrentam tudo praticamente sozinhos. Eles não têm filhos e se mudaram para Los Angeles um ano e meio após o diagnóstico de Mike. Como Elena largou o emprego para cuidar do marido e eles quase não têm amigos, seu círculo social consiste apenas em médicos, enfermeiras e auxiliares de enfermagem de cuidados paliativos, alguns dos quais estarão presentes 24 horas durante a viagem de Elena. Para se sentir menos culpada, Elena deixa uma longa lista de instruções, incluindo como desligar a televisão. Existem até instruções para fazer compostagem com casca de ovo: "Triture as cascas primeiro para que se decomponham mais rápido". No topo do bloco de notas está escrito: NÃO PERGUNTE A MIKE NADA SOBRE ONTEM.

Estou familiarizada com a ELA. O pai do meu amigo Richard morreu da doença anos atrás. A ELA causa a morte dos neurônios que controlam os músculos voluntários. A maioria das pessoas com ELA perde lentamente a capacidade de andar, falar, usar os membros, engolir e respirar. O corpo vai sendo consumido aos poucos, tornando cada vez mais difícil realizar as funções mais básicas da vida. Cuidar de alguém com ELA é uma corrida para atender às demandas emocionais de cada nova perda, causando um verdadeiro labirinto de dor e perdas suplementares.

Deitado em uma cama hospitalar regulável, em seu quarto, com as persianas fechadas, Mike me convida para chegar mais perto levantando o queixo com a barba desalinhada e grisalha, sem tirar os olhos da televisão sem som.

— Quer que eu abra as cortinas? — sussurro, tentando confirmar que ele está ciente da minha presença sem assustá-lo.

Ele mal balança a cabeça em negativa, ainda sem olhar na minha direção.

Fico aliviada. As persianas não estão na minha lista, e as instruções detalhadas de Elena em relação a tudo me deixaram com um pé atrás. Entro no quarto, mas fico perto da porta.

Pequenos frascos de medicação líquida, tubos intravenosos vazios, lenços de papel, um almofariz e um pilão para moer comprimidos estão sobre a mesinha de cabeceira. A capacidade de Mike de se projetar e de se comunicar verbalmente está limitada pelos músculos enfraquecidos da laringe, do diafragma e da garganta. O controle remoto da televisão está bem debaixo de sua mão, pronto para ser usado a qualquer momento.

Ele sussurra:

— O que ela contou sobre mim?

— Tudo! — respondo com uma risada.

Ele solta uma risadinha fraca, ainda sem me olhar. Em seguida, vai direto ao ponto:

— Ela disse para você não me perguntar nada sobre ontem, não foi?

Hesito, não tendo certeza se dizer "sim" constituiria uma quebra de confiança. Em vez disso, sorrio sem jeito, mesmo que ele não esteja olhando para mim. Essa é minha expressão facial típica quando não sei o que fazer, pensar nem dizer, fervendo por dentro com ansiedade social.

Mike continua, alheio ao meu incômodo:

— Eu sei que ela disse. A Elena não para de se preocupar. — Ele respira fundo e com dificuldade. — Ela me pede para levantar os dedos e anota a que distância fiquei da marca de ontem. Que nem quando você mede a altura de uma criança na parede da cozinha todos os anos. — Ele respira novamente de forma irregular. — Odeio isso. Mas sei que ela só está com medo, então obedeço. — Seus olhos estão fixos na televisão muda. — Temos que fazer isso enquanto ela estiver fora?

Examino a lista de instruções, folheando rapidamente quatro páginas do bloco, além das anotações que fiz durante meu primeiro encontro com Elena. Apesar de todo o seu cuidado, Elena não mencionou esse ritual de medição secreto. Não quero deixá-la irritada quando chegar em casa, mas eu teria me lembrado de algo assim.

Respondo hesitante:

— Não, acho que não.

— Que bom. — Seus olhos continuam grudados na televisão, assistindo a um noticiário em que os apresentadores gesticulam descontroladamente de um para o outro e disputam atenção. Já que Mike deu uma brecha para falar sobre ontem, eu a aproveito.

— Então, do que você acha que ela está com medo em relação a ontem?

— Ela está com medo de que cada dia eu esteja mais perto de morrer do que no dia anterior — diz Mike, olhando sem expressão para os âncoras ruborizados do noticiário. Finalmente, ele vira a cabeça devagar e olha para mim. — Todos estamos. Mas ela pode realmente perceber que estou chegando mais perto quando não consigo mais fazer o que eu costumava fazer. Há muito tempo, desisti de ficar com raiva de hoje por causa de ontem, mas a minha esposa está fazendo as coisas do jeito dela. Todo dia é como um novo dia para ela.

Sua voz fraca me fez ouvir: "Todo dia é como uma nova morte para ela". De qualquer jeito, ele não está errado. Todo dia é a morte do Mike do dia anterior. Ele está fazendo as pazes consigo mesmo em um ritmo diferente do de Elena.

Quando nos conhecemos, Elena, uma ex-contadora de cabelos grisalhos na altura dos ombros e usando óculos de farmácia com armação vermelha, me mostrou as planilhas que ela tinha feito para mapear cada faceta dos cuidados de Mike. Médicos, farmacêuticos, reações, alimentos, horários — para tudo o que se possa imaginar, Elena tinha uma planilha. Alguma parte de mim, admito, estremeceu com aquelas linhas bem organizadas. Nunca vi uma planilha de que eu tenha gostado. Porém, mesmo Elena sendo o oposto de mim em muitos aspectos, identifiquei algo familiar demais para ignorar o que estava atrás daqueles óculos de leitura de farmácia.

Eu também lutei durante meses, me apegando a uma crença bem arraigada de cada vez, diante de uma verdade que parecia grande e terrível demais para aceitar. A dissolução de meu casamento com Kip não aconteceu de uma hora para outra. Mas em uma série de pequenas perdas, e cada dia trazia um novo acerto de contas. Posso não ter usado uma planilha, mas pode apostar que também medi a distância entre a verdade de ontem e a de hoje. Cada dia, e cada perda, trazia consigo um novo espasmo de dor.

Na verdade, as planilhas de Elena são um mecanismo de enfrentamento engenhoso. Ela está controlando o que pode. Se não pode controlar a distância que Mike consegue esticar os dedos todos os dias, ela pode, pelo menos, manter um registro detalhado disso. É assim que Elena está administrando sua dor, reproduzindo o que ela faz tão bem: marcar, medir, registrar. Esses são parâmetros para assinalar a deterioração de seu marido, bem como o nível da perda diária de Elena.

Perguntar a Mike sobre o dia anterior frustra os esforços de Elena para não pensar no futuro da doença dele. Então ela não pergunta; ela mede. Pode parecer rígido, mas funciona para Elena. E, quando cuidadores encontram algo que funciona para si mesmos, para que possam continuar cuidando dos que estão morrendo, todo mundo ganha.

Pessoas com doenças degenerativas, como Alzheimer e esclerose múltipla, e os que cuidam delas muitas vezes se tornam especialistas relutantes em adaptabilidade. Nessas condições e em muitas outras, há um enfraquecimento e uma degeneração gradual do corpo, um sistema de cada vez. Pessoas que vivem com essas doenças e os que cuidam delas são forçados a se tornarem peritos em adaptação. Adaptar-se é fundamental para a experiência humana. Os seres humanos são mestres em enfrentar o desconhecido e se adaptar a novas circunstâncias, embora muitas vezes não reconheçamos o nosso mérito. A mudança é o deus ao qual *devemos* nos curvar.

A cada novo dia em que acordamos, encontramos uma realidade que trava uma guerra de desgaste contra nossas expectativas.

A vida não acontece do jeito que queremos. Que novidade! Ideias fracassam. Pessoas mudam sua forma de pensar. Governos são depostos. Bebês não querem tirar soneca. Viagens psicodélicas podem terminar em internação. Nossos corações são partidos. Queimamos o jantar. Pneus furam. No entanto, aprendemos a nos adaptar ao momento, mesmo quando lutamos e resistimos. Aprender a nos adaptar nos apresenta ao novo eu, repetidas vezes. O novo *eu* é aquele que nunca tínhamos imaginado: alguém que integrou tudo o que veio antes.

Quando chegamos a esse novo lugar, podemos dizer: "Hoje estou aqui". Começar frases e pensamentos com a palavra *hoje* nos fixa ao presente. "Hoje meu marido não consegue mais andar." "Hoje não consigo segurar minha xícara de café." "Hoje minha melhor amiga não consegue suportar sua refeição favorita." "Hoje estou separado." "Hoje meu pai morreu." Hoje não está isento de sofrimento.

Continuo visitando Mike e Elena pelos três meses seguintes, até Mike morrer. Depois de um começo difícil, acabamos por nos aproximar. Durante nossas visitas, quando Elena olha para o lado ou sai da sala, Mike levanta o dedo discretamente para mim e dá um sorriso fraco. Tornou-se nossa linguagem secreta para sinalizar que Elena continua com seu ritual. Ela nunca compartilhou essa sua prática secreta comigo e eu nunca revelei que sei. Isso me torna querida aos olhos dela. Também fico comovida por Mike permitir que sua esposa siga no próprio ritmo em relação à morte dele, pois uma parte de Elena também está morrendo com ele. Como esperado, no final, ele não consegue mais levantar o dedo.

Quando Elena me liga para avisar que Mike foi diagnosticado com pneumonia — uma ocorrência comum em pessoas em estágio avançado de ELA —, ambas sabemos que o fim está próximo, sobretudo porque Mike escolheu não a tratar. Pelo telefone, ela relata tudo o que médico disse e as alterações que ela fez em suas planilhas para incluir quantas vezes ele está respirando por minuto e com que frequência tosse. Quando a respiração desacelera bastante e Mike faz um grande esforço para limpar as vias aéreas, Elena fica com ele até que sua função respiratória pare completamente. Mike está morto.

Eu os visito mais tarde naquele dia. Elena está sentada na mesma cadeira em que ficou durante a doença dele, com o notebook no colo, mas dessa vez fechado. A TV está desligada e Mike ainda está na cama, aguardando o transporte da funerária. Ela parece distante, sob o choque da dor aguda, o impossível acontecendo diante de seus olhos. Pego com gentileza o notebook, ponho-o de lado e peço permissão para pegar sua mão. Ela permite. Então, finalmente, Elena chora e eu choro com ela.

Após a morte de Mike, Elena luta para se adaptar ao novo normal: não ter mais ninguém, além de si mesma, com quem se preocupar. Por quase dois anos, sua vida foi cuidar de Mike. Ela não tem mais planilhas para atualizar e nada fora de si mesma para controlar. Conversamos às vezes sobre as tarefas necessárias para encerrar os assuntos de Mike, mas Elena cuidou de quase tudo enquanto ele ainda estava vivo. Ela sente muita falta de sua presença à noite, pois dormia bem ao lado da cama hospitalar dele. Menos de um ano após a morte de Mike, quando todas as obrigações desagradáveis foram concluídas, a cama de hospital, removida, suas roupas, doadas, e seus objetos de valor sentimental, embalados, Elena morre de ataque cardíaco. Eu acredito que ela morre de coração partido. Não sobrou nada pelo que viver.

Em meu trabalho como doula da morte, acompanho a jornada dos clientes desde seu antigo eu até o novo eu, mesmo que esse novo eu seja o do leito de morte. Compreensivelmente, as pessoas têm dificuldades de incorporar sua própria mortalidade iminente ou a mortalidade de alguém que amam. Para ajudá-los a se fixarem no agora, ofereço aos meus clientes uma prática que chamo de "percebendo seus pés". Quando estou com alguém focado no passado ou preocupado com o futuro, incentivo-o a juntar-se a mim no presente solicitando que preste atenção em seus pés. A mente pode viajar. O corpo está sempre aqui. Ao chamar a atenção para os pés e, assim, para o corpo, seja desfrutando de um escalda-pés ou apenas colocando os pés descalços com firmeza no chão e mexendo os dedos em movimentos leves e rápidos, podemos nos convidar para o momento em que dizemos estas palavras de adaptabilidade e de afirmação da vida: "Hoje eu estou aqui".

Com Kip, tive a primeira lição do que acontece quando você tenta lutar contra a verdade que vê na sua frente. Você acaba preso em uma batalha exaustiva contra si mesmo, uma batalha que está fadado a sempre perder. Devemos considerar nossas verdades todos os dias. Se ao menos eu tivesse aprendido essa lição logo de primeira... Mas, como todos nós, eu teria que aprendê-la várias vezes. Em breve, começaria a aprendê-la com a minha suposta "carreira".

9

Travando batalhas perdidas

No meu primeiro dia como advogada "de verdade" defensoria pública de Los Angeles, onde fui contratada alguns meses depois de ter ido morar com Kip, olhei para o pequeno escritório com meu nome. A porta de vidro fosco dizia "Alua Arthur, advogada" em letras adesivas. Arranhei a pontinha do A de *advogada* para ver se saía. Quando cedeu um pouco, dei um suspiro de alívio. A placa de identificação não era permanente. Alisei-a de volta para o lugar, a fim de que ninguém notasse, adiando por mais um dia a verdade de que não queria ser advogada. Essa negação me consumiu sorrateiramente por quase nove anos, até que apenas essa verdade permaneceu. Então teve de ser encarada. Porém, meu corpo já sabia.

Minha primeira função foi como advogada na unidade de benefícios governamentais, defendendo pessoas que haviam perdido o acesso a benefícios aos quais tinham direito: assistência alimentar, auxílio financeiro, cobertura de saúde. Esse foi meu primeiro emprego de tempo integral em um escritório, tirando os estágios de verão, e fiquei constrangida ao descobrir o quanto eu penava com um horário regular. Os escritórios da defensoria pública nem tinham a mesma cultura de alto desempenho e trabalho a qualquer hora dos grandes escritórios de advocacia. Todo mundo deveria chegar às nove, mas poucas pessoas trabalhavam depois das cinco. Era um arranjo simples, e eu não conhecia mais ninguém que se incomodava com isso.

Mas me parecia restritivo e eu ficava inquieta só de pensar nisso. E se não conseguisse raciocinar direito pela manhã e precisasse de algum tempo para lembrar como falar com as pessoas novamente? As manhãs sempre foram difíceis para mim. Todo Natal, durante uns seis anos, meus pais ignoraram meu pedido por um violão e, em vez disso, me deram relógios, que ficaram amontoados, sem uso, na cômoda. Eles tentaram fazer com que eu me preocupasse com horário, mas foi tudo em vão. Chegar na hora nunca foi meu forte, muito menos antes das onze da manhã.

Depois de apenas um ano trabalhando com benefícios governamentais, comecei a ficar insatisfeita. Ver o funcionamento interno do governo me deixava indignada. Orçamentos eram cortados, benefícios diminuíam e as pessoas continuavam a sofrer apesar da enorme riqueza do país. Os clientes, em sua maioria pretos e pardos, voltavam várias vezes depois de perderem seus benefícios, só porque haviam ganhado, acidentalmente, um pouquinho de dinheiro além do limite máximo definido. Os requerentes tinham que esperar em filas enormes nos escritórios do governo para entregar a papelada, apenas para continuarem recebendo um mísero auxílio de 221 dólares por mês por pessoa apta. Com esse valor não se compra porcaria nenhuma em Los Angeles. O governo não se importa com os pobres, e eu me cansei de enfrentar a burocracia, que é pensada para mantê-los nessa condição.

Frustrada e abatida por não ter conseguido causar mais impacto, pedi transferência para a unidade de direito de família a fim de atuar com violência doméstica. Trabalhando longe do fórum alguns dias por semana, tínhamos algumas horas para obter medidas protetivas, dar entrada em processos de divórcio ou pedidos de guarda e levar nossas clientes para abrigos, longe de seus agressores. O movimento constante, a urgência e o cenário jurídico dinâmico aplacaram um pouco meu tédio, e pude trabalhar com amigas como Patima Komolamit, que dirigia o abrigo secreto para violência doméstica do Centro para a Família Asiática do Pacífico. Com cerca de um metro e sessenta de altura e cabelos roxos cacheados presos com pauzinhos decorados, Patima e eu muitas vezes bebíamos vinho com uma montanha de queijo e carboidratos descontando nossas frustrações com o sistema.

No entanto, apesar da camaradagem, o trabalho estagnou. À parte a atuação no fórum, o trabalho diário de um advogado de família é surpreendentemente sem graça. Papelada. Reuniões com clientes. Mais papelada. Fórum. Papelada. Comecei a me sentir anestesiada e, então, me atormentava por isso. As clientes continuavam voltando em busca de proteção contra os mesmos agressores. Elas me contavam sempre as mesmas histórias: seus companheiros trancando a porta de casa, colocando água sanitária na comida, cortando seu cabelo à força, estuprando-as, negando dinheiro, fazendo delas saco de pancada e usando crianças como joguete em suas manobras desesperadas e patéticas pelo poder. Mesmo sabendo que são necessárias cerca de sete tentativas para se sair de uma situação de violência doméstica, era difícil ver um fim para os ciclos de violência da posição em que eu estava.

Eu me sentia impotente, e isso me esgotava. Chorava no banheiro entre as audiências quando a situação era desesperadora, esperando que minhas clientes não estivessem lá também. Exercia a advocacia havia quatro anos, mas já sentia que algo em mim estava morrendo. Meu coração parecia uma pedra. Eu não estava apenas me perdendo, mas também perdendo minha sensibilidade e minha fé na humanidade.

Cada vez com mais medo — por que aquilo não estava funcionando? O que havia de errado? —, troquei de função *novamente* dentro da defensoria pública indo dessa vez para a unidade de desenvolvimento econômico comunitário. Diminuí minha carga horária para meio período, uma decisão perversa para qualquer advogado. Para uma mulher solteira, sem um companheiro com altos rendimentos e sem filhos para cuidar, era praticamente sem precedentes. Era bastante evidente que apenas aquelas com dinheiro de família ou maridos ricos tinham plena liberdade para determinar as condições em que trabalhavam. Mas eu já estava acostumada a ser dura. Eu só queria ser livre.

Eu me convenci de que trabalhar 21 horas por semana com líderes comunitários implantando escolas *charter** em bairros de baixa renda de Los Angeles iria aplacar minha eterna ansiedade, aquela sensação que me acompanhava desde que me lembro: o medo do tédio. A complacência. O apagamento da minha luz interior, o entorpecimento da minha curiosidade natural. Quando era criança, eu desmontava tudo o que caía na minha mão para evitar isso. Nesse momento, parecia que eu não conseguia parar de fazer a mesma coisa com a minha carreira na defensoria pública.

---

* Modelo de escola pública que adota a lógica das escolas privadas, mas sem cobrança de mensalidade. (N. E.)

Olhando para essa época, já consigo ver uma mulher que estava perdendo uma batalha. Eu poderia ter arrancado meu nome da porta e nunca mais olhado para trás. Assim como acontecera com Kip, meus pés já estavam ansiosos para fugir, mas peguei aquele ímpeto de ir embora e voltei, repetidas vezes, para o meu trabalho, dizendo a mim mesma que isso era o que eu deveria fazer. Cada transferência que fiz na defensoria pública foi uma manobra evasiva. Estava correndo em direção à justiça, sim. Mas também estava fugindo de mim mesma.

Sem saber como lutar contra esse desgaste progressivo, eu andava quase quinze quilômetros de bicicleta até o trabalho, com fones de ouvido, ziguezagueando pelo trânsito de Los Angeles, cantando a plenos pulmões e sentindo o sol na pele. Nadar em endorfinas era o único jeito de neutralizar o pavor. Chegava suada, sem fôlego e sempre atrasada, me refrescava no banheiro feminino, trocava os shorts jeans pelas minhas "roupas de advogada" no meu escritório e ia trabalhar. Como atuava meio período, em algumas semanas eu fazia muitas horas extras, liberando assim minha agenda para tirar folga e viajar quando quisesse.

Por quase mais quatro anos, essa rotina afastou o pavor existencial tempo suficiente para que eu sentisse alguma medida de equilíbrio. Claro, eu não era feliz no trabalho, mas havia outras coisas na vida, certo? Esse recanto morto dentro de mim certamente se curaria sozinho.

Para saciar minha mente errante e manter vivo meu eu criativo, comecei a tirar fotos como freelancer, fotografando casamentos, fazendo imagens para documentários internacionais e fotografia de rua em geral. Eu carregava uma câmera para cima e para baixo, até na bolsa da bicicleta quando ia para o trabalho caso observasse algo que me ajudasse a ver a beleza na humanidade.

Minha outra cura para o tédio, como ainda hoje, era viajar. O tédio atua na mente como a dor no corpo. Ele nos alerta de que algo está acontecendo. Mas eu desviava o olhar. Sempre que o trabalho ficava monótono ou eu estava passando pelo rompimento de um relacionamento, em vez de parar e sentir o incômodo de estar comigo mesma, fazendo as mudanças necessárias, eu fugia. Algumas pessoas mudam o penteado; eu viajava para o exterior sozinha.

Minhas viagens não eram glamorosas. Albergues, vagões de trem de segunda classe e voos com múltiplas conexões resultavam em longos dias de viagem, tudo o que eu podia pagar com o meu orçamento de advogada de defensoria pública em tempo parcial. Mas tudo bem: isso me distraía e ocupava minha mente acelerada. Eu estava procurando algo que me salvasse de mim mesma durante esse período, contudo parecia que aonde quer que eu fosse lá estava eu. À medida que meu mal-estar aumentava, o mundo parecia encolher. Não havia nenhum lugar para onde fosse, nenhuma grande aventura, em que eu saísse do avião e não o encontrasse esperando por mim.

Tinha esperança de talvez me apaixonar por um homem em Caracas, na Venezuela, que me daria uma nova vida, pois a minha última nova vida teimava em voltar para a antiga. Então tentei. Mas Marcos tinha 23 anos e ainda morava com a mãe. Voltei para minha vida chata e frustrada em Los Angeles.

Eu viajava para qualquer lugar que pudesse manter meu interesse, o que era um grande desafio para alguém com uma capacidade de concentração como a minha. Eu me sinto mais viva quando estou curiosa, e é impossível não ficar curiosa quando estou viajando. Queria ver como outras pessoas fora da cultura ocidental dominante viviam, o que amavam, como tomavam banho, que sapatos usavam, como era a lua em suas longitude e latitude, qual era o peso de suas moedas em meu bolso. Um voyeur no país dos outros e na vida dos outros — de qualquer um, menos na minha. Que alimentos elas comiam em tigelas e que etiqueta social seguiam? Talvez elas tivessem as respostas que estavam me faltando para as grandes questões da vida. Talvez, numa dessas viagens, eu finalmente encontrasse a cura para o que parecia estar me matando aos poucos por dentro.

A maioria das minhas viagens era feita apenas com uma mochila, explorando países em desenvolvimento por uma bagatela e saboreando comida de rua aleatória e desconhecida, sem me preocupar com salmonela. Eu escolhia um destino qualquer no aeroporto, trocava algum dinheiro e ligava para meus pais avisando que estava em segurança e prometendo entrar em contato dali a alguns dias. Quando já estava bem instalada nesse novo lugar, conversava com estranhos em bares e na rua para saber o que fazer e aonde ir a seguir. Usando esse método, tomei banho de sol nua em praias particulares da ilha de Margarita, na Venezuela; bebi chá Assam em Mianmar; descobri o melhor lugar de jazz de Joanesburgo; e rodei a ilha inteira de Barbados na garupa de uma moto dirigida por um belo homem chamado Davy Jones.

Também fiz algumas bobagens. Todas foram tentativas desesperadas de ter uma experiência que me fizesse sentir algo. *Qualquer* coisa.

Desci de uma caminhada nas montanhas, em Honduras, de gatinhas, tremendo, pois estava apavorada com os zigue-zagues. Saltei de paraquedas num desfiladeiro, na Nova Zelândia, para tentar acabar com meu medo paralisante de altura. Só piorou ainda *mais* a situação. Peguei ônibus duvidosos para locais estranhos, sem nenhum lugar para dormir, para encontrar "amigos" que acabara de conhecer, sem saber nem ao menos o número de telefone ou o sobrenome deles. Uma vez, em Fiji, fiquei acordada a noite toda bebendo raiz de *kava-kava* alucinógena com os funcionários do resort e, na manhã seguinte, saí sozinha em um caiaque para a Lagoa Azul. Meu corpo estava exausto, o sol brilhava inclemente, e quando cheguei lá, em frangalhos e ofegante, não tive energia para voltar. Segui cambaleando até a praia, com os braços frouxos, e dormi, acordando pouco antes do escurecer.

Como era de esperar, minha espontaneidade às vezes me deixava em maus lençóis. Fui detida pelas autoridades no México ao voltar para Los Angeles porque não conseguiram verificar a autenticidade do meu visto de residência; ou pelo menos foi o que disseram. Na Índia, fui cercada por seguidoras da deusa Kali: pele escura, cabelo como uma corda, guirlanda de cabeças decepadas de homens em volta do pescoço. Entendo as semelhanças, mas pensei que tivesse escondido meu passado romântico melhor. Elas tocaram meu cabelo e agarraram minha roupa. Nas minhas viagens, sobretudo para lugares aonde poucos negros vão, me acostumei a me sentir como um objeto constante de fascínio e suspeita — uma mulher negra e alta viajando sozinha não parecia ser uma visão comum. Mas, por um instante, no Templo Dourado, em Amritsar, na Índia, pensei "Isso é que é ser a Britney Spears": enjaulada pelos olhares, cada movimento dissecado e saboreado pelo público. Brutal. Mas eu ainda preferia isso a estar em casa.

Outra vez, fiquei presa no fundo de uma ruela do movimentado e colorido mercado ao ar livre Khan el-Khalili, no Cairo, cercada por homens de aparência sinistra, perto de um caixa eletrônico. Eles me encararam como se estivessem diante de uma refeição completa e trocaram olhares. Minha intuição me disse que estavam interessados no meu corpo, e não no meu dinheiro. Um deles me agarrou, mas eu corri e fui abrindo caminho a pontapés para fora da ruela até estar sob a luz do mercado novamente.

Depois do susto, fiquei ansiosa para retornar à segurança do hotel, antes do voo para casa, no dia seguinte. Eu era fascinada pela história do Egito; olhar para uma peruca usada por Cleópatra milhares de anos antes colocou meus insignificantes 32 anos de vida em uma perspectiva muito necessária. Quem se importava que eu estava começando a odiar meu trabalho e não conseguia me vestir, quando bilhões de pessoas já tinham vivido e morrido, cada uma com suas próprias batalhas e perucas? Então me recompus, negociei a corrida com um taxista e me afundei na segurança relativa de seu táxi. Enquanto voltávamos para o hotel, eu e o motorista ficamos presos no trânsito como se fosse um estacionamento, inalando fumaça de escapamento e jogando conversa fora.

— Você é da África? — perguntou ele, me olhando pelo retrovisor. Essa questão já havia me causado raiva, quando tive algumas conversas acaloradas com egípcios que não se consideravam africanos. Eles insistiam que eram do Oriente Médio. Até onde sei pelos mapas, o Egito fica no poderoso continente africano.

— Sim, sou de Gana — respondi, esperando não ter que travar a mesma conversa.

— Você parece americana.

— Fui criada mais nos Estados Unidos. Moro na Califórnia.
— Por causa de suas investidas, tentei acalmar a situação. Eu estava enganada.

Depois de um silêncio ameaçador, ele suspirou alto e cuspiu pela janela, murmurando algumas palavras em árabe.

— Escute, senhora. Muito trânsito agora. Você paga mais, certo? — Irritado, ele olhou para mim por cima do ombro.

"Ah, droga. Agora não."

Ele continuou:

— Você tem dinheiro. Você sai da África e vai para a América, você tem dinheiro. — Essa era uma tática comum, com a qual eu já estava acostumada. Depois de combinar o preço, o motorista leva você para o trânsito e então pede mais dinheiro porque é "mais longe" do que ele pensava. Depois do mau negócio que fiz no mercado naquela tarde, em que paguei caro por um narguilé de alumínio pensando que fosse de bronze, eu não queria que se aproveitassem de mim outra vez. Agora, parecia que aquele taxista queria me extorquir pelo meu rosto da África Ocidental e sotaque dos Estados Unidos. Recusei.

Gesticulando como um louco para os carros à sua frente, ele vomitou um monte de palavras em árabe e cuspiu pela janela novamente.

— Você não entende nada. Você é idiota. Vocês, africanos, são muito idiotas. Eu sei por que eles fizeram vocês de escravos! Porque vocês são idiotas! Idiotas! IDIOTAS! — Ele jogava as mãos para o ar, enfatizando suas palavras, fumaça voando ao redor do carro enquanto ele ficava mais irado a cada palavra odiosa. Atônita e com medo de sua fúria crescente, juntei correndo minhas sacolas de comprinhas do mercado, saí do táxi e bati a porta. Ele continuou gritando pela janela enquanto eu fazia manobras por entre os carros, nas várias faixas da pista, até chegar à calçada. Anoitecia e as mulheres já tinham começado a desaparecer lentamente das ruas. Eu estava sozinha no meio do Cairo.

Um homem que trabalhava em um quiosque e ouviu a confusão fez um sinal para eu entrar em seu estabelecimento. Usando seu jovem filho como intérprete, ele pediu desculpas em nome do taxista e explicou que eu estava apenas a um longo quarteirão do hotel. O taxista tentara dar uma volta maior para conseguir uma tarifa mais alta. Como não havia mais mulheres na rua, ele entregou o quiosque para o filho e me acompanhou até o hotel.

Eu queria abraçá-lo, mas teria ido contra as normas sociais, então, em vez disso, chorei de gratidão. Não saí mais do hotel até minha ida para o aeroporto.

Contudo, nem mesmo esses encontros com o perigo real foram suficientes para me dissuadir das viagens. Depois que o perigo passava, havia até algo de viciante no próprio medo. Abandonada, fugindo de agressores, consumindo narcóticos: pelo menos eu não estava entediada.

Continuei buscando e indo para a aventura seguinte, o encontro bizarro seguinte, a risada seguinte. Passeios de iaque no Camboja, quatro viagens para o Carnaval de Salvador, no Brasil, mangostão passado em Laos, caminhadas ao amanhecer em degraus quebrados até o pico de Adão no Sri Lanka — quanto mais desconhecido, melhor.

De volta em casa, mais uma vez, eu levava um tempo para desfazer as malas, cheirando as sacolas plásticas pretas das minhas compras, esperando que elas me transportassem do meu apartamento para o lugar de onde eu acabara de retornar. Porém, logo o cheiro desaparecia, assim como a emoção da aventura, e as histórias que eu contava sobre minha viagem durante o brunch perdiam a graça. Uma vez terminada a euforia, ficava claro que nada havia mudado. Tudo o que restava eram carimbos no passaporte e minha saudade.

Eu não parava de me dispersar. Eu fugia da dor de não saber por que estava naquele trabalho, improvisando uma vida que parecesse boa. Por que eu tinha que lutar tanto para permanecer na vida que construíra para mim? Por que mais ninguém ao meu redor parecia estar fazendo tanto esforço quanto eu? Como eles já tinham tudo resolvido?

Parece que Jordan já tem tudo resolvido. Aos 27 anos, ator em atividade, com a aparência de um galã romântico de filme do canal Hallmark e porte de super-herói, ele não tem motivos para acreditar que está perto do fim da vida. Jordan não está doente. No entanto, ele sente um medo intenso da morte. Esse receio se manifesta pelo medo de catástrofes, em geral muito improváveis: tsunamis, peste bubônica, bombas atômicas e até chuva de espadas. Os pensamentos parecem surgir do nada e causam uma resposta ao estresse em seu corpo, paralisando-o mentalmente. Eles começaram a interferir em sua vida. Jordan perdeu oportunidades de trabalho em que tinha de realizar sequências de ação e uma namorada que adorava ir à praia. Seu medo de tsunamis o mantinha longe da água.

Jordan lida com a maior parte de suas ansiedades com a ajuda de psicoterapia, junto com uma forte dose de pensamento mágico: "Se eu parar em cada placa de PARE por exatos seis segundos, não vou sofrer um acidente de carro. Se eu piscar três vezes antes de acender a luz, não vou ter um aneurisma". Ele embarcou em viagens de ayahuasca, usou outros psicodélicos e toma um coquetel diário de ansiolíticos. Mesmo assim, vestígios de medo permanecem em seu corpo. Ele quer chegar ao fundo da questão, ou pelo menos familiarizar-se mais com suas causas, e tendo a acreditar que as ansiedades e os medos derivam do medo da morte. Nunca senti exatamente os mesmos medos de Jordan, mas também passei muitas horas fugindo de preocupações que só aumentavam quanto mais eu corria. Lembro de como a sensação é horrível. Concordo em ajudar.

Jordan acha que confrontar sua morte diretamente poderia ajudá-lo. Peço-lhe que fale primeiro com seu psiquiatra acerca de um serviço que ofereço chamado meditação sobre a morte. O psiquiatra concorda em falar comigo sobre o processo. Explico que, sob meu olhar atento, eu guiaria Jordan em uma meditação chamada *Nove contemplações sobre a morte*, escrita por Atisha, um estudioso budista do século XI, e desenvolvida depois pela *roshi* Joan Halifax e por Larry Rosenberg, com minha abordagem adicional sobre o assunto. Essas contemplações nos ajudam a explorar a inevitabilidade da morte e a perceber o que é importante à luz de nossa mortalidade. A meditação, então, permite visionar o eventual fim do corpo. Peço aos meditadores que fiquem atentos a quais contemplações ou pensamentos os deixam incomodados.

O psiquiatra fica curioso com a experiência e compara a meditação à terapia de exposição. Não discordo, mas acredito que seja, de longe, mais branda do que pular de um avião a seis mil metros para curar o medo de altura, como tentei na Nova Zelândia. Depois de ter feito diversas dessas sessões de meditação com clientes individuais e várias em grupo, tenho certeza de que pode ser útil para Jordan. Marcamos sua sessão de meditação sobre a morte com a aprovação de seu psiquiatra.

Como parte da preparação para a sessão, eu e Jordan discutimos seus principais medos em relação à morte. Para ajudá-lo a imaginar a sua morte de uma forma que não desencadeie gatilhos, falamos de sua morte ideal, o que ele é capaz de fazer com uma facilidade surpreendente. Ele consegue se imaginar morrendo em sua cama, onde adormece e nunca mais acorda. É uma morte ideal bem básica, considerando que chuva de espadas é uma opção que passa por sua cabeça.

Para a sessão de meditação, tento recriar a morte ideal de Jordan preparando o quarto dele em seu apartamento, em Echo Park, do outro lado da rua do lago. O quarto já está suavemente iluminado por abajures com cúpula de linho, então coloco algumas velas em volta da cama, que fica rente ao chão. Peço permissão para acender algumas e então digo que pode confiar em mim para se deitar na cama, entre as velas no chão, pois ele também tem medo de incêndio. A confiança é fundamental se vou levá-lo até a morte, mesmo que seja apenas em sua mente.

Jordan bebe um gole de água do copo em sua mesa de cabeceira, posto ali também para acalmar seu medo de incêndio. Ele está de pijama para fingir que vai morrer enquanto dorme. Com cautela, ele se deita no meio da cama e fecha os olhos. Cubro-o com uma colcha azul e marrom feita pela avó e que Jordan ainda usa para acalmar a ansiedade. Mal chega aos joelhos. Por cima, coloco um cobertor pesado para tranquilizá-lo ainda mais. A meditação não é perigosa e o observarei o tempo todo. Mas quero que Jordan se sinta seguro. Eu lhe digo isso.

Começamos respirando fundo juntos e depois fazemos um exercício para relaxar seus músculos e levar seu corpo a se acalmar. Lentamente começo a guiar Jordan pela meditação. Começamos com a primeira contemplação da morte: a morte é inevitável. Ao inspirar, peço que repita para si mesmo: "A morte é inevitável". Ao expirar: "Eu também morrerei". Na segunda contemplação, peço a Jordan que inspire pensando que seu tempo de vida está sempre diminuindo e expire considerando a hipótese de nunca mais respirar. A terceira contemplação é "A morte vem, esteja eu preparado ou não", inspirando com a consciência de tudo o que ele ainda tem para completar e expirando seu apego a completar qualquer coisa. Na quarta, consideramos que nosso tempo de vida não é fixo. Ao inspirar, peço a Jordan que tenha consciência do tremendo mistério do fim da vida e, ao expirar, que libere o apego ao conhecimento disso.

Quando chego à quinta contemplação da morte — "A morte tem muitas causas" —, o corpo de Jordan, que até ali estava imóvel e imerso, começa a se contorcer. Um pouco preocupada, paro a meditação para perguntar se ele está bem. Jordan se senta ereto, com os olhos arregalados, mas diz que quer continuar. Sua voz está tensa e ele parece desconfortável, mas empolgado. Aprendi a confiar às pessoas a sua cura, então concordo em prosseguir. Mesmo apavorado, ele quer seguir em frente. Estou inspirada por sua coragem.

Jordan se deita e eu o acomodo novamente sob a colcha da avó e o cobertor pesado. Ainda nem entramos na parte mais difícil. Respiramos fundo mais algumas vezes para nos fixarmos de novo na experiência e nas contemplações restantes: meu corpo é frágil e vulnerável, minhas posses materiais serão inúteis para mim, meus entes queridos não podem me salvar e meu próprio corpo não pode me ajudar quando a morte chega. Assim que termino a nona contemplação e verifico como Jordan está, ele liberta a mão do cobertor e faz um joinha vigoroso. Então abre um dos olhos para ter certeza de que a cama não está pegando fogo.

Na seção seguinte da meditação, guio Jordan por um processo que lhe pede para visualizar seu corpo parando de funcionar, percorrendo seus órgãos metodicamente. Nós os imaginamos perdendo nutrientes e sangue rico em oxigênio e, por fim, morrendo. Os olhos de Jordan tremem um pouco, mas ele continua com a respiração regular e os olhos fechados. Sigo em frente.

Como Jordan sugeriu que deseja ser enterrado, e não cremado (ele não consegue imaginar seu corpo em chamas), consideramos a decomposição de seu corpo e os ossos deteriorados, que acabam por se transformar em pó. A respiração de Jordan permanece constante e leve: inspirações e expirações suaves. A meditação está indo bem.

Em seguida, peço a Jordan que imagine a vida continuando na sua ausência: seus familiares, seus amigos, seus entes queridos e desconhecidos tocando a vida sem ele. Sua respiração fica mais profunda, mas permanece estável. No final da meditação, convido Jordan a voltar para seu corpo e seu quarto, peço que mova os braços, contraia e relaxe os músculos, estique as pernas em direção à parede e os braços por cima da cabeça. A força vital rodopia dentro dele. Ainda não morreu.

Os olhos de Jordan estão úmidos e ele parece ter saído de um sono profundo. Peço que gire os tornozelos e os pulsos, flexione e relaxe novamente os músculos das pernas e dos braços e mexa o corpo como um camarão empanado no óleo quente. Com uma risadinha, ele diz que está com fome e até comeria um pouco de camarão agora, o que considero um sinal de que retornou totalmente.

Ele conta que, ao imaginar o fim de seu corpo, ficou em paz. Ele se sentiu triste por não estar mais aqui, mas não apresentou resistência à morte. O que mais o incomodou foram as partes relacionadas ao morrer: a realidade de que o corpo é vulnerável e a morte tem muitas causas. A origem de seu medo está no processo de morrer e na possível dor. O medo que Jordan tem da dor culminou no medo de qualquer acontecimento que possa causar uma morte dolorosa, o que o levou a ficar obcecado por eventos catastróficos fora de seu controle, como tsunamis, em vez da velhice ou de doenças. Isso não é incomum. Jordan não teme a morte em si. Apenas o morrer.

Reconheço o incômodo de Jordan e ofereço algumas informações sobre como morremos, pois ele diz que isso pode ajudar. Por anos, Jordan fugiu de situações que poderiam causar sua morte. Ele evitou parques de diversão porque poderia cair de uma montanha-russa. Ficava ansioso ao dirigir sobre pontes porque elas poderiam cair. Não comprou uma moto, embora desejasse muito subir a Pacific Coast Highway com a ex-namorada na garupa. Acabou perdendo a namorada e nunca teve coragem de comprar a motocicleta.

Embora acidentes de moto às vezes realmente aconteçam, a grande maioria dos proprietários de motocicleta morre em consequência de doenças. A *maioria* de nós morre em consequência de doenças. De acordo com o Relatório Nacional de Estatísticas Vitais dos Centros de Controle e Prevenção de Doenças dos Estados Unidos, apenas cerca de 6% das pessoas no país morrem em um acidente ou por lesão não intencional.

Evitar a dor tem sido um motivador primordial na vida de Jordan. Ele encara isso como uma questão central. O que tememos em relação à morte muitas vezes também está presente em nossa vida. Sem pensar, ele tem fugido da dor e da possibilidade de morrer em vez de buscar o prazer. Ao tomar todas essas medidas para evitar a morte, Jordan também tem adiado sua vida: aquela em que é uma célebre estrela de filmes de ação fazendo malabarismos, vivendo aventuras e se apaixonando. "Não faça malabarismos, você se machucará e morrerá. Não abra seu coração, ele será partido. Não ame, você sofrerá. Não viva, você morrerá", pensava ele.

Essa é uma tática comum para escapar do nosso medo profundo da morte: evitar e evitar. No entanto, estar vivo neste planeta é estar sujeito a milhões de causas e condições que podem resultar em nossa morte, embora as doenças do corpo sejam as mais comuns. Existem tantas maneiras diferentes de morrer quanto estrelas no céu: acidentes, doenças ou os chamados motivos de força maior, como desastres naturais, terremotos e tempestades. A morte pode vir pelas mãos de outra pessoa ou por uma queda nas escadas. Tantas vezes, quando ficamos sabendo que alguém morreu, uma das primeiras perguntas que fazemos é: "Como?". Está profundamente arraigado em nós querer entender as circunstâncias que levam a uma morte, seja para culpar a pessoa por seu descuido ou para nos compadecermos de seu infortúnio. Responsabilizamos as pessoas que morrem em vez de apenas aceitarmos a morte como um ciclo normal e natural da vida, sobre o qual elas não tiveram controle, exceto quando a escolheram. Talvez tenhamos a sensação de que podemos em alguma medida controlar o "como" (se não fosse tão descuidado, não teria morrido), mas nunca o "quê" (você vai morrer de qualquer maneira).

Ainda assim, evitar não é a solução. Quando não fazemos as coisas que queremos por medo de que possam nos matar ou nos machucar, roubamos de nós mesmos o dom da vida. A forma de evitar varia de pessoa para pessoa e pode ser traiçoeira. Pode até mesmo se camuflar sob um comportamento virtuoso, como perfeccionismo, trabalho compulsivo, limpeza obsessiva ou turismo de aventura. E há os exemplos mais destrutivos, como a negação da morte, todas as formas de dependência e procrastinação debilitante. Em todos esses casos, estamos evitando encarar algo e o disfarçando com outra coisa. No entanto, o que vejo em meu trabalho e experimentei em minha vida é que evitar só funciona por um certo tempo, até que tenhamos de encarar o que evitamos. Não encarar algo não faz com que a coisa desapareça. De um jeito ou de outro, ela estará esperando por nós.

10

Pino hexagonal

Às vezes somos abençoados com guardiões inesperados. Ali estamos nós, fugindo de alguma verdade arrebatadora, e então a vida manda alguém que nos encara com os olhos semicerrados e nomeia aquilo que desesperadamente evitávamos. Em geral, essa pessoa é dura, mas compassiva. Ela vem até nós com o espírito de orientar, não de envergonhar. Ela é a figura da doula, patrulhando o deserto da autonegação para nos apontar, com suavidade, mas firmeza, o caminho da nossa verdade.

Pra mim, essa pessoa foi Silvia Argueta.

Lembro-me bem de quando conheci Silvia. Advogada sênior da defensoria pública de Los Angeles, guatemalteca-americana de primeira geração, primeira de sua família a ir para a faculdade e a se tornar advogada, ela era o que era por mérito próprio, e de imediato senti afinidade por ela. Uma imigrante enxerga outra imigrante, embora com a altura dela — 1,49 metro, nunca arredondando para um metro e meio, porque seria mentira — geralmente eu só enxergasse o topo de sua cabeça. Durante meus torturantes anos de trabalho, ela se tornou minha mentora e amiga íntima.

Quando o pai de Silvia morreu, compareci ao funeral. Quando, depois, ela consultou uma médium, na esperança de entrar em contato com ele, a mulher pediu para falar com a moça negra, alta e sorridente do escritório. Ou seja, eu. No dia seguinte, Silvia bateu na minha porta e me contou sobre o pedido da médium como se estivesse encomendando um sanduíche. Fiquei assustada, mas conversei com a médium assim mesmo (ao que tudo indicava, minha avó que nunca conheci queria me dar um "oi").

Quando eu ficava repetidamente frustrada com as desigualdades dos programas de benefícios, Silvia me ouvia reclamar e via minhas lágrimas transbordando com a injustiça de tudo aquilo, mas, naquele primeiro encontro, ela foi bem direta comigo.

— Por que você é advogada?

A pergunta me deixou nervosa. Foi muito direta e, naquele cenário, muito óbvia, embora eu não pensasse nela desde as minhas redações de admissão para a faculdade de direito — e, mesmo naquela época, tinha inventado uma mentira.

— Bem, hum... — respondi em tom fanhoso, mexendo nos anéis em minhas mãos, tentando evocar algo que desarmasse aquela bomba. — Quero ter algum impacto na Justiça, ajudar os outros, estar presente quando as pessoas mais precisam de alguém e... — Minha voz foi diminuindo até parar, na esperança de convencê-la, mas sou uma péssima mentirosa. Tudo aquilo era verdade, mas não explicava por que eu escolhera o direito.

Fiquei com muita vergonha de lhe contar que era advogada por ter sido uma criança "talentosa" de quem esperavam grandes realizações na vida, e ser advogada parecia bom, e eu queria deixar minha família orgulhosa.

Eu não poderia lhe dizer que não tive coragem de parar e entender o que eu queria e que, apesar da enorme dedicação que a faculdade de direito e o exame da ordem exigiram, eu tinha apenas seguido o caminho mais fácil. Parecia bobo até para mim: quando "o caminho mais fácil" envolve submeter-se à tortura dos livros de direito e à agonia de passar no exame da Ordem dos Advogados da Califórnia, com sua taxa de aprovação de cerca de 34%, você sabe que está fugindo de *algo*.

Eu não ousava dizer a Silvia que eu almejava uma vida diferente, a qual eu tinha medo até de imaginar, e que sentia essa vida se afastando cada vez mais de mim todos os dias. Eu não precisei. Silvia viu minha profunda sensibilidade, minha dificuldade com a natureza do trabalho e meu estilo peculiar. Era como se eu fosse um pino hexagonal tentando me encaixar no buraco redondo que era a advocacia, e Silvia não se deixou enganar por mim.

Acho que foi a única. Todos os demais no escritório engoliram minha atuação como advogada, o que foi uma dádiva, pois só Deus sabe quanto tempo e dinheiro gastei tentando convencê-los. Ao longo dos meus nove anos na defensoria pública, fiz compras como se fosse abastecer uma loja. Nos meses entre as viagens de aventura e os namorados, quando sentia o desespero aumentando e sabia que não poderia fugir, nem mesmo por um fim de semana, um dos meus últimos subterfúgios era comprar roupas.

No entanto, essa foi uma forma pouco animadora de terapia, porque eu só comprava roupas monótonas de "advogada", tentando me encaixar. Nada de saias de festa laranja Alexander McQueen nem capas *bogolan*, de Acra. Em vez disso, eu comprava tailleurs de lã cinza mesclado e terninhos risca de giz, saias lápis (não muito justas a ponto de marcar minha bunda) e camisas sociais azul-arroxeadas (sem abotoar até em cima para não parecer uma religiosa). Cintos enfeitados, sapatos coloridos, tiaras e acessórios para nenhuma mosca-morta botar defeito.

Cada dia eu vestia uma roupa e me olhava no espelho, apertando os olhos para enxergar pela perspectiva dos meus clientes. Como uma jovem mulher negra (que parecia ainda mais jovem devido às maçãs do rosto salientes e à melanina), eu tinha que me esforçar mais para ser levada a sério por meus clientes, colegas de trabalho, advogados oponentes e juízes. Será que eles me respeitariam naquela roupa? Será que eu parecia uma advogada com joias de ouro penduradas em cada orifício visível? E se eu colocasse óculos? O exercício da advocacia ainda é um velho clube de meninos brancos, e eu não queria me apresentar de um jeito que fosse um estorvo para meus clientes. Será que eu tinha a aparência esperada para o papel que estava tentando representar?

Claramente não para Silvia.

As roupas serviam no meu corpo, que estava perdendo peso por causa das viagens de bicicleta e da perda de apetite, mas elas não serviam para *mim*. Minha aparência é a mensagem que transmito sobre quem sou. Sendo filha de uma modelo e estilista que sou, a moda está no meu DNA. Minha mãe promoveu sua vaidade e reforçou a ideia de que podemos nos vestir para cultivar a alegria. "Fique bonita, sinta-se bem", nos dizia ela. Inundo meu corpo de dopamina por meio de cores vivas, tecidos macios, silhuetas fluidas. Quando coloco *o* vestido, rodopio por instinto. Apesar das advertências em contrário, os seres humanos julgam livros pela capa o tempo todo, e quero que a minha seja o mais exata possível.

Cada dia traz uma oportunidade de montar um visual que reflita meu interior, e, quando a casca exterior não reflete mais o eu interior, começo a me sentir ansiosa, limitada. Você pode rejeitar a importância da moda se quiser. Para mim, porém, roupas são liberdade. São expressão e arte. Acima de tudo, quero liberdade para mudar: minha mente, meu coração, minhas roupas, minha profissão, minhas escolhas. Quando um estilo se torna limitante, tudo que você precisa fazer é se olhar no espelho e mudar.

Algumas manhãs, eu olhava minha saia tutu de chiffon amarelo favorita, mas desistia de usá-la para trabalhar. Não era "profissional". Eu tirava meu esmalte colorido para participar das reuniões do conselho e prendia meus dreads em um rabo de cavalo baixo para o fórum. Cada vez que mudava de roupa por medo de não estar com a aparência esperada, vendia um pedacinho da minha autenticidade para me ajustar a uma vida que eu me convencera de que deveria querer. Estava tentando vestir uma zebra como se fosse um cavalo.

Sempre me senti como uma zebra, não importa onde estivesse. Negra nos Estados Unidos, africana em meio a pessoas negras, norte-americana em Gana. A aluna mais jovem nas aulas de matemática avançada. A líder de torcida gorda, a vegetariana da família, a garota de cabelo curto quando todo mundo usava longo, que deixava escapar coisas que não faziam sentido para os outros e ria na hora errada da piada que estava na sua cabeça. Não importava por onde tinha andado neste mundo, eu não me encaixava. E, quanto mais tentava, mais eu chamava a atenção.

Durante uma reunião na defensoria pública, chamei os usuários do Twitter de *"twats"*.* Eu não estava tentando ser grosseira; achei que esse fosse o nome correto. Fazia sentido em termos melódicos. Pessoas que tuítam são *"twats"*. Certo? Errado. A reunião parou na hora para que os outros advogados pudessem explicar meu erro. Queimei de vergonha no meu assento e eles

---

* Termo chulo em inglês que se refere às partes íntimas femininas. (N. T.)

removeram a conversa da ata. Eu não sabia que era uma palavra "ofensiva". Inglês não é minha primeira língua!

Nos oito anos seguintes, enquanto eu mudava de grupos de prática, me reprimia e ficava cada vez mais descontente, Silvia sempre me fazia a mesma pergunta: "Por que você é advogada?". Cada vez eu inventava uma nova versão da mesma resposta, mas não era convincente. Eu era boa com os clientes, mas não dava a mínima para os aspectos práticos do trabalho. Eu era (e sou) desorganizada: meus papéis ficavam espalhados pela minha mesa, com formulários cruciais enterrados naquela montanha. Eu não tinha temperamento para debater os aspectos legais mais delicados. Estava mais interessada no que era *certo* do que naquilo que era legal, o que faz de alguém um excelente filósofo, mas um péssimo advogado.

Eu queria segurar a mão dos meus clientes, contar suas histórias, chorar com eles e amá-los até que se encontrassem em situações melhores. Queria conversar sobre a vida, cura e arte. Ficava nervosa por ver como as leis eram ineficazes e bebia uma garrafa de vinho depois do trabalho para me anestesiar. Silvia ficou do meu lado, tentando me ajudar a encontrar uma posição dentro da defensoria pública em que eu me encaixasse. Ela não reclamava; tinha plena confiança em mim.

Contudo, eu não confiava em mim mesma. Eu sabia, lá no fundo, que havia algo errado. Estava usando as roupas de outra pessoa, me sentindo como se estivesse na pele de uma estranha. Eu tinha um guarda-roupa que não se parecia comigo. Uma carreira na qual eu estava encurralada. Mentiras que eu contava a mim mesma. Uma vida que nem parecia minha.

Uma qualidade que esse trabalho tinha era parecer bom para quem via. A outra era que eu só precisava usar a máscara em tempo parcial. No restante, tinha liberdade de ser eu mesma. Por um tempo, valeu a pena trocar minha autenticidade por 21 horas semanais, mas ano após ano me reprimindo resultou em uma dor insidiosa que não consegui afastar. Ela permeava o meu ser.

Eu mal me reconhecia no espelho. Sempre que prendia os meus dreads ou ajeitava minha camisa social, enxergava um vazio escondido por trás dos meus olhos, o mesmo que eu sentia se espalhando pelo meu corpo sempre que mudava meu tom de voz ou anulava meu estilo no trabalho. Estava começando a penetrar nos meus ossos — na minha própria essência.

Em pouco tempo, meu guarda-roupa começou a mudar naturalmente. Fui na direção dos tons de cinza e dos pretos. As cores esmoreceram. O mesmo aconteceu com o esforço. E com a centelha de vida dentro de mim. Pensei que estava fazendo o que era preciso para sobreviver, mas, na verdade, estava me matando aos poucos. Encolhendo minha alegria, assassinando minha própria luz. E por quê? Por uma vida em que não acreditava. Era como se estivesse forçando um travesseiro contra meu próprio rosto, esperando apenas que eu parasse de lutar.

Conheço Ken logo depois de pendurar minha tabuleta de doula da morte. Sua família me procurou no intuito de conseguir uma procuração para administrar o pequeno negócio dele, pois Ken está morrendo no hospital. Tenho um pouco de resistência em aceitar esse tipo de solicitação, pois quero manter qualquer atividade jurídica o mais longe possível do meu trabalho com a morte, mas preciso de clientes. E tenho o conhecimento. O trabalho com a morte exige que nos coloquemos inteiros ao lado do doente, então, dessa vez, também trago meu conhecimento jurídico, embora eu preferisse deixá-lo bem para trás.

Ken é dono de uma loja de roupas vintage em Los Angeles. Tem 57 anos, e um câncer de pâncreas consome o seu corpo rapidamente. Quando o conheço no quarto do hospital, está pálido, seu cabelo parece penugem de bebê devido à quimioterapia, seus olhos verdes suaves estão afundados no crânio e ossos são visíveis no pulso. Quando era saudável, Ken — branco, designado homem ao nascer e utilizando os pronomes *ele/dele* — com frequência usava saias, blusas, meias finas de náilon, saltos altos, maquiagem e tiaras. Hoje ele usa uma bata branca e azul desbotada padrão de hospital — sem sombra, delineador, blush, tiara ou batom. Sua família nunca aprovou suas roupas e, durante a doença, Ken parou de usá-las. Na doença, mesmo os mais fabulosos entre nós voltam para as calças de moletom e os pijamas.

Em sua cama de hospital, enquanto assina a procuração na frente de um tabelião, Ken parece derrotado. Percebo vestígios de esmalte verde com purpurina já saindo de suas unhas e lhe pergunto sobre isso quando sua irmã sai do quarto.

— Prefiro as unhas pintadas, mas "eles" não gostam. — Ele faz gestos amplos, mas com pouca força, no quarto vazio como se houvesse uma plateia lotada. Olho em volta. Às vezes, no fim da vida, os clientes falam com pessoas que eu não consigo ver, e não dá para saber se os mortos estão se encontrando com a morte ou se são alucinações que vêm do inconsciente enquanto a mente se prepara para a morte.

— A quem em particular você está se referindo? — pergunto com cautela.

— Eles. A minha irmã. A minha tia. O meu pai. O meu sobrinho.

— Certo. — Solto um suspiro de alívio. Hoje não quero ver gente morta. — Quando foi a última vez que você pintou as unhas?

— Tem uns meses. Eles me pediram para parar dizendo que seria confuso para os outros parentes da nossa família biológica que vêm ajudar ou visitar. Mas a família que eu escolhi esteve aqui esse tempo todo, e para eles não tem o menor problema.

— E você está bem com essa decisão?

— Vou fazer isso por eles enquanto estiver vivo. Mas, se depender de mim, quando me colocarem no crematório, quero unhas azuis com brilho roxo.

A confissão de Ken desperta algo em mim. Passei anos controlando a cor das minhas unhas para os outros: para juízes, advogados oponentes e nos estágios de verão. Se alguém precisar de uma defensora do direito de ter unhas pintadas na morte ou na vida, estou aqui.

— Podemos fazer isso! — exclamo com um sorriso largo.

Ken olha para mim tão surpreso que fico na dúvida se ouviu errado.

— Você estava falando sério sobre querer unhas com purpurina quando for cremado?

— Não. Mas, se você puder mesmo fazer isso, então sim. — O comportamento apagado de quando ele discutia a procuração começa a mudar.

— Se você quiser, vou fazer tudo para que isso aconteça. E as suas roupas?

— Eu preferia usar uma saia plissada dourada vintage com um collant rosa, mas vou usar um terno, desde que não seja preto. Sofro só de imaginar aquela saia linda sendo queimada quando eu for cremado.

— Tem certeza? — insisto, percebendo que ele está recuperando a vontade de viver ao falar da roupa. — Se você quiser usar a saia, podemos providenciar isso também.

Ken pondera enquanto seus olhos percorrem as paredes claras e olham através da janela do oitavo andar, perto da qual há uma pintura comum do mar pendurada. Pela extensão de seu silêncio, é claro que ele está considerando seriamente a proposta.

Então suspira.

— Só estou tentando sobreviver a estes últimos dias, semanas ou meses sem irritar ninguém. Eu não tenho disposição para lutar por isso.

— Bem, eu tenho! — Tenho energia infinita para batalhar pelo que considero justo, sobretudo quando se trata dos desejos de quem está morrendo. Revejo rapidamente a procuração que Ken acabou de assinar e fico aliviada por se restringir a decisões comerciais e financeiras. Contudo, em termos práticos, seus familiares ainda são os seus parentes mais próximos, o que significa que terão direito de decidir o que ele vai vestir no funeral e na cremação, a menos que ele próprio deixe instruções claras ou conceda esse direito a outra pessoa.

Vejo isso o tempo todo. Mesmo quando assinam a papelada que dita o destino de seu corpo após a morte, as pessoas muitas vezes não especificam com clareza o que desejam, deixando a família perdida. A desculpa é que elas estarão mortas de qualquer maneira, mas isso transfere a tomada de decisão para o seu devastado círculo de apoio. Ken sabe tudo isso, mas, compreensivelmente, não pode ser incomodado. Seu funeral já foi planejado pela família, e ele está tranquilo com o fato de que será realizado em uma igreja.

— Provavelmente vou pegar fogo assim que chegar lá — diz ele com frieza, apontando para o céu. — Isso vai economizar dinheiro na cremação.

Mas quero saber mais sobre o que Ken *deseja*, não apenas o que ele aceitará.

Como Ken adora roupas e parece tranquilo ao falar sobre sua morte, conversamos sobre a roupa fúnebre. Assim como eu, ele acha engraçado que pessoas com seios geralmente sejam enterradas com sutiã e que exista "calçado para enterro". Damos uma risadinha da modéstia dos mortos. Digo a Ken que posso interceder por ele junto a seus familiares se isso for importante para ele. Pergunto quem é a pessoa mais compreensiva para conversar. Talvez se ela for influenciada, o resto da família siga o exemplo.

— Acho que a minha sobrinha. Mas, ouça, não é importante para mim que eu use a saia dourada no caixão. Só quero o meu esmalte. — Ele parece derrotado novamente.

Paro por um momento. Embora eu conheça bem o estilo reprimido, não posso medir a dor de alguém não conseguir se expressar totalmente no próprio corpo. Mas essa era eu. Em vez de continuar lutando pelo que eu faria, recuei e ouvi meu cliente. Da mesma forma que aprendi, em meu tempo de trabalho nos serviços jurídicos ajudando Tash, que você não pode viver a vida de um cliente por ele, agora sei que você também não pode morrer a morte dele.

— Tudo bem — respondo. — Então vou fazer tudo para que você tenha esmalte azul e roxo com purpurina no caixão. Isso deixaria você feliz?

Ken abre um sorriso cansado.

— Isso me deixaria radiante. Pensei que você tivesse vindo pela minha conta bancária, não pelas minhas unhas.

Quando saio, estou animada para travar uma batalha pelas unhas de Ken com sua família biológica. Comecei a trabalhar como doula da morte há pouco tempo, mas tenho certeza de que meu papel é defender primeiro a pessoa que está morrendo.

Felizmente, são necessários apenas alguns telefonemas. A sobrinha de Ken fica tocada com o pedido do tio e conversa com seus familiares seguindo minhas instruções. Sugiro que ela lhes conte sobre o compromisso que ele está disposto a assumir para deixá-los felizes. Eles aceitam sob a condição de que as mãos dele fiquem ao lado do corpo, em vez de cruzadas no peito, para que não sejam vistas durante o tempo em que o caixão permanecer aberto. É outro pequeno desrespeito que o impede de ser visto em toda a sua glória, mas Ken fica satisfeito, e, portanto, eu também. Ligo para a funerária para ver se é possível, e eles concordam.

Ken morre cerca de duas semanas após nossa conversa sobre unhas. Seu corpo não pega fogo na igreja, e ele vai em triunfo para as chamas da cremação usando esmalte azul e roxo com purpurina.

Saber que Ken conseguiu o que queria me traz uma onda de paz. Vejo que ainda posso servir como defensora para alguém que precise, assim como eu fazia na defensoria pública. O que fiz por Ken pode parecer pequeno para outras pessoas, mas, para mim, é enorme. Consegui ajudá-lo a se sentir uma versão autêntica de si mesmo. É algo que faltou em mim por muito tempo, e agora posso ajudar outras pessoas a fazerem isso quando mais importa: quando não têm mais tempo para corrigir o rumo ou deixar uma marca do seu jeito.

Doulas da morte honram a totalidade da experiência humana vivida por pessoas de todas as identidades, não apenas aquelas com quem nos relacionamos ou que podemos compreender. Indivíduos de comunidades marginalizadas, em particular, merecem um defensor no fim da vida. Há momentos em que não é possível dar aos que estão morrendo o que querem, como a oportunidade de afirmar sua identidade a um familiar com quem cortaram relações. Porém, focar mais o espírito do que a letra do pedido ajuda. Quando um tipo específico de flor não está disponível para um funeral, faço ajustes e escolho algo da mesma família ou com o mesmo esquema de cores. No entanto, quando estamos falando da possibilidade de um indivíduo ser chamado pelo nome morto ou pelo gênero incorreto na morte, vou à luta pelos desejos do cliente, até onde ele quiser. É a morte dele.

Com muita frequência, partes de uma pessoa são apagadas na morte porque a família biológica não as tolera ou não as apoia, ou porque foram mantidas em segredo. Todas as partes da nossa identidade morrem conosco. Enterramos a pessoa inteira. Se na morte fôssemos capazes de honrar todos exatamente por quem foram em vida, poderíamos derrubar as barreiras que nos mantêm separados, tanto uns dos outros quanto de nossa complexa humanidade. E, se em vida fôssemos capazes de viver plenamente as identidades que carregamos e as expressões que gritam em nós, também poderíamos emanar luz e amor para as partes que outros escolhem odiar. Eles que se danem. Seja você, amor.

11

Vislumbre de liberdade

CERCA DE OITO MESES antes de a minha vida atingir o fundo do poço, cheguei ao trabalho, numa terça-feira, depois de uma viagem longa de fim de semana pelo deserto de Mojave. Sinceramente, não me lembro muito bem da viagem. Só me lembro do pavor que senti quando sentei diante do telefone do escritório e vi o botão vermelho de mensagens piscando. Assim que ouvi a voz da minha velha amiga Silvia me pedindo para ligar para ela, senti minha pulsação nos ouvidos. Na época, Silvia era diretora da defensoria pública em que eu trabalhava e estava enfrentando uma série brutal de cortes orçamentais. Eu assistia com medo a meus colegas sendo movidos como peças de xadrez e advogados mais velhos escolhendo a aposentadoria. Suspeitava que em breve seria a minha vez. Com a porta fechada, rapidamente troquei a roupa de andar de bicicleta pela de advogada, que não combinava comigo, respirei fundo várias vezes para me acalmar e liguei de volta.

— Alua. — O tom de Silvia já era de desculpas.

Fiquei com o coração apertado.

— Não — falei imediatamente. — Por favor, não, Silvia. — Como ela era minha amiga, me senti à vontade para falar com a chefona como uma criança petulante.

Silvia fez o que tinha que fazer.

— Você sabe que houve muitos cortes orçamentais e que a nossa arrecadação de fundos diminuiu. Tentei muito achar um jeito de você permanecer na sua função, porque sei que ali você tem alguma liberdade, mas não posso mais. Você pode ficar, mas vai ter que começar a trabalhar no Centro de Autoajuda do Fórum de Inglewood. São apenas seis meses, mas o trabalho é em tempo integral. Depois vamos ver se você pode voltar para a sua posição atual.

No espaço de um telefonema, os últimos pedaços de uma vida que eu conseguia tolerar desmoronaram. Como tinha de quitar meus empréstimos estudantis, sair sem perspectiva de trabalho não era uma opção, embora eu tenha considerado fortemente essa hipótese na hora. Olhei para o carpete marrom-acinzentado, com lágrimas turvando minha visão. O carpete parecia a areia movediça na qual eu me afundava. "Se bem que eu poderia aguentar seis meses, certo? Certo?"

Silvia continuou tentando injetar um pouco de ânimo na conversa.

— Eu sei que não é isso que você quer. Desculpa. Mas, quem sabe, pode ser a melhor coisa que já aconteceu com você!

Ela estava certa, mas não da maneira que pretendia. Às vezes, as melhores coisas parecem as piores até deixarmos a vida acontecer e revelar o que é realmente o melhor. Porém, naquele momento, eu ainda não sabia disso. Já estava empacada e prestes a ficar ainda mais.

Minha nova função era supervisionar advogados voluntários e estudantes de direito. Não haveria contato direto com o cliente, o único aspecto do meu trabalho que ainda nutria a minha alma. O horário rigoroso e a falta de interação seriam, na melhor das hipóteses, difíceis. Na pior, seriam a sentença de morte para o meu ânimo. Assim que parei de falar com Silvia, comecei a soluçar.

Eu andava soluçando muito mais nos últimos tempos. Costumo expressar todas as minhas emoções fortes, até a alegria, através de lágrimas, mas naquele momento eu chorava por qualquer razão. Um dia, alguns meses antes, chorei porque o pneu da minha bicicleta esvaziou no caminho para o trabalho. Estava determinada a seguir em frente e fingir que não havia nada de errado comigo, mas aquilo ia ficando cada vez mais difícil. Percebi como eu andava irritada o tempo todo, como me sentia só, até rodeada de amigos.

Mesmo com uma grande aversão à terapia, típica de mulher negra forte e filha de imigrantes, decidi, com relutância, buscar alguma "ajuda profissional". Pensei que talvez eu precisasse desabafar. Reclamar, tirar aquilo do meu organismo.

Em três sessões, a terapeuta me diagnosticou com distimia: uma depressão moderada e persistente. Fiz pouco-caso. Minha dívida de empréstimo estudantil era de cem mil dólares, eu ganhava trinta mil por ano, era negra nos Estados Unidos e me confrontava com uma insidiosa infraestrutura de opressão. Quem *não* estaria deprimido? Eu tinha, novamente, começado a gostar de alguém e deixado de gostar havia pouco tempo, e atribuí o meu diagnóstico à angústia e ao desentendimento. Estava claro que minha terapeuta não me entendia, mas até ali eu achava que ninguém me entendia mesmo. A despeito disso, continuei com ela, fingindo que minha necessidade era temporária e meu diagnóstico, situacional.

Em três meses, ela atualizou meu diagnóstico para um episódio depressivo maior.

Eu *ainda* achava que ela não sabia do que estava falando.

Agindo por pura autonegação, sobrevivi aos seis meses no Centro de Autoajuda, mas por pouco. Batizei meu escritório com o apelido nada carinhoso de Calabouço. Os dias passados no Calabouço transformaram-se em noites no sofá, bebendo um Cabernet Sauvignon e fumando baseados sem parar e sozinha. A combinação desligava meu cérebro e minhas emoções, me deixando anestesiada tempo suficiente para não pensar na minha vida.

Todas as manhãs eu acordava chorando assim que meu despertador tocava. Amaldiçoando as lágrimas e a insônia que persistiam apesar do baseado, eu saía da cama, de ressaca, e me arrastava até o chuveiro. Não me importava em estar limpa, mas não queria cheirar mal. Sou vaidosa demais para cheirar mal, mesmo deprimida. Eu não conseguia controlar minha mente, que dizia que eu era um fracasso total e não merecia ter alegria, mas, pelo menos, conseguia controlar meu odor corporal. As lágrimas se misturavam com a água do chuveiro. Parada na frente do armário sem saber como me vestir, eu não tinha energia para tentar chegar na aparência esperada.

Diabos, eu não tinha energia para nada. Havia pratos sujos na pia, nas bancadas e no chão do quarto. Minhas unhas estavam lascadas e irregulares. A geladeira guardava sacos de verduras apodrecidas, refletindo o que acontecia no meu espírito. Eu só as joguei fora porque elas me irritaram e me lembraram da minha inadequação. As janelas ficavam fechadas por semanas, e a única luz que entrava vinha das persianas quebradas sobre as quais não falei com meu senhorio. Eu pegava a peça de roupa escura mais simples que conseguia encontrar nas pilhas espalhadas pelo chão, prendia meus dreads, pegava uma banana passada na bancada e ia para o trabalho no Calabouço. Não havia música no carro, apenas meus soluços e os sons do trânsito. As pessoas nos carros ao meu redor também estavam indo trabalhar. De alguma forma, elas conseguiam se arrumar, dirigir, ir para o escritório, se alimentar e não odiar sua vida, certo? Então, por que eu era incapaz desse simples ato de ser humana?

Chegando por volta das oito da manhã, eu deixava o carro no estacionamento, passava por detectores de metal antes de entrar no prédio e seguia direto para o porão, onde me sentava atrás de uma mesa em um escritório minúsculo. Então colocava um grande sorriso no rosto. Não havia janelas para ver o mundo exterior. Nenhum raio de sol. Nenhum sustento. Toda planta que levei para lá morreu. Como eu poderia prosperar? Eu contava os dias para ir embora dali, usando o calendário como incentivo. Cada dia a que eu sobrevivia me deixava mais perto de partir.

Eu me afastei dos meus amigos, alegando que meu novo horário de trabalho não me deixava disponível. Na verdade, eu não tinha energia para ninguém e não queria que eles me vissem daquele jeito. Destroçada. Triste. Desanimada. E envergonhada. Simultaneamente oprimida e anestesiada por pessoas, imagens e sons. Conversar parecia um bicho de sete cabeças. Embora fizesse um grande esforço para me concentrar, eu me perdia no meio do que as pessoas diziam, interpretava errado os sinais sociais e gaguejava para responder adequadamente. Nada de interessante para dizer, nenhuma alegria com que contribuir. Na minha cabeça, ninguém queria sair comigo porque eu era o equivalente humano a um pano de prato molhado e sujo. Eu ficava em casa. Assistir a filmes e à TV sempre me entediou, então eu ficava olhando para o nada, fumando mais baseados e chorando. Eu não berrava de tristeza. Berrava de desânimo e desespero.

Até ali, minha vida parecia ótima — pelo menos vista de fora. Um trabalho com propósito, horário flexível, viagens internacionais, roupas bonitas, saúde razoável, uma ótima vida social, namorados divertidos. Eu tinha um escape criativo na fotografia e um físico na bicicleta. A moradia que eu podia pagar ficava no segundo andar de uma casa de dois andares, no centro de Los Angeles, e era cercada por laranjeiras e magnólias. Parecia uma casa na árvore. Meus amigos eram ecléticos, espirituosos, turbulentos e lindos. Mesmo assim, algo enorme estava faltando. Eu não conseguia identificar o quê.

Aos 34 anos, eu ainda esperava que minha vida começasse, negando o fato de que já a estava vivendo. A constatação de que *aquela* era a minha vida me chocou e me entristeceu. Como eu havia me tornado aquilo? Um projeto de ser humano esperando por algum dia distante no futuro quando eu poderia aproveitar a vida. Sempre me considerei alegre, conectada, vibrante e comprometida. Eu queria uma vida pela qual salivasse. Uma que transbordasse amor e magia, na qual pudesse viver em êxtase com a beleza de uma lagarta descendo por uma videira. Minha vida era o oposto disso. Eu não tinha certeza de por que estava viva. Qual era o propósito?

Eu *pensava* que o propósito fosse uma vida servindo ao próximo. Meus pais tinham dedicado a vida a Jesus Cristo, fazendo suas filhas pequenas mudarem repetidamente de lugar para irem aonde fossem chamados a espalhar o evangelho. Servir foi um dos valores fundamentais que eles transmitiram a mim e às minhas irmãs, apenas por seu exemplo. Quando escolhi trabalhar na defensoria pública me imaginei levando adiante essa visão. Se eu soubesse que colocar o sentido da minha vida em servir aos outros ainda acabaria me fazendo chorar o dia todo, todo santo dia, eu teria, pelo menos, escolhido ganhar algum dinheiro. Tudo parecia muito vazio. *Eu* estava muito vazia.

Na minha última semana no Calabouço, tirei meu período de férias e juntei o pouco de energia que ainda tinha para ir ao festival Burning Man. Nunca havia ido e precisava desesperadamente conhecer. Por meses, eu havia sido um farrapo antissocial, mas os amigos que ainda não tinham desistido de mim encheram quatro veículos com equipamento de camping, estruturas de sombra, barracas, vergalhões, água, comida e nossas roupas extravagantes favoritas.

O Burning Man é uma cidade experimental com duração de nove dias, construída do zero todos os anos no meio do leito seco de um lago em Nevada, onde surgem enormes instalações de arte, estradas, placas de rua, casas, pistas de patinação, uma agência de correio, médicos e algo que lembra uma força policial. A cidade também é destruída após cada edição do festival. É uma celebração inspiradora de humanidade, expressão artística, comunidade e liberdade pura. Basta dizer que num deserto, onde nada cresce, o Burning Man é um playground microcósmico onde você encontra exatamente o que está procurando, mas talvez não do jeito que imaginava.

Em 2012, primeiro dos sete anos em que participei, mais de 75 mil pessoas desceram para o deserto de Black Rock compartilhando os princípios de inclusão radical, autoconfiança radical, expressão radical, vestígio zero e imediatismo. Há uma magia inerente em se juntar a pessoas que também estão comprometidas com sua liberdade pessoal e com o êxtase da comunidade. Esqueci o suplemento alimentar de metilsulfonilmetano (MSM) que tomo diariamente e ouvi por acaso, em nossa primeira noite, nossos vizinhos de acampamento dizendo que haviam trazido MSM extra. Eles o compartilharam comigo. Esquecendo os complexos que tinha em relação ao meu peso, mesmo estando cada vez mais magra, deixei um homem pequeno chamado Twilight levantar meu corpo sobre o dele só com as pernas, em uma posição de ioga acrobática livre, torcendo meu corpo de um jeito que nunca pensei ser possível. Todas as noites a cidade se iluminava com milhares de luzes coloridas, fortes e brilhantes, postas em bicicletas, carros artísticos e seres humanos vestidos por puro prazer com trajes etéreos. Adereços de cabeça, botas enfeitadas, casacos decorados com iluminação para as noites frias. Dancei todos os dias até o amanhecer, ri no templo reservado para a tristeza, chorei em redes e festejei como se fosse 1999, embora já estivéssemos em 2012.

No Burning Man, havia tantas formas de cura para a inquietação que eu precisei priorizar o descanso. Caso contrário, eu diria sim a todas as ofertas que aparecessem na minha frente, vivendo aventuras que duravam dia e noite. Afinal, parte da beleza do Burning Man reside em sua impermanência. Se você quisesse ver aquela grande obra de arte, você tinha que ir. As estruturas maiores começavam a ser queimadas na sexta-feira e, no final, não restava mais nada. Saia, vá ver, vá se divertir. Agarre a alegria que passa bem na sua frente, porque em breve ela desaparecerá para sempre.

Uma noite, por volta das três da madrugada, fumando junto da minha bicicleta, fora de uma festa intensa, conheci e fiquei muito encantada com um ciclista mensageiro negro chamado Pascha. Vagamos por ali até o sol nascer. No dia seguinte, ele voltou para mais aventuras e nos separamos para jantar e vestir algumas roupas: ele passara o dia todo nu, usando apenas um cinto para ferramentas. Mais tarde, ele viria me encontrar, mas uma tempestade de areia se formou, obstruindo a visão e encobrindo tudo a mais de um braço de distância. Ele nunca apareceu. Fiquei arrasada.

Mesmo assim, pela primeira vez em anos, eu me senti viva. Minha centelha de curiosidade, que havia esmorecido perigosamente, brilhou forte. Para onde quer que se olhasse, havia coisas que despertavam a curiosidade: como foi que fizeram aquela bela e enorme estrutura? Que raio essa pessoa está vestindo? Será que consigo escalar aquela grande obra de arte? Por que deram o nome de Porn & Donuts ao acampamento? (Na verdade, serviam donuts quentes e exibiam filmes mudos antigos de pornografia entre meia-noite e duas da manhã. Adoro donuts, então eu ficava para conferir.)

Porém, acima de tudo: quem eram *aquelas* pessoas, aparentemente tão confortáveis em sua pele e nesta vida? E onde estavam elas no mundo real? Suspeitei que muitas estivessem ali porque era um dos únicos lugares em que se sentiam confortáveis para serem exatamente quem eram. Elas não tinham ido fazer maluquices, porque nenhum de nós era maluco. Éramos normais. E não havia nada de errado conosco — apenas vivíamos em uma sociedade que não correspondia aos nossos ideais.

No Burning Man, comecei a entender que a pergunta que eu andava me fazendo — o que há de errado comigo? — estava incorreta. O problema não era eu. O problema era a sociedade. Tudo bem se eu não levasse uma vida baseada nos ideais da sociedade. Eles não eram os meus. Como as gloriosas estruturas que acabara de observar fumegando e ardendo em fogo lento até o fim, apenas para renascerem no ano seguinte, eu poderia começar tudo de novo.

Na viagem de dezesseis horas de volta a Los Angeles depois do festival, liguei o celular pela primeira vez em uma semana. Apareceu uma notificação de mensagem: departamento de recursos humanos da defensoria pública.

Precisavam de mim no Calabouço por um período adicional de três a seis meses.

O tempo parou. Minha boca ficou seca. Os hormônios de luta ou fuga se enfureceram. Parecia haver uma bigorna em cima do meu peito. Gelei. Então, ouvi uma voz lá dentro. "Não", falei para mim mesma. Eu não aceitaria de jeito nenhum. Inclusive, não retornaria de forma alguma.

Sem pensar duas vezes, resmunguei em voz alta para os meus amigos sonolentos e sonhadores que estavam no carro:

— Nunca mais piso naquele lugar. Se fizer isso, eu morro.

Eu estava falando sério. Agora que eu havia vislumbrado como a vida poderia ser, não tinha como voltar atrás. Eu ainda não sabia o caminho a seguir, mas tinha de confiar que a vida me guiaria. Não havia outra escolha. Minha vida dependia de não retornar à defensoria pública como advogada.

Dora tem quase setenta anos e está careca quando nos conhecemos. Corpulenta, com óculos grossos de tartaruga e pertencente à sexta geração de uma família mexicana-americana, ela está confinada a uma cama em um prédio alto e luxuoso de Los Angeles, com um câncer de bexiga incurável. As paredes de seu quarto estão decoradas com obras de arte caras, penduradas em elegantes molduras pretas: o sonho de todo minimalista, tal como o resto de sua casa, repleta de linhas claras, cores contrastantes, espelhos e muito vidro. O tipo de casa que diz: "Não tenho que lidar com crianças pequenas".

Os planos de fim de vida de Dora estão prontos. Ela compartilhou informações financeiras com os filhos adultos, bem como a localização e o conteúdo de seu testamento. Recusou o tratamento curativo, e os filhos sabem que devem priorizar a qualidade, e não o tempo, de vida dela ao tomarem decisões sobre sua doença. Ela deixou claro que quer morrer em casa e em paz, tanto quanto o câncer de bexiga permitir. Seus planos de disposição do corpo estão definidos, assim como a roupa que ela usará no funeral. Já resolveu quase todos os itens de sua lista de planejamento de fim de vida, então me pergunto o que ainda falta fazer e por que ela me chamou aqui. Quando questiono Dora, ela me pede apoio para "algo mais que eu possa estar ignorando enquanto me preparo para morrer".

Eu me sento na cadeira de acrílico mais próxima de sua cama, que dá para uma varanda majestosa. Primeira mulher executiva de publicidade em uma agência de nível médio, ela passou a maior parte da vida arrasando no escritório em vez de estar com os filhos: crianças que ficavam sozinhas em casa na década de 1980. Ela parece ter sentimentos conflitantes enquanto me conta tudo isso, recorrendo repetidamente a termos como *desperdiçar* e *gastar* para descrever seu tempo. Eles são prova da visão de mundo que ela está prestes a deixar para trás.

Percebi que usamos os verbos *gastar*, *desperdiçar* e *economizar* para falar de duas coisas: tempo e dinheiro. Mas o tempo é a única moeda real que temos. O verdadeiro custo de qualquer coisa é quanto de nossa vida temos de dar em troca. Trocamos tempo por dinheiro quando vamos trabalhar. Trocamos tempo por amor quando liberamos ocitocina com pessoas que têm esse efeito sobre nós. Trocamos tempo por realização quando terminamos um quebra-cabeça guardado no armário. É um recurso finito, mas não sabemos quanto temos dele. Dora, agora no fim da vida, se pergunta se trocou o tempo pela coisa errada.

— Eu nunca quis ter filhos — revela Dora com um suspiro. — E nunca admiti isso para ninguém. — Estamos sozinhas. Estou lendo o documento de planejamento avançado de Dora para ver se algo precisa ser esclarecido.

Essa revelação surge inesperadamente e tenho o cuidado de controlar minha expressão facial. Não estou surpresa que Dora não quisesse ter filhos, mas que ela tenha admitido isso. Alguém admitir que não queria ter os próprios filhos continua sendo um dos maiores tabus que ainda restam.

— É óbvio que eu os amo e estou feliz por estarem aqui, mas eu só os tive porque pensei que era minha obrigação. Não havia muita escolha. — Dora faz uma pausa. — Sinto muito, eu não devia ter dito isso.

Ela não parece arrependida. Na verdade, dá para ver que está mais leve.

— Está tudo bem — asseguro. — Se você sente isso, prefiro que fale. E sou muito grata por você se sentir à vontade para compartilhar isso comigo. Imagino que seja difícil de dizer. — Não vou julgar suas escolhas como ser humano e acredito que muito mais gente que tem filhos se sente assim, mas não admite.

Conversamos por mais algumas horas. Dora conta que pretendia ficar em casa para criar os filhos depois de tê-los. Afinal de contas, ela nasceu no fim da década de 1940, e era assim que a maioria das mulheres de sua geração procedia. Mas um ex-marido alcoólatra e ausente impossibilitou seus planos. Dora queria que os filhos tivessem oportunidade de se transformar em pessoas amorosas e bem-sucedidas que contribuíssem para a sociedade. Ela queria lhes dar a chance de serem independentes. Então seguiu o exemplo de mulher pelo qual se encantara enquanto crescia: o tipo que usava calças e ia para o escritório todos os dias. Naquela época, as mulheres começavam a ser contratadas para cargos executivos. Imaginar essa possibilidade era empolgante para Dora.

Ela acabou se revelando um prodígio no que fazia.

Dora não esteve presente durante grande parte da infância dos filhos, satisfeita como estava com seu trabalho e por ser um dos primeiros modelos de profissional bem-sucedida e mãe solo — o que praticamente não existia na época. Ela criou os filhos em um bairro bom, numa casa espaçosa, com inúmeras atividades extracurriculares, aulas particulares, tudo, o que só foi possível graças ao seu alto salário. Dora tem orgulho disso. Olhando para sua casa e seu plano de morte organizado e detalhado, tenho uma ideia do que ela levou para sua carreira e do que sua carreira lhe deu. Ainda assim, parece relutante, ou mesmo incapaz, de sentir simples orgulho disso e expressa culpa por não ter passado mais tempo com os filhos.

Eu e Dora conversamos sobre as expectativas da sociedade de que mulheres e pessoas com útero tenham filhos. Há uma suspeita e uma desconfiança inerentes em relação àquelas(es) de nós que não têm filhos ou não os colocam no centro da sua vida. Será que somos defeituosas? Egoístas? Ambiciosas? Assassinas em série? Espera-se que pessoas com útero queiram usá-lo para criar mais vida. Mas e se o propósito da vida de uma pessoa com útero não for apenas usá-lo para dar à luz? Talvez eu esteja contente por sangrar todos os meses, por mais de quarenta anos, porque isso me fascina e posso me maravilhar com o meu corpo, que registra os ciclos da lua por meio do sangue.

Com cautela, pergunto a Dora por que ela teve filhos e o que eles lhe trouxeram. Mesmo com permissão para falar com franqueza, esse ainda é um assunto delicado. Sempre que alguém me questiona por que ainda não tive filhos, devolvo a pergunta, reconhecendo que minha decisão me coloca na categoria de uma mulher que não tem tanto valor quanto aquelas que deram à luz. Certa vez, uma mulher que conheço sugeriu, brincando, que eu atravessasse de bicicleta um cruzamento movimentado antes dela, porque não tenho filhos. Não achei nada engraçado.

— Não sei — responde Dora. — Mas temos uma ótima relação, então não sei aonde quero chegar. — Ela começa a querer terminar a conversa, porém me inclino, ouvindo com todo o meu corpo, e isso a faz continuar. — Mas eles não eram tudo para mim. Eles não bastavam. Eu me sinto péssima dizendo isso, mas é verdade. Eu me sinto mal por não ter estado mais ao lado deles enquanto cresciam, mas só me sinto mal porque eu não queria estar lá. Eles se viraram bem. Com ou sem mim. — Ela olha pela janela enquanto fala. — Eles não eram o centro da minha vida — confessa ela. — Ouvi meus amigos falando quase exclusivamente sobre os filhos por décadas. Eu concordava, porque senão acho que iria parecer um monstro.

Dora está buscando uma maior compreensão de seu tempo na terra. Ela tem interesses que não foram explorados, curiosidades que não foram satisfeitas, potencial que não foi desenvolvido. Ela explica que, além de seu trabalho, deixou de lado muito do que queria por causa dos filhos. Agora, no fim da vida, lamenta que isso tenha acontecido.

Enquanto conversamos, percebo algo acontecendo com Dora. Ela está sentada mais ereta e, mesmo fraca por causa da doença, está cada vez mais animada. Quase posso ver o peso de cada expectativa da sociedade deixando seu corpo cansado, uma por uma. Em seu coração, ela não tem vergonha de como escolheu passar seu tempo. Foi levada a se sentir assim por uma sociedade que não compartilhava de suas prioridades. Fico feliz por Dora estar desabafando antes de morrer. É mais uma prova de que as pessoas ficam muito mais honestas quando sabem que não há mais nada a perder.

Meu tempo com Dora apresentou uma dimensão adicional ao trabalho com a morte que as doulas costumam fazer. Às vezes, a papelada, os planos e os documentos já estão resolvidos e não há omissões flagrantes. Outras vezes, o cliente precisa de algo menos concreto e que é difícil para ele descrever, embora exista um desejo por aquilo. Talvez Dora não soubesse exatamente que "algo mais" ela procurava quando me contratou, mas ela sentia que estava ignorando... alguma coisa. No fim, ela queria ter clareza sobre o propósito de sua vida.

No entanto, se Dora tivesse me dito isso no início, eu não saberia se poderia auxiliá-la. Não tenho a presunção de achar que posso ajudar as pessoas a descobrirem seu propósito. Para alguns, o que vale é ter um propósito. Para outros, a experiência de estar vivo já traz significado suficiente. E, na sua origem, essa é uma questão sem resposta para quem está do lado de fora. A morte pode criar o contexto para encontrarmos significado em nossa vida, mas temos que descobrir por nós mesmos, com base nos nossos valores, na nossa curiosidade e no nosso contentamento.

Por meio da nossa conversa, Dora compreende o propósito de sua vida: seguir sua própria alegria. Ela tinha feito pessoas legais e lhes mostrado como era para uma mãe ter uma vida não definida pelos filhos, apesar do que a sociedade dizia. Ela não tinha a intenção de que os filhos *lhe* trouxessem algo e não tirou muito proveito da maternidade. Queria que eles fossem independentes. Ela os amava, mas eles não a preencheram ou "completaram" — e tudo bem. Essa percepção traz paz para Dora. E isso é tudo o que importa.

Dora morreu alguns meses depois de começarmos a trabalhar juntas. Seus últimos meses foram vividos aproveitando as pequenas coisas que lhe traziam pura gratificação. Com as papilas gustativas praticamente destruídas por anos de quimioterapia, ela dependia muito do olfato para ter prazer com a comida. Ela comia. Muito. O quanto conseguisse aguentar, considerando que estava doente e morrendo. Sobretudo fast food, que ela evitara por anos fazendo dieta, mas também suflê de maracujá e torta de limão.

Dora orientou uma executiva júnior de publicidade que era estagiária quando ela ainda trabalhava, ajudando a jovem mãe a conciliar casa e carreira. Dora começou a ler sobre cogumelos e ficou maravilhada com a rede de fungos sobre a qual nosso mundo natural sobrevive e se desenvolve.

E passou tempo com os filhos, os quais adoravam a mãe moribunda e que tinha trabalhado duro a maior parte da vida para lhes dar oportunidades. Dora morreu conhecendo o propósito de sua vida.

Muitos de nós chegamos ao fim da vida desejando saber a razão específica pela qual existimos: nosso porquê, nosso "projeto de herói", conforme explicado por Ernest Becker em seu livro *A negação da morte*, ou o momento "arrá!", da Oprah. "Os dois dias mais importantes da sua vida são o dia em que você nasce e o dia em que você descobre o porquê", disse certa vez Mark Twain, e desde então um sem-número de formandos do ensino médio nos Estados Unidos citou essa frase nas páginas de seu anuário escolar. No entanto, quantos de nós vivemos distantes, muito distantes, das palavras de Twain, simplesmente esperando que o propósito nos dê um tapa na cara?

Eu era assim. Procurei tanto meu propósito que praticamente achei que ele estaria embrulhado para presente em uma linda caixa. Me convenci de que o encontraria por aí, em algum lugar, como em uma caça ao tesouro. Confundi propósito com meu trabalho (olá, capitalismo), procurei-o em Kip e sabia que não queria que viesse da minha vagina. Em tempo, passei a acreditar que minha vida não tem um propósito *único*. Talvez a sua também não. A própria busca pelo propósito — a idealização de um futuro glamorizado em que, de repente, tudo faz sentido — pode ser enganosa. No meu caso, eu estava tão ocupada procurando o meu propósito que não conseguia vê-lo.

Sim, agora que sou doula da morte, tenho um trabalho que me traz uma plenitude muito além do que eu poderia ter imaginado. Sou grata por isso todos os dias. Mas nem de longe tão grata quanto pela mera oportunidade de ser totalmente humana por um momento. De sentir frio e tristeza, experimentar o deslumbramento e perceber o gosto do açúcar na língua, observar como um globo espelhado brilha ao sol. Isso é importante. Porque, enquanto estamos obcecados tentando dar sentido e propósito à vida, podemos perder a experiência de estar aqui. Temos que encontrar uma razão boa o suficiente para dar contexto a uma vida de acordar, trabalhar, comer e fazer cocô por uns oitenta e poucos anos. Se isso lhe traz alegria, dê sentido ao mundano. É importante seguir a sua curiosidade e a sua felicidade onde você as encontrar. Pode ser em qualquer lugar.

E se um dos seus propósitos de vida for se deliciar com uma saborosa calda feita com lavanda e amoras do seu jardim? Ou finalmente aprender a fazer arte em macramê? E se a sua alegria na vida for ouvir Sisqó cantar alto a mudança de tom em "Thong Song" ou escutar Juvenile anunciando *Cash Money Records taking over for the '99 and the 2000* pouco antes de entrar a batida em "Back that Azz Up"? E se o que lhe dá propósito for deleitar-se com os mistérios da vida e a simplicidade e a perfeição da natureza? Será que essas coisas seriam suficientes?

A maioria de nós sabe o que nos toca. Conseguimos identificar atividades, ou parte delas, que nos trazem encantamento e uma sensação de fluidez e tranquilidade. E, conforme nos deparamos com coisas novas, conhecemos o instinto inegável que diz: "Vá atrás" — de uma pessoa, uma ideia, um lugar ou um sentimento. No entanto, muitos de nós esperamos para dar o passo nessa direção, procrastinando a vida inteira. Esperamos até amanhã, mas o amanhã não está garantido para ninguém. As consequências por esperar podem ser irreversíveis.

12

SAINDO DO CÍRCULO VICIOSO

No BURNING MAN, eu me lembrara do que me tocava, como era estar presente em minha vida. E eu não estava mais interessada em ficar esperando por isso. Liguei para minha terapeuta, para uma sessão de emergência, e, entre lágrimas, expliquei que tinham me pedido para voltar para o Calabouço.

— Eu não posso voltar. Eu vou morrer. Não posso. Vou morrer — repeti, soluçando. Fiquei prostrada no chão frio do banheiro, esfregando o dedo no rejunte até ficar em carne viva. Sabia que aquelas palavras eram verdade.

No dia seguinte, entrei de licença médica do trabalho, pelo período de noventa dias, por depressão clínica.

Agarrei a oportunidade com um enorme alívio, misturado com vergonha. É um luxo poder sair do círculo vicioso do trabalho, mas essa situação vem acompanhada de um pesado estigma profissional. Advogados não fazem pausas. Com certeza não por motivos de saúde mental. Não conheço um único advogado que tenha tirado licença ou deixado a profissão por causa da saúde mental — embora muitos dos que conheci precisassem.

Na época, achei noventa dias tempo demais; só precisava de uma pausa para clarear as ideias, recuperar a perpecitva, mas preferia o rótulo de deprimida, não de morta. Essa é a dualidade da depressão. Ele me dizia que eu tinha duas opções: "deprimida" ou "morta". Não havia espaço para "esperançosa". A depressão sufoca a esperança.

Segundo as fofocas do escritório, eu estava grávida, mentindo ou de licença para cuidar de um familiar, e colegas que se tornaram amigos na defensoria pública me ligavam, tentando entender. Parecia que ninguém conseguia acreditar que minha saúde mental havia se deteriorado ao ponto da incapacidade. Sendo franca, nem eu. Não havia como eles saberem. Eu disfarçava tão bem a doença com sorrisos e desviando a atenção que até mesmo minha família e meus amigos não foram capazes de me ajudar.

Minha depressão tornou-se o meu segredinho, que não escondi direito daqueles que me conheciam melhor. Meus familiares tentavam entrar, e eu os mantinha do lado de fora. Eu temia que meus pais pensassem que tinham feito algo errado ou que não haviam me dado tudo de que eu precisava. Éramos muitas crianças, e não havia muito dinheiro nem tempo. Eu nunca quis ser um incômodo. Talvez fosse a síndrome do filho do meio, um título que divido com Ahoba, a terceira de nós quatro, alguma versão de: "Estou bem, não se preocupe comigo. Não tenho necessidades, não tenho desejos. Não se esqueça de mim, mas também não fique em cima".

Sempre que minha mãe me perguntava como eu estava, dizia que estava bem. "Só bem?", ela retrucava. Sabia que havia algo errado. Conseguia ouvir a súplica em sua voz para que eu compartilhasse mais, mas também ouvia seu desejo natural de mãe de que eu estivesse bem ou, melhor ainda, ótima. Eu falava correndo com ela ao telefone para evitar chorar, porque sabia que ela ficava com o coração partido. Meu pai queria que tivéssemos sucesso. Minha mãe só queria que fôssemos felizes. Eu estava magoando os dois.

A culpa era só minha, eu pensava. "Tinha feito aquilo comigo mesma." Meus pais tinham dado tudo a mim e às minhas irmãs — não apenas a vida, mas uma *boa* vida. Segurança, amor, reconhecimento, encontros privados com minha mãe quando menstruamos, viagens para a Disney com meu pai dirigindo. Eles trabalharam duro para que tivéssemos o que precisávamos, mesmo que para isso tivéssemos de usar roupas de segunda mão. Por que, então, tudo isso não tinha sido suficiente? Será que as mulheres da minha idade que viviam em Gana tinham o luxo de se sentirem entediadas ou deprimidas?

Como acontece nas famílias grandes, a fofoca se espalhou. Sabia que estavam falando de mim, porque uma irmã tinha informações que eu só havia contado para outra. Dava para sentir o peso da preocupação na voz das minhas irmãs quando conversávamos, e elas direcionavam a conversa de volta para mim quando eu tentava desviar. Aba era a única que morava perto. Acho que combinaram que ela seria a emissária. Ela dizia que estava vindo me ver, e eu respondia que não estava em casa, mesmo fazendo dias que não levantava do sofá. Eu chegava ao ponto de estacionar meu carro em outra rua, caso ela aparecesse. Uma vez, a vi olhando por cima do portão enquanto eu espiava pela persiana quebrada. Eu era orgulhosa demais para admitir que estava ferida e constrangida por elas saberem da minha situação, mas ninguém tinha ideia de como as coisas estavam ruins. Eu me recolhi completamente, mantendo-as informadas apenas de meus planos e chegadas seguras, nada muito além disso.

Claro que não contei nada sobre Pascha. Alguns dias depois, encontrei o homem nu do Burning Man por quem tinha me encantado e do qual me perdera em uma tempestade de areia. Ele tinha publicado um anúncio de "procura-se" no site Craigslist, e um amigo meu viu: "Oi, seu nome começa com A, você é de Gana. Sou de Kentucky e meu nome começa com P. Preciso de você em minha vida, espero que leia esta mensagem e entre em contato comigo. Tentei encontrar seu acampamento, mas tenho a sensação de que você saiu durante a tempestade. Adorei te conhecer e quero muito você, tchau por enquanto". Ah! Uma boa distração à moda antiga. E bem na hora em que eu estava para fazer um exame de consciência bastante inconveniente! Agarrei a chance com unhas e dentes.

Duas semanas depois de entrar de licença, fui para Portland, com uma passagem só de ida para visitar Pascha em seu aniversário. Ele comprou a passagem; eu era seu presente de aniversário para si mesmo. Concluí que a depressão não escolhe lugar, então eu iria ficar deprimida em Portland. Pelo menos, eu e Pascha teríamos a oportunidade de nos conhecermos. Como sempre, eu esperava ser curada pelo amor, esperava que ele me salvasse de mim mesma. Esperava por um final completo à la Disney — a não ser pela nudez frontal completa.

No mundo real, nosso romance durou quatro dias. Caí da nuvem rosa do encantamento e aterrissei na terra poucos minutos depois de nosso reencontro, enquanto andávamos pelo mercadinho fazendo compras para minha estada. Finalmente me dei conta de que não conhecia aquele homem com quem estava hospedada em uma cidade estranha. Azeitonas pretas? Traumas de infância? Manteiga de amendoim cremosa ou crocante?

Antecedentes criminais? Conversamos trivialidades para dissimular o fato de que tudo o que eu realmente sabia sobre ele era a aparência de seu corpo nu coberto pela poeira do Burning Man. Nunca tínhamos transado. Ainda assim, tinha prontamente embarcado em um voo só de ida para encontrar um estranho em uma terra desconhecida. A luxúria é uma droga pesada.

Não era culpa de Pascha. Garoto negro dos cafundós de Kentucky, ele tinha morado por toda a Europa trabalhando como ciclista mensageiro, profissão para a qual tinha o corpo perfeito: esguio, musculoso, robusto. Falava fluentemente russo, alemão, flamengo e espanhol, todos com sotaque do interior, e estudara russo na faculdade. E tocava violoncelo. Eu estava praticamente feita.

Entretanto, ele tinha 24 anos — eu costumava sair com homens mais jovens, porém ele era jovem demais até para os meus padrões. E, como alguém que se mudou muitas vezes e não ficou em lugar nenhum tempo suficiente para fazer amigos, sua ambivalência em relação à minha estada com ele doía. Muito. Pascha mal conversou comigo enquanto estive lá, oprimido por minha presença, mas implorou para eu ficar quando sugeri que deveria ir embora. Eu não tinha paciência para a brincadeira quente ou frio que ele parecia estar jogando. Gosto de saber que um homem gosta de mim. Ele preferia caçar cogumelos sozinho na floresta a falar com gente. Seu apartamento era do tamanho de uma caixa de sapatos, só cabiam minhas joias e seu violoncelo. Diabos, eu trouxera mais coisas para Portland naquela viagem do que provavelmente ele possuíra na vida. Não conseguiria me adaptar à sua vida. Afinal, eu não estava adaptada à minha.

Quatro dias depois da minha chegada, fui para um hotel próximo e chorei por mais alguns dias, esperando que as lágrimas fossem apenas frustração sexual comum (*ainda* não tínhamos transado, não houve alinhamento de corações). Pascha deveria ser outra distração, mas as distrações não funcionavam mais. Minha depressão estava se aprofundando. E, pela primeira vez, eu não conseguia anestesiá-la com bebida, viagens, compras ou sexo.

Achando que ficaria em Portland por um tempo, subloquei meu apartamento em Los Angeles. Dessa forma, eu estava livre para ir aonde quisesse até que minha licença médica terminasse. Mas para onde? Eu havia trazido roupa suficiente para flexibilizar meu guarda-roupa limitado: um par caro de sapatos Camper, de Maiorca, e um vestido elegante, caso surgisse algum evento que me permitisse mostrar minha beleza. Depois de anos viajando só com uma mochila, eu sabia o que era minimalismo, mas não gostava. Trouxera também três livros, um diário e um grande cristal de quartzo-rosa, que eu agarrava quando me sentia cair na escuridão novamente. Ia comigo para todos os lugares.

Sem saber para onde ir a seguir, procurei uma curadora energética, que me aconselhou a não voltar para casa. "Continue", disse ela, durante uma sessão de reiki. No entanto, eu estava no fim do meu caminho. Não sabia quem era nem o que queria. Eu não sentia nada; a depressão tinha entorpecido meus sentidos. Eu não sentia a mim mesma.

Depois da sessão, quando eu voltava para o hotel, começou a chover. Uma garoa no início transformou-se rapidamente em uma tempestade. Eu não havia trazido capa de chuva e não tinha nada para cobrir a cabeça. Eu não estava longe, ou pelo menos assim achava, então caminhei depressa na chuva, mas a calçada acabou. Com cuidado, fui pela beira da autoestrada torcendo para que um carro não me molhasse nem me atingisse e que o hotel aparecesse logo, como a Cidade das Esmeraldas em O *Mágico de Oz*. O álbum *Soldier of Love*, de Sade, tinha acabado de sair, então caminhei com firmeza pelas ruas, na chuva, ouvindo a música-título sem parar: *"I've lost the use of my heart. But I'm still alive"* [Meu coração perdeu a utilidade. Mas ainda estou viva.].

Apostei no amor e perdi. Apostei em uma carreira e perdi. Apostei na alegria e perdi. Apostei na droga de uma tarde seca e fiquei encharcada, perdida e a pé na autoestrada em Portland, sem ter para onde ir. Até os céus se abriram para deixar as nuvens sofrerem ao meu lado. Mais uma vez desesperada, chuva e lágrimas se misturaram, escorrendo pelo meu queixo, com Sade no meu ouvido me lembrando de que eu era um soldado. Ela nunca mentira para mim, mas aquilo era um exagero. Eu era um fracasso.

Depois de algumas voltas erradas, o caminho para o hotel ficou claro novamente. Quando cheguei, me enxuguei, me aqueci, tomei duas doses de uísque e pensei nas minhas opções. Minha mãe andava me implorando para visitá-la, mas eu não queria que ela me visse naquele estado. Eu estava convencida de que isso iria matá-la. O mesmo se aplicava a minhas irmãs.

Era minha autonegação falando. Minha família, como sempre, só queria o melhor para mim. Contudo, minha motivação interna de deixá-los orgulhosos me distanciou deles. Eu deveria conquistar algo, cumprir o sonho dos pais imigrantes de ver os filhos ascenderem na pirâmide social, me distinguir em tudo o que fizesse. Eles sentiam *muito orgulho* por eu ser advogada. Quando me formei em direito, deram uma festa e convidaram outros ganenses do Colorado para compartilharem do nosso sucesso. Afinal, agora *todos* eles tinham uma advogada, não apenas meus pais. Minha realização era para a comunidade. Como eu poderia olhar todos nos olhos e contar a verdade, que eu odiava a advocacia, e que a vida de advogada estava me matando aos poucos?

Em vez disso, andei de um lado para outro e retornei uma ligação de minha amiga Kristin, que estava curiosa para saber como andava minha vida amorosa. Não admiti que acabara de ficar perdida, molhada e soluçando, mas sinalizei que estava livre para viajar. Tentei fazer parecer que eu estava tranquilamente na estrada, e não faminta por um rumo. Ela me convidou para ir à sua casa no Colorado. Aceitei com entusiasmo. Outra aventura; outra distração. Eu lidaria comigo mesma em algum momento. Apenas não naquele dia. Não estava pronta.

A depressão é mentirosa. Ela lhe diz que não há esperança. Que amanhã será exatamente igual. Que você é um fardo. Que é contagiosa. Que ninguém se importa com você, que a culpa é sua. Que, como você não foi forte o bastante para evitá-la, não é forte o bastante para ficar bem de novo — isso se você soubesse o que é "bem" e o merecesse.

Porém, acima de tudo, a depressão lhe diz que ninguém consegue entender você e que ninguém pode ajudá-lo. Nem mesmo — ou especialmente — aqueles mais próximos a você, que mais o amam.

Quando me liga, Martha não está pronta para falar. Atendo o telefone enquanto limpo meu apartamento, numa tarde de terça-feira, e deixo cair o esfregão quando ouço os gritos do outro lado da linha. Sento no chão. Não esperava esse tipo de ligação, mas as doulas da morte, em geral, estão prontas para lidar com emoções difíceis sem aviso-prévio. Entre soluços estrangulados, ela me conta que seu filho Sean acaba de ser encontrado morto no chão do quarto pelo colega com quem morava, aparentemente com um ferimento na cabeça autoinfligido por arma de fogo.

Ele tinha 31 anos.

Como esperado, Martha não consegue entender o que ouviu ou o que essa realidade significa. Sean era seu único filho. Ele havia se mudado para Utah alguns anos antes, para ficar mais perto dos esportes ao ar livre e de um ritmo de vida mais lento do que em Los Angeles.

— Me desculpa. Achei que eu estivesse melhor — diz ela, engolindo em seco a cada frase. Parece que ela está tentando engolir bolas de gude. Faz apenas algumas horas que o colega de Sean ligou. O corpo do filho pode ainda estar no apartamento, aguardando o órgão responsável removê-lo dali. Lembro a Martha que a morte de Sean é muito recente e ela ainda não teve tempo de assimilar a informação: seu filho está morto e provavelmente morreu pelas próprias mãos. Como alguém poderia entender uma notícia dessas, mesmo décadas após o ocorrido, quanto mais horas? É um milagre que ela não esteja letárgica, sentada e olhando para o nada. Em vez disso, Martha ligou para pedir ajuda.

Algumas pessoas ficam arrasadas com a notícia da morte, outras entram em ação. Nenhum tipo é melhor do que o outro. Contudo, Martha claramente pertence ao segundo grupo. Assim que recebeu a notícia do colega de Sean, ela de imediato entrou em contato com o pai do filho, de quem se divorciara décadas atrás, e com os irmãos dela. Um deles sugeriu que ela procurasse ajuda, e pesquisando no Google Martha me encontrou. Sou sua quinta ligação.

É provável que a doula da morte não seja a pessoa mais lembrada após uma morte súbita, pois a maior parte do nosso trabalho é feita com pessoas cientes de que seu fim está próximo. Como trabalhamos com pessoas que estão morrendo e sua comunidade, nossos serviços são úteis para todos os afetados por uma morte, mesmo que seja repentina. No mínimo, podemos dar apoio ao longo da jornada sem produzir juízos de valor. Depois de respirarmos fundo juntas algumas vezes, Martha está pronta para entrar em ação.

— Certo, então o que eu preciso fazer agora? — pergunta ela.

— Você não quer tirar um dia ou dois para digerir essa notícia antes de tentar fazer qualquer coisa? — sugiro.

— Não. Não quero.

Eu a ouço em alto e bom tom. Aprecio uma mulher que se conhece, apesar de minha opinião sobre o que é melhor. Pergunto se ela quer ir para Utah ou ficar em Los Angeles. Compreensivelmente, Martha quer estar com o filho, identificar o corpo e ficar entre as coisas de Sean. Sua voz muda quando ela fala sobre ver a arte dele. E ela fala rápido e com raiva da arma, cuja existência desconhecia.

Pergunto como ela deseja proceder. O tipo de trabalho que faremos juntas depois dessa ligação depende do quanto Martha quer executar por conta própria, uma vez que o encerramento dos assuntos do filho pode ser realizado com envolvimento mínimo da parte dela. Também posso orientá-la por telefone, criando um cronograma de consultas para tirar suas dúvidas, ou colocá-la em contato com um profissional formado pelo programa de treinamento de doulas da Going with Grace que está em Utah e pode resolver as coisas presencialmente.

— Eu preciso resolver tudo. Não posso simplesmente ficar aqui parada. Só preciso de alguém que me diga o que fazer e em quem me apoiar enquanto tomo as providências. Tudo bem? Você pode fazer isso? Você pode me ajudar? — Sua voz fica aguda, tensa e alta, em tom suplicante.

— Darei o meu melhor. — "Costas fortes, fronte suave": esse é o lema da doula ensinado a mim por minha professora Olivia.

Desligo o telefone depois de definir um cronograma de consultas telefônicas para o mês seguinte. Quero esperar alguns dias para que Martha pense em nosso acordo, mas ela me garante que sua decisão não vai mudar. Podemos tomar decisões precipitadas depois de uma morte, e quero que Martha esteja o mais lúcida possível antes de assinar um contrato. Tento lembrar isso aos meus clientes, pois muitas vezes eles tomam decisões rápidas e caras com a funerária logo após uma morte. Não há pressa. Deixe a situação esfriar um pouco. Os serviços estarão lá, e a dor também.

Nas semanas seguintes à morte de Sean, Martha aluga um lugar bem perto do apartamento do filho, para ficar por um mês em Salt Lake City, encontra uma funerária para reconstruir o rosto dele, a fim de que ela possa ver o corpo, e organiza o funeral. Ela entra em contato com a polícia para garantir que a arma usada por Sean para acabar com sua vida seja apreendida e destruída. Antes de sua chegada, contrata uma empresa que vai arrancar todo o carpete para que ela não veja nenhuma mancha de sangue no chão. Também encaixota roupas e livros, envia a correspondência dele, vende o equipamento de escalada e a mountain bike e emoldura os desenhos do filho para guardar. O colega que dividia o apartamento ajuda dizendo com quais pertences de Sean ele gostaria de ficar. Ela doa o resto. O luto energiza algumas pessoas. Aniquila muitas outras. Em relação à lista de "assuntos a encerrar", Martha consegue avançar com certa tranquilidade. Emocionalmente, no entanto, ela enfrenta águas agitadas.

— Não consigo parar de pensar se eu poderia ter impedido isso. É normal? — pergunta ela, espontaneamente, enquanto conversamos sobre o encerramento dos perfis das redes sociais dele. Martha conseguiu entrar usando a senha do celular de Sean, que ela achou no computador desbloqueado dele. É uma pequena vitória. Martha descobre uma série de mensagens trocadas com uma mulher aludindo a um rompimento recente. Ela não sabia que Sean estava saindo com alguém. Conforme esperado, tenta fazer seu cérebro entender como o filho fez uma escolha tão drástica. Não há pistas a encontrar nem respostas que possam ser obtidas. Todas as respostas morreram com Sean.

Um pouco melancólico, Sean era um garoto muito querido pelos amigos até entrar no ensino médio. Ali, ele sofreu bullying impiedoso dos colegas por ser alto e magricela, ter acne e adorar terra, pedras e animais de fazenda. Antes um aluno dedicado, ele viu suas notas despencarem. Parou de falar com Martha, passando fins de semana inteiros dormindo e resmungando quando queria comunicar suas vontades. Não comia nada que ela preparava e começou a beber água direto da torneira. Ela imaginou que o corpo do filho estivesse se afogando em hormônios adolescentes ou que estivesse deprimido. Em alguns casos, não dá para distinguir. Martha decidiu esperar até que passasse.

Até onde Martha sabia, ele havia "superado aquilo". Sean fez alguns anos de faculdade comunitária e descobriu sua paixão por anime e escalada. Sem conseguir ganhar a vida como artista visual, ele trabalhava na cozinha de restaurantes para pagar as contas e poder continuar desenhando e escalando quando as condições meteorológicas permitiam. Tinha perdido o emprego havia pouco tempo. Mas disse à mãe que estava tudo bem, e, de longe, tudo o que ela podia fazer era confiar em sua palavra. Senti uma pontada, lembrando da voz preocupada da minha mãe ao telefone, repetindo impotente: "Só bem?". Mesmo se Martha estivesse lá, Sean provavelmente teria conseguido ocultar a gravidade de sua doença. É uma habilidade comum aos que enfrentam transtornos mentais.

Uma noite, tomando umas cervejas, o colega que morava com Sean diz a Martha que, depois de seu filho perder o emprego, ele passava a maior parte dos dias no sofá jogando videogame e que esses jogos serviam de inspiração para sua arte. Ele ia para seu quarto à noite, dormia até o fim da tarde e começava a jogar de novo até as primeiras horas da manhã. Ele parou de sair com os companheiros de escalada, e pratos se empilhavam em seu quarto. O colega estava começando a se cansar da sujeira, mas pegou leve com Sean, porque dava para ver que estava "acontecendo alguma coisa" com ele.

— Mas como eu podia saber que ele ia se matar? — lança ela para mim, exasperada.

— Exatamente. Você não podia saber. — Como alguém poderia?

Devido a um conjunto específico de circunstâncias, ao isolamento e à falta de apoio à saúde mental, acredito que muitas pessoas seriam capazes de fazer o mesmo. Incluindo aquelas que não parecem. Eu inclusive. Todos fingimos estar imunes a esse nível de desespero e desesperança. Não estamos. Apenas um telefonema, um diagnóstico, um desequilíbrio químico, uma falência, um acidente nos separam de uma incapacidade física ou mental que pode nos fazer não querer mais viver.

Não há muito de concreto que eu possa oferecer a Martha. Ela sabe, em sua razão, que não havia como ela ter impedido Sean, mas seu coração de mãe acredita que deveria ter pelo menos sabido do sofrimento do filho. Ela também se sente culpada por estar com raiva de Sean ter escolhido o suicídio. Tudo o que posso fazer é ouvir, validar suas lutas, oferecer recursos e testemunhar sua dor e perplexidade.

Em seus momentos mais reflexivos, Martha compartilha sua vergonha. O som de bolas de gude em sua garganta retorna. Ela sente vergonha por seu filho ter morrido desse jeito e está preocupada com o estigma. "Qual deve ser o tom do funeral?", "Devemos reconhecer o que aconteceu?", "Todos que vão estar lá já sabem", "Devemos mencionar o fato no obituário? Aí o mundo inteiro vai ficar sabendo".

É impossível para mim responder a perguntas como essas *por* Martha. Seus níveis de tolerância em relação à saúde mental diferem dos meus, então é importante que ela observe suas necessidades. Eu a encorajo a pensar em si mesma e em Sean ao tomar suas decisões, pois o ritual fúnebre é, com frequência, tanto para os vivos como para honrar a vida da pessoa que morreu. O que seria melhor para ela? E o que causaria sofrimento? Sob que circunstâncias Martha aceitaria que as pessoas soubessem a causa da morte dele? E por quê? Ou por que não?

Fico triste por sentirmos necessidade de esconder uma decisão como o suicídio. Lembro a Martha que a morte de Sean, mesmo tendo sido pelas próprias mãos, ainda é uma morte digna do luto, da dor e da reverência que dispensamos a outras mortes. Se ele tivesse uma doença sem tratamento que progredisse até matá-lo, não haveria vergonha. Somos rápidos em dizer que alguém morto após uma doença penosa está "livre do sofrimento e da dor", mas não oferecemos os mesmos chavões após uma morte por suicídio, ainda que seja verdade. Sean tinha uma doença da mente, que, no auge da depressão, raramente parece uma doença. Parece a verdade. Uma depressão grave foi o que matou Sean. A maioria dos suicídios é resultado de uma doença. Não falamos sobre isso como tal.

Nem tudo no trabalho de uma doula da morte é um mar de rosas. Trabalhar com a morte inclui mortes difíceis, sombrias, aterrorizantes e dolorosas. Bebês morrem, há homicídios sangrentos, overdoses, acidentes evitáveis, circunstâncias devastadoras. Pessoas morrem por diversos motivos, não apenas de doença, quando temos a chance de nos despedirmos e encará-la como um processo natural do corpo. Todas as mortes demandam atenção, pesar, suavidade e misericórdia. E todas são sagradas, merecedoras de honra e santidade.

Até pouco tempo atrás, no caso de morte por suicídio, dizia-se em linguagem comum que a pessoa "cometeu" suicídio, porque era considerado um ato criminoso em muitas partes do mundo, o que ainda acontece em Gana. Obviamente não é passível de punição, pois, quando é bem-sucedido, não há quem processar. O suicídio não é mais considerado crime nos Estados Unidos, pelo menos no sentido legal — embora alguns estados ainda tenham leis de "tentativa de suicídio" em vigor —, mas a mancha permanece. "Morte por suicídio" reflete com mais precisão que essa é apenas outra maneira de as pessoas morrerem. Assim como morte por câncer, morte por afogamento ou pelo ataque de um touro furioso, não é um crime. É uma saída para uma vida dolorosa.

Do ponto de vista social, internalizamos algumas das mentiras da depressão: que a tristeza é errada, ruim, não tem valor. Que tem de ser "curada". Celebramos o bem-estar e não deixamos espaço para o sofrimento, a devastação, o pesar ou qualquer outra coisa que não seja "Estou bem", quando, na realidade, a vida é complicada, dolorosa e difícil. Seres humanos sentem toda uma gama de emoções, mas só louvamos metade delas, escondendo lá no fundo nossas emoções negativas por medo do julgamento. Ali, elas estão seguras para infeccionar e crescer, o que, por sua vez, nos leva a escondê-las ainda mais.

O tempo todo, as pessoas dizem "Você não está só", mas a solidão da depressão é profunda, abrangente, ensurdecedora: muito mais alta do que as vozes de fora. Paradoxalmente, *todos* nos sentimos sós em nossos piores momentos. E então não paramos de nos esconder. Nós nos escondemos até não aguentarmos mais as vozes lá dentro. Até nos tornarmos zumbis. Até chegarmos ao fundo do poço. Até que alguém veja como estamos feridos. Até que deixemos esse alguém nos ajudar. Ou não. E então morremos.

13

Legados conturbados

O QUE TENTAMOS ESCONDER em vida revela-se na morte: conflitos não resolvidos, arrependimentos antigos, segredos obscuros. Não importa o quanto fugimos desses demônios, eles dão um jeito de voltar para nos assombrar em nosso leito de morte. Se morrermos com assuntos inacabados, deixaremos um fardo para os entes queridos que ficam. Feridas criadas por quem está morrendo não são apagadas por sua morte. Às vezes, elas ficam mais profundas. O anseio de fugir de nossos segredos apenas demonstra o poder que eles têm sobre nós.

E se começássemos a dizer o que é assustador, reconhecer o que é desprezível, enfrentar o que é desafiador? É uma tarefa intimidadora para ser feita no leito de morte, então por que não aproveitar para fazer isso em vida? Aceitar nossa mortalidade passa, em grande parte, por nos reconciliarmos com quem nos relacionamos. Ao se imaginar em seu leito de morte, quem você vê ao seu redor? Quem escolheu estar lá? Quem escolheu *não* estar lá e por quê? É importante reconhecer os relacionamentos difíceis que temos e as emoções complicadas que trazem. Reconhecer para nós mesmos o ressentimento, a raiva, a perfídia e a rejeição que carregamos é um ótimo começo. E é ainda mais útil se pudermos abordar esses sentimentos com quem os causou ou os recebeu. Às vezes, é tarde demais. Perto do fim da vida, observei que as pessoas ficam preocupadas com três questões principais:

Quem amei?
Como amei?
Fui amado?

As respostas são tão variadas quanto a própria vida de cada indivíduo. Mas elas apontam para a verdade. A partir do momento em que somos reconhecidos como seres humanos — seja na concepção, no ventre ou no nascimento —, começamos a deixar um legado. Deixamos um legado com cada palavra, cada sorriso, cada ação e cada inação. Não é opcional. Nosso legado pode ser grande ou pequeno. O importante é que todos tocaremos alguém. Como faremos isso, depende de nós.

Quando morrermos, esse legado será revelado. Os resultados nem sempre são positivos.

Alguns anos atrás, li um obituário que me deixou sem fôlego. Os filhos de uma mulher que havia morrido acabavam completamente com a reputação da mãe, para o mundo inteiro ler. Ela os atormentara a infância inteira e continuou a maltratá-los quando adultos, expondo sua maldade, violência, atividade criminosa, vulgaridade e "ódio pelo espírito humano gentil ou bondoso" a todas as pessoas que ela conhecia. Numa parte, escreveram: "Celebramos sua morte nesta terra e esperamos que ela passe à outra vida revivendo cada gesto de violência, crueldade e vergonha que impôs aos filhos". Eu nunca tinha lido nada tão mordaz ou permeado de um sofrimento tão profundo.

O obituário apareceu impresso e on-line por pouco tempo, antes de ser removido. Nunca saberei por que ele foi retirado de circulação, mas me pergunto se tê-lo publicado, mesmo que por alguns momentos, deu aos filhos daquela mulher uma sensação de conclusão e paz, assinalando o fim de seu pesadelo. Também pode ter sido retirado devido à natureza cáustica dos sentimentos deles, que expõe um tabu social: não se fala mal dos mortos. Aprendemos que, se não temos nada de bom para dizer, devemos ficar calados. Isso suprime a própria necessidade muito humana de viver o luto de relacionamentos difíceis.

Embora certamente eu já tenha visto alguns casos em meu trabalho como doula da morte, é raro alguém que fez mal a outra pessoa aceitar a morte sem tentar fazer algum tipo de reparação. Infelizmente, às vezes, é tarde demais.

Também já tive clientes que me confessaram aos prantos que não sabiam o que fazer com seus sentimentos em relação a um familiar com quem estavam zangados e que estava quase morrendo, mesmo que houvesse uma tentativa de reconciliação. Eles queriam saber: como vivemos o luto quando alguém com um legado conturbado deixa esta terra?

Quando me liga pela primeira vez, Janet está descontraída, é profissional e vai direto ao ponto. Fica claro que ela quer tratar de algumas questões, e me surpreendo quando percebo a gravidade do assunto. Depois de ser encaminhado para os cuidados paliativos por estar morrendo, James, seu pai, lhe revelou que tem mais cinco filhos, dos quais ela nunca tomara conhecimento. Filha única de pais casados, Janet, de 42 anos, está frustrada, magoada e zangada. E agora James quer que ela atue em conjunto com os irmãos recém-revelados para resolver as necessidades dele no fim da vida.

Minha reação pode ser resumida em uma palavra: "*Ah!*". Nunca fui chamada para auxiliar uma dinâmica familiar tão densa, e esse caso parece estar *muito* fora do escopo do meu trabalho, sendo mais uma função para um mediador ou terapeuta familiar do que para uma doula da morte. Sempre há disputas familiares no fim da vida, mas até aquele momento nunca tinha lidado com irmãos recém-descobertos, amantes secretas, famílias escondidas.

Todos os irmãos estão cientes de que a vida do pai terminará em breve. Janet me diz que James quer paz — dentro de si, pelos segredos guardados até ali, e entre os filhos. Ironicamente, sua necessidade de paz tumultuou a vida de Janet. Ela presumiu que seria a responsável pelas decisões no fim da vida dele, que administraria suas finanças e planejaria o enterro e os demais serviços. Mas agora ela tem que atuar junto com cinco estranhos pelos quais já nutre certa animosidade; eles não têm culpa. Janet também está grata por não ter precisado discutir nada disso com a mãe, que morreu nove anos antes. Ela está irritada com o pai, que tentou explicar sua decisão, mas — compreensivelmente — nada do que ele diz é suficiente.

— Não sei como vou fazer isso, Alua. Meu pai está morrendo e agora tenho que arrumar a droga da bagunça que ele fez. — Até ali, em nossa conversa, Janet se mostrara tranquila e controlada em relação ao que estava enfrentando, mas a máscara cai.

Eu não tenho ideia do que dizer. "Aceite e valide", lembro a mim mesma. Tento me colocar no lugar de uma filha fazendo essa descoberta sobre o pai, e percebo que não consigo. Em vez de confiar na empatia, escolho a compaixão.

— Isso é completamente compreensível — consigo dizer. — É uma situação difícil.

— Preciso falar com eles, mas não sei como — continua Janet. — Eu não quero nada com eles, e neste momento também não quero nada com *ele*. Mas não tenho escolha. Não vou abandonar o meu pai no leito de morte. Como vamos resolver isso?
— Mesmo irritada e frustrada, ela ainda usa o *nós* para incluir todo mundo, e acho que também se refere a mim.

Essa situação está além das minhas capacidades. Eu me ofereço para ajudá-la a encontrar um mediador ou terapeuta familiar, mas Janet insiste que quer trabalhar comigo. Então ofereço as habilidades que possuo.

— Ajudaria se eu explicasse para vocês todos juntos as obrigações que surgem no fim da vida e os auxiliasse a decidir quais gostariam de assumir?

— Sim. — Ela faz uma pausa. — Acho que sim.

Organizamos uma chamada de vídeo entre irmãos a fim de que eles conheçam as diferentes obrigações para encerrar os assuntos de uma vida e definam a responsabilidade que cada um assumirá. Sem pensar direito, reservo apenas uma hora, num sábado à tarde, para essa tarefa de uma vida inteira.

A intenção do encontro é transmitir informação e fomentar a colaboração entre eles, e começamos com as apresentações. Alguns dos irmãos sabem da existência dos outros, e alguns já se conheceram, mas não são amigos. Pelas minhas contas, alguns nasceram quando outros ainda estavam no útero ou eram muito pequenos. Suas idades variam de quase cinquenta a trinta anos. Todos nasceram durante o casamento de James com a mãe de Janet. É, sem tirar nem pôr, uma bagunça do caramba.

Antes que todos tenham a oportunidade de falar, o clima fica tenso. Gente bufando de irritação e revirando os olhos. As Olimpíadas do Luto começaram. Esse evento ocorre quando alguém insiste que está sofrendo mais do que o outro devido às circunstâncias de uma morte. Em geral, suas falas começam com "pelo menos você…".

> Pelo menos você não o teve por perto tanto tempo quanto eu.
> Pelo menos você o teve não apenas nos aniversários e em alguns feriados.
> Pelo menos você sabia quem ele era.
> Pelo menos você não teve que descobrir que ele não era quem você pensava.
> Pelo menos você morou com ele.
> Pelo menos você não teve que vê-lo adoecer.
> Pelo menos você sabia que ele estava doente.

É um coral de ressentimento, com cada um cantando o refrão mais alto do que o outro. Da minha perspectiva externa, todos têm direito ao seu luto, seja ele como for. Todo mundo tem. Não há medalhista de ouro no luto. Para reorganizar o encontro e repor as energias, peço uma pausa. A chamada tinha começado apenas vinte minutos antes. A situação está desandando rápido.

Ligo imediatamente para Janet e ofereço o número de um mediador ao qual já recorri antes caso ela queira se livrar de tudo aquilo. Isso parece voyeurismo e é demais para mim, mas não posso deixá-los assim. Sua dor coletiva é maior do que aquela com que sei lidar, e temo estar piorando a situação. Janet discorda veementemente e quer que eu continue na conversa. Ela deseja saber como os outros se sentem em relação à morte do pai. Quer encarar o que seu pai não encarou durante a vida toda. Não quer carregar a morte dele sozinha. E acha que posso manter tudo sob controle. Trinta polichinelos depois, voltamos para a chamada com um plano.

Ao recomeçarmos, peço a cada irmão para se lembrar de que o outro está sofrendo e que temos um objetivo em comum. Passo a palavra para Janet, que agradece a presença deles e admite que assumiu um sentimento de superioridade por ser a única filha "legítima". As Olimpíadas do Luto ameaçam recomeçar quando o irmão mais velho intervém, reivindicando ter o relacionamento mais longo com o pai, mas Janet o desarma com um pedido de desculpas: uma total heroína. A tensão diminui. Eles ouvem a tristeza de Janet pela morte iminente, mas também seu alívio por finalmente ter alguém para assumir a responsabilidade do pai junto com ela. Somente os filhos sabem o peso da morte dos pais. Aos poucos, cada um deles compartilha sua dor por não ter uma relação com os outros e suas frustrações com o pai por não os ter apresentado antes. Eles encontraram um terreno comum. Após uma hora e vinte minutos de encontro, finalmente temos abertura para discutir o assunto pelo qual nos reunimos.

Todos concordam em honrar a decisão de James de morrer em casa. Como Janet teve longas conversas com ele sobre o tratamento médico e mora na mesma cidade, fica acertado que ela será sua procuradora para cuidados de saúde. Ela vai morar com ele e prestar assistência, recebendo apoio de um irmão que vive na cidade vizinha. Quando surge a conversa sobre o procurador para assuntos financeiros, todos se irritam até concordarem que o irmão contador deve constar nos formulários, ao passo que todas as decisões financeiras serão tomadas em conjunto. Não me ofereço para promover essas chamadas de vídeo, pois valorizo minha paz de espírito.

Depois de duas horas e meia, estamos finalmente fazendo progresso, com muitas tarefas pequenas ainda para serem divididas.

Perto do final da chamada, um irmão pergunta se sua mãe poderia ir ao funeral. Ela teve um relacionamento amoroso com James e quer se despedir. Janet ferve de raiva. Mal começou a aceitar que tem irmãos, não quer também ter de ficar cara a cara com essas mulheres que não são sua mãe. Após uma conversa tensa, eles concordam que as mães podem ir se quiserem, desde que todos permaneçam em paz. Isso é particularmente doloroso para Janet, pois sua mãe já não está viva. No entanto, também é um alívio que a mãe não tenha que sofrer ao ver a infidelidade do marido. Seria sofrimento em cima de sofrimento.

Quase quatro horas depois, entre muitas pausas para lanches e polichinelos, a despedida tem toda a suavidade de uma esponja de aço, mas pelo menos terminamos. Estou surpresa que todos tenham permanecido até o final.

Agora cada irmão tem seu luto individual pela frente, além das funções que atribuímos durante o encontro. Cada um deles também precisa começar a reconciliar os segredos que o pai guardou ao longo da vida com seu caminho individual rumo ao perdão. Ou não. A morte de alguém não exige que o perdoemos se isso não nos servir. Tudo o que importa é estarmos em paz com a escolha que fizermos.

Duas semanas depois, Janet me liga para avisar que o pai morreu na própria cama, cercado pelo amor e pelas risadas de quatro dos seis filhos. Eles não conseguiram resolver grande parte de sua papelada nem cuidar de todos os seus assuntos, mas começaram a estabelecer uma relação. Ela fica surpresa ao ver o andar do pai em um dos irmãos e concorda em orientar um sobrinho. Juntos, eles conseguiram acompanhar até a morte o homem que lhes deu a vida.

Quando alguém que nos magoou morre, é difícil e confuso saber como dominar o luto e a raiva, ou a mágoa e o alívio. Ou dar a si mesmo permissão para viver esses sentimentos em diferentes medidas. Nem todo mundo fica triste quando alguém morre. Alguns ficam aliviados. Nem toda perda é uma perda, e o luto nem sempre se parece com tristeza. Precisamos dar espaço para outras respostas à morte, não apenas tristeza e desespero, para honrar a exuberância da experiência humana.

Legados de dor e mágoa nem sempre se parecem. Por exemplo, meu cliente Jack, de 88 anos, era um racista feroz. Ele também era amado pela família, que me contratou.

Os filhos de Jack, Andrew e John, me ligam porque discordam quanto à necessidade de o pai precisar ou não de medicação adicional para dor. Suas esposas os encorajam a ouvir minha opinião.

Jack tem reclamado de dor para o filho John, que só deseja que ele fique confortável. No entanto, como o pai não apresenta nenhum sinal de dor, Andrew está receoso com uma potencial dependência em opiáceos. Ambos parecem de fato preocupados com o pai e se tratam com respeito, mas nenhum quer ceder. Ao fundo da ligação, consigo ouvir Jack se lamentando, frustrado.

Depois de verificar que Andrew e John estão cientes de que doulas da morte não administram medicação para dor por ser um tratamento médico e de que vou acatar o que os médicos sugerirem, sou contratada. Querem ajuda para entender os passos seguintes e desejam entrar em sintonia. Concordo em encontrá-los. Vestindo uma camisa azul-clara e calças cáqui, Andrew me cumprimenta calorosamente fora da cerca de arame da casa de Jack, com um olhar sem graça que logo me deixa em alerta.

— Eu realmente devia ter contado isso antes de você vir — diz ele. — É que meu pai é meio racista.

Olho para Andrew sem expressão e tento assimilar esse fato enorme e desgraçado que ele se esqueceu de mencionar. Ele sabe que sou negra. Poderia ter me poupado a viagem de uma hora e meia de carro, vindo de Los Angeles, e a ginástica emocional que terei que fazer para superar isso.

— *Meio* racista? — pergunto. — Um pouco racista já é um racista inteiro, na minha opinião. Eu não concordei com isso. — Meu tempo na terra é limitado e prefiro não gastar nem um *tiquinho* dele com gente para quem o simples fato de eu existir provoca ódio.

— Eu sei. Me desculpa. — Ele parece mesmo angustiado. — Nós não sabíamos mais o que fazer e não achamos que mais alguém pudesse nos ajudar. Além do mais, você só vai falar *conosco*, certo?

Aperto os lábios, respiro fundo e penso bem. Ele está certo ao dizer que estou aqui para auxiliar os filhos, e de toda forma estou ali. Estou fervendo de raiva, mas concordo em entrar *só* para falar com Andrew e John. Jack está dormindo na sala, então Andrew sugere que entremos pela porta dos fundos, uma reminiscência dos empregados domésticos de um tempo não muito distante nos Estados Unidos.

— De jeito nenhum. Não estamos em 1929. Vou entrar pela porta da frente. — Sou curta e grossa e já estou arrependida da minha decisão de ficar. Contorcendo-se, Andrew rapidamente reconhece seu erro e pede desculpas.

Mal me lembro da casa deles. Assim que entramos na sala, fuzilo com o olhar a cama onde o velho, que sei que odeia todo mundo que se parece comigo, está dormindo. Há uma percepção das doulas da morte como pessoas que carregam um buquê de lavanda e vestem renda, mas não sou assim. Sou mais lápis-lazúli e lamê. As pessoas pensam que somos anjos por causa do trabalho que fazemos, mas minhas irmãs e meus ex-namorados iriam rir na sua cara com a sugestão de que sou um anjo. Não se meta comigo, e eu não me meto com você. Direto e reto. Mandarei amor para o seu caminho, mas de longe. Ainda sou humana.

Na cozinha, sento à mesa perto da janela e tento não me irritar. Eles me oferecem chá, que recuso. Afinal, estou aqui para trabalhar e ir embora. Há uma toalha de mesa com estampa de limões e uma fruteira com frutas velhas no centro, repleta de papéis aleatórios, blocos de notas e frascos de comprimidos. Essa mesa poderia estar em qualquer casa onde houvesse alguém muito doente e morrendo: todo mundo cuidando dos afazeres, esquecendo-se de comer. John, vestido como o irmão gêmeo, mas com uma camisa branca, está feliz em me ver e oferece um pedido de desculpas igualmente vazio. Sabe que o que fizeram é condenável. Eles me convidaram para um espaço que é violento para mim e serve ao seu próprio bem, sem se preocuparem com o meu. Ou eles nunca ouviram falar de consentimento ou não se importam. Isso é a branquitude em sua forma mais oportunista.

Tento ir direto ao ponto para poder sair dali o mais rápido possível. Eles me dizem que o médico concorda em dar medicação adicional a Jack. Mas ele já está tomando altas doses de opiáceos, e Andrew está preocupado com a possibilidade de dependência. Faço uma análise de risco entre custos e benefícios: risco de dependência (muito baixo) *versus* mais dor (alto), complicações *versus* conforto. A enfermeira paliativista acaba de chegar, e pergunto se ela tem alguma informação que eu ainda não saiba.

Depois que Andrew obtém permissão de Jack para que a enfermeira fale comigo, ela explica que Jack tem uma obstrução no intestino que pode estar lhe causando dor. Observo em silêncio enquanto ela apalpa o abdome dele. Ele mal se retrai. A enfermeira move as mãos e pressiona com mais força. Nenhuma careta, nenhum gemido. Ela pergunta como ele está. Ele diz que está bem, mas logo questiona quando vai tomar seus opiáceos. Essa linguagem é incomum para mim. A maioria das pessoas normalmente os chama de "remédios".

A enfermeira pergunta seu nível de dor e Jack imediatamente diz que é nove de dez. Estou surpresa, porque não parece que o racista esteja com dor. No entanto, não cabe a ninguém julgar a experiência subjetiva de dor de outra pessoa. A dor é conforme relatada. A descrença na dor relatada é um dos principais fatores que contribuem para a falta de acesso das pessoas negras ao tratamento da dor e para a mortalidade materna das mulheres negras. Quando uma pessoa diz que está com dor, emocional ou física, acredite nela. Escolho acreditar nele.

A enfermeira prepara os adesivos tópicos para dor de Jack e limpa a pele para colocá-los no abdome. Desvio meu olhar a fim de oferecer um pouco de privacidade, mas, por dentro, eu gostaria que ele estivesse em exibição como a Vênus Hotentote. Embora eu só tenha concordado em conversar com os filhos, já aceitei ajudar, então me comprometo a fazer meu trabalho da maneira mais completa possível. Contra o meu bom senso, isso significa falar com Jack. Quando a enfermeira termina, ela vai para a cozinha com os filhos de Jack para nos dar um pouco de privacidade. Consigo ouvi-los começando a cochichar.

Os olhos de Jack estão injetados de sangue e as bochechas parecem coradas por anos de alcoolismo e doenças. Manchas hepáticas marrom-escuras e roxas colorem seu corpo, e os lábios estão ressecados, rachados e um pouco azulados. Respiro fundo.

— Você sabe por que estou aqui?

Ele olha para mim com desdém e depois desvia o olhar.

— Sim, mas não sei o que você acha que pode fazer por mim. — Sua voz carrega uma vida inteira de uísque e cigarros. — Eles disseram que você ia me dar os meus opiáceos. Mas eu não imaginava que você fosse uma garota de cor.

É muita cara de pau um homem com manchas vermelhas e roxas, lábios azuis e cabelos brancos *me* chamar de garota de cor. Eu sou toda preta, até onde o sol não brilha. Percebendo que, aos 88 anos, essa é provavelmente a linguagem e a terminologia a que ele está acostumado, estou tentando ser compreensiva e compassiva. Mas isso ainda me deixa fula demais. Ele sabe que não deve fazer isso. Tem que saber.

— Sim. Eu sou negra. E isso não tem nada a ver com a forma como faço o meu trabalho, que não tem nada a ver com você receber ou não a medicação. Não sou médica, e a enfermeira acabou de lhe aplicar um adesivo.

— Então o que você está fazendo na minha casa?

"Respire, Alua. Recomponha-se." Tento parecer calma por fora, mas por dentro estou lutando contra ele.

— Seus filhos e a enfermeira me disseram que você está com dor. Sinto muito por isso. — É mentira. Na realidade, eu queria que ele estivesse sendo perfurado por um milhão de agulhas nos olhos e levando coices de burro no joelho. — Também me contaram que você está morrendo. Você tem pensado muito sobre isso?

Ele zomba:

— O que você acha? Não posso ir a lugar nenhum nem fazer nada. O dia inteiro fico aqui fazendo merda nenhuma, a não ser pensando que vou morrer. É uma coisa que todo mundo tem que fazer em algum momento, e suponho que seja a minha vez. Mas você já deve saber disso. — Jack pronuncia cada palavra como se eu tivesse cinco anos. Ele não olhou de volta para mim.

"Respire, Alua. Recomponha-se."

— Sei disso, mas também sei que reconhecer que você está morrendo pode trazer muitas emoções, e algumas delas são desagradáveis. Você está sentindo alguma dessas?

— Mas que conversinha mais mela-cueca é essa? Eu não quero pensar no fato de que estou morrendo. Não quero que você me pergunte nada sobre a morte. Não quero falar disso. E não quero conversar com você. Eu só quero os meus opiáceos. — Lá está a palavra novamente. — Se você não consegue pegá-los para mim, então dê o fora da minha casa. — Saliva voa de sua boca odiosa, junto com as palavras odiosas, quando ele finalmente se vira para me olhar de frente.

"Respire, Alua. Recomponha-se."

Respiro fundo de novo e considero revidar. Essa é uma ponderação que toda pessoa negra que conheço faz quando interage com os Estados Unidos brancos. Quero xingá-lo e lhe dizer que espero que sufoque com um buquê de pintos em sua viagem para o inferno. Mas também quero preservar minha paz interior, que esse homem ameaça perturbar. Se eu for embora, será que o terei deixado vencer? Se eu ficar e revidar, furiosa e vingativa, será que o terei deixado vencer? Ele não vai vencer. Hoje não, querido.

Sei o que está acontecendo com Jack e seu desejo por opiáceos. Ele está sentindo uma profunda dor emocional, psíquica e existencial. Ele não quer estar por perto para sua morte. Além disso, ele é detestável. Isso fere mais ele do que jamais vai me ferir. Isso o está devorando vivo por dentro. Dada a sua obstrução intestinal, ele está literalmente cheio de merda.

Sem lhe responder, volto à cozinha. Andrew e John estão sentados à mesa parecendo funcionários perdidos do Congresso. Já recebi toda a informação de que preciso e todo o insulto que consigo aguentar. Eles se levantam de repente e olham para mim, alarmados. Acho que não me recompus tanto quanto pensava.

— O que aconteceu?! — pergunta John, horrorizado.

As palavras saem da minha boca o mais rápido que consigo pronunciá-las para que eu possa ir embora:

— O pai de vocês é um homem detestável, raivoso e assustado. Acredito que ele sabe que está morrendo, mas não quer estar por perto durante o processo. Vocês disseram que ele era dependente de opiáceos quando voltou da Guerra da Coreia, certo?

Os dois olham para mim, estupefatos.

— Certo? — pergunto de novo mais forte, e eles assentem rápido. — É possível que ele tenha tratado a dor da guerra com seus opiáceos naquela época, e agora provavelmente está fazendo a mesma coisa com a dor de enfrentar a sua morte. Ele fica pedindo "opiáceos" em vez de medicação para dor. E acho que ele sabe que precisa dizer que está com dor para conseguir seus opiáceos. — Faço uma pausa. — Mais alguma coisa? — Pego minha bolsa ao lado da fruteira na mesa. Algumas moscas se dispersam.

Terminei e estou com raiva. Estou com raiva deles por pedirem à idiota negra para vir aqui sabendo que o pai odeia pessoas com a minha pele. Estou com raiva deste país. Mas estou com ainda mais raiva de mim mesma por concordar em fazer isso.

— Então devemos dar a medicação para o nosso pai? Ele não vai ficar dependente? — pergunta Andrew.

Jogo as mãos para o alto.

— Ele está morrendo de qualquer maneira. Eu não posso lhes dizer o que fazer. Mas já disse o que penso. E agora estou pronta para ir embora. Pela *porta da frente*.

Choro de frustração na volta para casa. Odeio a manobra enganosa dos filhos de Jack para me trazer até o espaço dele e estou com raiva de mim mesma por afrouxar meus limites. Só porque ajudo pessoas isso não significa que eu me coloque em situações complicadas que posso evitar. Algumas vezes isso me faz mais mal do que bem. Antes de ser confrontada com um cliente racista, eu teria dito que nunca o auxiliaria. Mas acabei de fazer isso. Eu me pergunto se inconscientemente me diminuí mais uma vez para deixar pessoas brancas satisfeitas.

Balanço rápido a cabeça e sou lembrada de honrar o caráter sagrado do meu não. É tão poderoso quanto o meu sim. Jack me força a encontrar meus limites e fronteiras neste trabalho, que significa tanto para mim. Esse é um passo importante para quem escolhe trabalhar com a morte.

A esposa de Andrew me liga enquanto estou na estrada. Limpo minha garganta e ajusto minha voz para que ela não ouça minha dor. Fico enojada quando pessoas brancas sabem que me fizeram sofrer por causa da minha raça. Ela falou com o marido e sua voz transborda de desculpas por aquilo que o sogro me disse e por quem ele é. Ela também me conta que Andrew e John concordaram em dar a Jack medicação adicional para dor e lhe comunicaram isso. Ao ouvir a notícia de que o ajudei a conseguir o que ele queria, o racista e raivoso Jack fica me elogiando. Ele me chama de anjo e de "garota doce". Com que rapidez passei de alguém que não era digna de estar em sua casa para alguém a ser festejada quando ele conseguiu o que queria de mim. Típico.

Nunca mais vi Jack. E nunca aceitei outro cliente cujas crenças incluíam o ódio. Não farei isso comigo de novo.

Mesmo desprezando Jack e o jeito como me tratou, pude ver o quanto ele era amado. Para mim, Jack era um monstro. Meu estômago revirava ao pensar em quanto poder ele exerceu nas Forças Armadas e o que ele fez com isso. Mas, para outros, ele era pai, avô, colega soldado, um amigo e — o mais importante — um ser humano. Seu legado é muito maior do que seu ódio pelas pessoas negras, mas este é o Jack que conheci. Mesmo com minha animosidade pessoal em relação a ele, restringir Jack apenas a seu ódio diminui a totalidade de quem foi como humano: sua luz e sua escuridão. E não acredito que seres humanos possam ser descartados. Raiva e compaixão não se misturam. A compaixão me convoca a perdoá-lo.

Reluto em atender a essa convocação, mas não conheço todo o seu passado, sua história, suas qualidades reluzentes, as palavras carinhosas que as pessoas disseram em seu funeral e a profunda tristeza que sentiram quando ele partiu. Sei que as pessoas que nos magoam acabam morrendo, e às vezes o luto é complicado quando as amamos, apesar de suas piores partes.

Na tentativa de compreender essas contradições, me pergunto: quando fui culpada de amar alguém que talvez estivesse fazendo outros sofrerem? Afinal, a capacidade de ferir os outros é tão humana quanto a capacidade de ser ferido. Cada um de nós, em algum momento da vida, se viu lutando com esse amor complicado.

Falando nisso...

Michael Jackson foi minha primeira paixonite. Minha primeira inspiração, meu primeiro ídolo. Ele também foi minha primeira morte impactante. Às vezes parece que nunca senti um amor tão puro quanto meu amor de infância pelo Rei do Pop.

Michael Jackson conseguia fazer qualquer coisa. Ele flutuava acima do chão, que se iluminava quando ele o tocava. Suas melodias eram puras, como sua voz, e ele transmitia amor. Estava em todos os lugares: na TV da nossa sala de estar, deslizando pelos palcos, em shoppings, camisetas e tocando muito alto e alegremente nos carros que passavam. Ele parecia ser feito de magia e a espalhava por onde quer que fosse.

Ele dançava e seus movimentos me arrebatavam. Aos cinco anos, eu ficava grudada na televisão assistindo ao clipe de "Thriller", assustada e entusiasmada, enquanto Bozoma se escondia debaixo da mesa. Eu e minhas irmãs dançávamos para os amigos de nossos pais ao som do álbum *Bad*. Tentei aprender a cena de luta de "Beat It" para fortalecer meu eu não violento: no final, não funcionou. Na única vez que briguei quando criança, chorei e perguntei ao menino por que ele me bateu. Eu queria entendê-lo.

Michael Jackson me acompanhou enquanto eu crescia. Em 1992, lembro de Ahoba gritando comigo do fundo da escada para sair do telefone porque eu estava perdendo o início da estreia mundial do clipe de "Remember the Time". Tive que assistir escondido ao clipe de "In the Closet" — considerado muito sensual por meus pais cristãos conservadores — e mexia minha cabeça para um lado e para o outro imitando a dança de "Black or White". Em 1999, quando Bozoma foi para a faculdade, pedi ao locutor da rádio que dedicasse "You Are Not Alone" a ela, triste por saber que ela devia estar se sentindo sozinha. Às vezes me pergunto se meu amor por músicos veio dele.

A primeira vez que ouvi alegações de abuso sexual contra Michael Jackson, em 1993, eu tinha quinze anos. Meu primeiro pensamento foi: "Bem, isso deve ser um erro. Ou um mal-entendido. Ele é uma celebridade". Ou raciocinei assim. Esse tipo de coisa acontecia o tempo todo. Eu estava muito envolvida, cega demais pela minha adoração, para considerar a possibilidade. Acredito que a ideia de as alegações serem verdadeiras nunca passou pela minha cabeça, nem por um segundo. Quando o caso foi resolvido, dei de ombros, aliviada. "Pobre Michael", pensei. A mídia foi muito cruel com ele.

Só anos depois, quando o vi balançando seu bebê Blanket em uma varanda, sobre a cabeça dos paparazzi, é que senti um incômodo no estômago. Conforme as alegações aumentavam, eu ficava mais desesperada para que não fossem verdade. Era feio demais; as implicações eram muito devastadoras. Enfiei a cabeça na areia. Queria preservar a imagem que tinha do meu ídolo. Foi difícil abandonar minha defesa de Michael como um santo que precisava de minha proteção. Ninguém jamais vivera sob aquele escrutínio intenso na história da humanidade. Ele era mundialmente famoso de uma forma difícil de compreender. Muito antes de Chiang Mai, na Tailândia, ser um destino turístico popular, um vendedor de frutas lambeu o dedo e o esfregou na minha pele para me mostrar que, se eu tomasse mais banho, a cor sairia. "Como Michael Jackson", acrescentou, prestativo (para surpresa apenas dele, minha pele não mudou de cor).

Qualquer um sofreria sob um holofote tão brilhante. E a genialidade normalmente está associada a um toque de loucura, certo? Ele tinha outra opção que não fosse ser perfeito? Levei anos para lidar com o que essas alegações talvez significassem, tanto para a ideia que eu tinha dele no meu coração como para as famílias impactadas.

No dia em que Michael Jackson morreu, eu estava no meu escritório na defensoria pública, trabalhando em uma declaração de compromisso para obter um mandado de distanciamento para uma de minhas clientes. No dia seguinte, ela assinaria os documentos e daríamos entrada no pedido. Minha secretária, Veronica, entrou correndo pela porta sempre aberta do meu escritório.

Ela foi direto ao ponto:

— Você está sabendo?

— Sabendo o quê? — Terminei de digitar uma frase antes de lhe dar atenção total.

— Estão dizendo que o Michael Jackson morreu. — Ela sussurrou como se fosse um segredo.

— Que Michael Jackson? — perguntei incrédula, tentando entender o que ela acabara de dizer. — Quem está falando isso?

Ela mexeu nervosamente seu colar de pérolas.

— Está no site TMZ.

Eu zombei. Não considerava o TMZ confiável, então o mesmo valia para a notícia.

— Não podemos confiar neles — falei. — Isso não é verdade. A Farrah Fawcett já morreu hoje. — Como se duas celebridades não pudessem morrer no mesmo dia. Eu não queria acreditar, então me virei de novo para o computador. Sem graça, Veronica saiu do meu escritório. Fiquei na minha mesa sem conseguir trabalhar, tentando assimilar a possibilidade de meu ídolo de infância ter morrido. Isso não tinha acontecido. Não podia acontecer. Era para ele ser imortal.

Aos poucos, foi se tornando real. Quando comecei a conversar, um por um, com meus familiares e amigos, que me ligaram para ver como eu estava, pois sabiam do meu amor por ele, todos corroboraram o impossível. Michael Joseph Jackson, o homem com quem pensei que me casaria quando tinha oito anos, o homem que criou a trilha sonora da minha infância e adolescência, o homem que eu idolatrava por sua expressão e seu talento artísticos, o homem que eu com horror observara cair publicamente em desgraça, estava, de fato, morto. O torpor causado por essa verdade inconcebível me deixou pregada na cadeira.

De repente, precisei sair do escritório. Eu precisava ter aquela sensação feliz de "The Way You Make Me Feel". Despedindo-me rápido de Veronica e deixando para trás uma declaração de compromisso inacabada, pulei no meu jipe, que estava no estacionamento. O sistema de som não era ótimo, mas os alto-falantes que eu trocara no mês anterior e o amplificador que tinha colocado atrás ajudaram. O cabo auxiliar já estava conectado ao meu iPod Shuffle rosa-choque, mas a bateria estava descarregada. Frustrada, sacudi o iPod e notei o adesivo de borboleta na parte de trás. A melodia da canção "Butterflies" surgiu na minha cabeça.

MICHAEL JACKSON NÃO.

Baixei a janela e liguei o carro, com pressa de chegar em casa. Eu precisava ouvir minhas músicas favoritas, embora fosse impossível escolher. Todas eram minhas favoritas e nenhuma era adequada à gravidade daquele momento. Então, esperando o sinal abrir no centro de Los Angeles, ouvi uma música fraca. Alguém estava escutando "Billie Jean" bem alto no carro estacionado na frente do shopping à minha direita. Meu coração disparou. Continuei dirigindo. Quando o sinal mudou e segui em direção à minha casa, vi pessoas reunidas no estacionamento de uma agência de correio na esquina do Washington Boulevard com o Crenshaw Boulevard. Melodias misturadas soavam. Todas eram músicas de Michael Jackson. Pisei fundo no freio e virei à esquerda subitamente para me juntar à multidão. Eu não sabia o que estavam fazendo, mas queria tomar parte daquilo. De um jeito enigmático, o luto anseia tanto por solidão quanto por companhia. O luto, em si, é um enigma.

Enquanto eu rodava pelo estacionamento, músicas tocavam bem alto nos aparelhos de som dos carros. "Rock with You". Eu queria ter o macacão brilhante desse clipe. "P. Y. T.": uma espécie de música-tema para mim, pois eu costumava namorar pessoas mais novas. "Man in the Mirror" sempre me lembra que toda mudança começa dentro de nós. As pessoas circulavam. Ninguém saía nem entrava da agência postal e algumas pessoas com uniforme do correio estavam entre elas. Parecia que tinham simplesmente se encontrado ali em um momento compartilhado de luto e, como eu, se juntado aos demais. Estacionei meu carro no primeiro lugar que encontrei. Um homem estacionado ao meu lado ficou sentado com a porta do motorista aberta e a cabeça nas mãos.

Um repórter no rádio desse carro estava falando direto do hospital para onde o corpo de Michael Jackson fora levado. O homem olhou para cima quando me aproximei. Enquanto balançava a cabeça ele tirou o boné de beisebol, revelando cabelos grisalhos que precisavam de um corte. Tudo o que ele disse foi:

— Michael Jackson, cara. — Ele fez uma pausa. — Michael Jackson. — Seus olhos estavam úmidos e vermelhos. Ver esse homem negro mais velho, sentado em seu sedã verde chorando pela morte de Michael Jackson, finalmente me derrubou.

— Verdade — respondi em meio às minhas próprias lágrimas tardias. — Verdade. — Chorei, pela perda do meu ídolo de infância, pela perda da minha inocência em relação à nossa segurança contra a morte e por qualquer um que sobreviveu ao abuso sexual, que foi desencadeado pela glorificação dele nas notícias.

No dia em que Michael Jackson morreu, fiquei naquele estacionamento até o sol se pôr, dançando, cantando, chorando e testemunhando o luto que compartilhei com completos estranhos por um homem cujo legado, para o bem e para o mal, era maior do que uma única vida.

Algumas pessoas deixam legados complexos: prados repletos de lindas flores silvestres e toxinas letais. Todos deixamos, em proporções variadas. E de fato não temos ideia de como nós ou o cenário se transformará no futuro. O Michael Jackson que eu amava já se foi há muito tempo, mas o que ele criou permanece e ainda está vivo dentro de mim. Estará comigo até a minha morte, e isso não posso negar. Por que reduzimos as pessoas ao pior que fizeram? Ou ao melhor? Quando alguém deixa de ser pai e se torna apenas um adúltero?

Escolhemos lembrar das pessoas que amamos principalmente pelo que tinham de mágico. É por isso que alguns dizem que o luto é o preço que pagamos pelo amor. Mas é muito mais complicado do que isso. Sofremos de verdade pelas coisas que amamos e de que sentiremos falta. É assim com todos nós, e vejo isso muitas vezes no meu trabalho. Ainda estou ligada à magia de Michael Jackson, apesar de tudo o que aconteceu depois. Embora isso crie camadas complexas para nosso luto, não o diminui. Ele era um ser humano completo, com histórias, dores e alegrias sobre as quais nunca saberemos e que as pessoas que o conheciam lamentarão intensamente. Não podemos lhes negar isso. Aposto que Andrew e John sentem algo semelhante pelo pai racista.

Não há problema em chorar pelas pessoas em toda a sua complexidade, em honrar sua luz, reconhecer sua escuridão, aceitar a mensagem apesar do mensageiro. O pior entre nós provavelmente ainda fará falta a *alguém* quando se for. Será estimado por alguém. Amado por alguém. Lembrado com carinho por alguém por alguma razão. Isso é a humanidade.

14

Pessoas que precisam de pessoas

Cheguei ao Aeroporto Internacional de Denver (DIA, na sigla em inglês) em setembro de 2012, depois de deixar Portland e Pascha. Eu estava atormentada, abatida, machucada e perdida. Apesar da minha recente licença médica, eu não me sentia livre: apenas solta e à deriva.

Eu não tinha passagem de volta para minha casa, em Los Angeles, e minha próxima parada era desconhecida. Eu já havia voado para o DIA centenas de vezes, geralmente vindo de algum lugar distante para visitar meus pais, que moraram no Colorado durante a maior parte da minha juventude. Dessa vez, eu iria visitar Kristin, cujo telefonema inesperado me resgatara da iminência do colapso em Portland.

Eu e Kristin nos conhecemos em um grupo de estudos de amigos íntimos durante meu primeiro ano na faculdade de direito. Rapidamente formamos um vínculo. Rachel MacGuire, Jenni Cohen, Kristin Bowers Tompkins e Jess Curtis continuam sendo as mulheres mais inteligentes e histericamente grosseiras que já conheci. Quando Kristin e seu namorado da faculdade de direito terminaram, fizemos um bolo de cenoura e comemos de uma vez só. Na despedida de solteira de Jess, fomos expulsas de um pub irlandês quando uma mulher, na mesa ao lado, tentou me insultar me chamando de gorda. Kristin, com seu um metro e sessenta e dois (e Rachel com seu um metro e sessenta), pulou por cima da mesa num piscar de olhos para dar uma surra nela, com seu arco de pênis iluminado ainda na cabeça. No casamento de Jess, caímos todas na piscina com nossos vestidos de madrinha, para horror dos demais convidados. Comemoramos quando Kristin cancelou seu casamento usando véus pretos, em Santa Fé, no Novo México, e naquela noite, pela primeira vez, admiti discretamente que também não queria me casar. Quando seu pai morreu, chorei com ela.

No DIA, minha mochila grande chegou à esteira com o zíper aberto. Sem me importar com isso, saí rápido do terminal, entusiasmada para ver minha amiga e conhecer minha próxima aventura. Ela parecia preocupada enquanto me ajudava a colocar a mochila no porta-malas.

— Você está tão magra — disse ela, um comentário que apenas minha mãe, minhas irmãs e melhores amigas podem fazer para mim por preocupação com minha saúde.

— Obrigada? Estou bem! — respondi. Kristin não é do tipo que parabeniza você pela perda de peso, então ela sabia que algo estava acontecendo. Eu queria muito convencê-la de que eu não estava tão doente assim.

Séria e hesitante, ela acenou rápido com a cabeça e partimos. Fomos jogando conversa fora sobre meu voo e minha última aventura em Portland, com Pascha. Ela não ficou surpresa por eu ter viajado para encontrar um homem que só conhecia havia algumas horas, mas bastante admirada por não termos nos apaixonado como acontecera comigo repetidas vezes.

Uma hora depois, chegamos à casa de Kristin, e eu me acomodei no quarto de hóspedes. Ela e seu companheiro, Luke, haviam voltado recentemente para Denver depois de uma viagem de dois anos visitando parques nacionais e dormindo em um veículo que eles adaptaram para a viagem. O quarto de hóspedes tinha uma escrivaninha cheia de papéis, um colchonete que eles batizaram de Paco e equipamento de camping no chão. Prepararam uma montanha de edredons para mim.

— Por enquanto, é tudo o que temos — disse ela sem remorso. Kristin andava pelo mundo sem muito arrependimento, e eu admirava isso nela. Queria um pouco disso para mim.

Enquanto eu e Kristin batíamos um papo animado no quartinho, comecei a me instalar, desfazendo minha mochila um pouco aberta. Notei então que estava faltando um dos caros sapatos Camper que eu comprara para a viagem, e comecei a chorar. Eu só tinha levado dois pares de sapatos: uma sandália, caso eu fosse a algum lugar quente, e tênis para correr todos os dias e conservar minha saúde mental já desgastada. Eu estava vivendo do dinheiro da licença médica, além das magras economias que eu juntara no emprego de meio período na defensoria pública e gastar 225 dólares em um par de sapatos novos era uma enorme ostentação.

Fiquei inconsolável. A depressão perturbou minha noção de proporção: coisas pequenas pareciam grandes e coisas grandes eram simplesmente intransponíveis. Aquilo parecia uma coisa muito grande, e era nítido que eu estava chorando por algo mais do que um sapato. Kristin ouviu pacientemente com a mão nas minhas costas enquanto eu tentava explicar minha reação desproporcional. Portland com Pascha tinha sido um desastre e eu não sabia o que estava fazendo nem para onde iria depois dali. Tinha me esforçado tanto para manter as aparências de que poderia viajar no meio da minha doença, mas um sapato desaparecido destruiu a fachada.

Estava esgotada do voo de duas horas, mas só porque eu estava exausta no geral. A depressão em si é exaustiva. Ela pesa no corpo como um manto de veludo molhado, silenciando sua conexão com o mundo exterior. Paco, o colchonete no chão, me chamava. Kristin hesitou na porta antes de sair.

— Tem certeza de que está bem?

Ela nunca tinha me visto assim. Ninguém tinha. Assenti sem força, consciente de que qualquer falsa aparência a que eu estivesse me agarrando havia ruído. Kristin fechou a porta e chorei mais uma vez de vergonha.

Pela manhã, a luz inundou o quartinho. O Colorado é famoso pelos trezentos dias de sol. Eu esperava que isso pudesse me deixar feliz e animada de novo, mas o sapato sozinho no topo da mochila me lembrou que decepção total eu era. Levantei da cama, mas não sabia como agir.

— Oi, todo mundo! — gritei do corredor para a cozinha.

— Oi! Como você dormiu? — perguntou Kristin.

Tentei fingir alegria.

— Muito bem! Adorei a claridade do quarto! — Na verdade, fiquei me revirando na cama, com raiva de mim mesma por gastar tanto dinheiro em sapatos e ser descuidada a ponto de trazê-los comigo.

Kristin começou a vir na minha direção e eu quis sair correndo, com medo de que ela quisesse falar sobre a noite anterior. Escondi a cabeça, porque não queria que visse meus olhos inchados. Em vez disso, ela ofereceu um moletom com capuz, do armário de Luke — minha mochila não era grande o bastante para essa comodidade. Adoro usar blusão masculino porque parece um abraço de homem e, naquele momento, eu precisava de todos os abraços que pudesse receber. Segui-a até o seu armário para pegar o moletom branco da Quiksilver que se tornou uma segunda pele durante a minha estada ali. Junto do armário, tirei minha camisa para lavar e Kristin se assustou. Seus olhos deixaram claro que meu corpo se parecia com o que eu sentia. Como uma concha oca, com quase nada de luz ou vida dentro.

Em um ano, perdi cerca de dezoito quilos sem perceber. Embora meu rostinho infantil tivesse desaparecido naturalmente durante a idade adulta, a preocupação com a barriga, o atrito entre as coxas e a gordura das costas nunca diminuíram totalmente. Quando a depressão chegou, minha gordofobia internalizada desapareceu. Eu estava ocupada demais tentando sobreviver a cada dia. Meu corpo atlético e com cintura bem marcada começou a se parecer mais com um lápis. Meus seios murcharam e meus quadris perderam suas curvas. Meus ombros ficaram afundados, e dava para ver minhas costelas no peito e nas costas. Minhas maçãs do rosto ficaram ainda mais proeminentes e minha clavícula se projetou para fora do peito. Eu estava esquelética. Meu corpo era um fantasma de si mesmo.

— Alua — sussurrou Kristin. — Você tem que comer. Por favor. Vou preparar o café da manhã para você.

— Ah, não se preocupe com isso! — respondi, ainda fingindo alegria. — Eu faço qualquer coisa quando você for trabalhar.

Era mentira. A ideia de preparar uma refeição me oprimia completamente, e Kristin, percebendo isso, não queria me deixar por conta própria.

— Vou fazer alguma coisa para você. O que você quer?

— Não, por favor, não faça isso! Estou bem — insisti.

Ela não desistiu.

— Não vai ser nada de mais — respondeu. — Só alguma coisa para você beliscar quando sentir fome.

— Não faça isso, ok? Não faça. — Revirei os olhos, desejando que ela esquecesse aquilo, mas Kristin é admiravelmente teimosa quando acredita que algo é bom. Ela voltou para a cozinha.

— Por que você não toma um banho? Quando terminar, já não vou mais estar aqui e aí pode comer em paz.

Fui para o banheiro fervendo de raiva. "Como ela ousa tentar me forçar a fazer o que não quero?" Contudo, olhando meu corpo no espelho, entendi. Vi os ossos e a carne flácida. Fiquei envergonhada. Eu a xinguei em voz alta no chuveiro por me conhecer tão bem. Afinal, talvez eu não devesse ter vindo para o Colorado ficar com ela. Ainda poderia ir embora para algum lugar onde pudesse continuar me escondendo do olhar enxerido das pessoas que me amavam. Malditas fossem elas e suas preocupações. Eu estava bem, droga.

Kristin deixou um prato na bancada com um sanduíche de ovo e queijo em um pãozinho doce e um pouco de morango cortado. À direita do prato, havia uma garrafa de molho picante. À esquerda, um bilhete por baixo de uma maçã dizia:

> 8h30: *Café da manhã! Aqui está o seu sanduíche. Desculpe, não me lembro se você gosta de molho picante ou não.*
> 10h30: *Lanche! Faça uma incursão pela despensa :)*
> 13h: *Almoço! Tem atum na segunda prateleira da geladeira e duas fatias de pão. Tem minicenoura na gaveta de legumes e batata frita na despensa.*
> 15h: *Mais um lanche! Coma esta maçã com manteiga de amendoim.*
> 17h: *Vou pedir pizza para o jantar!*

Tenha um ótimo dia! Vou te vigiar. POR FAVOR, POR FAVOR, COMA

Andei de um lado para outro na cozinha azul e branca, considerando o que fazer. Comer significaria aceitar seu apoio. *Não comer seria rejeitá-lo e também desperdiçar comida.* Apesar de ser africana, fui ensinada a pensar em todas as crianças que passavam fome nos Estados Unidos. Eu não poderia fazer isso com elas. Comi o sanduíche a contragosto. Se Kristin não se deixava enganar por minha aparência de mulher forte, será que os outros também não? Será que conseguiam perceber que eu estava sofrendo? Só de pensar nisso eu ficava ainda mais constrangida.

Em nossa família, eu e minhas irmãs aprendemos a priorizar força e resiliência; para mim, vulnerabilidade não era uma virtude.

Sentada ali, mastigando e ruminando, fiquei surpresa ao descobrir essa rigidez dentro de mim. De onde tinha vindo? Eu não a estendia para os outros. Como advogada de defensoria pública, oferecer apoio a quem precisava era o aspecto mais importante do meu trabalho. Nunca menosprezei as minhas clientes que sofreram alguma violência nas mãos de seus companheiros. Não julguei aqueles que não tinham dinheiro para comer. Inerentemente, compreendia que meus clientes não eram culpados por sua situação. Preconceito de classe, racismo, sistemas falidos e traumas de infância os tinham levado até ali. E, mesmo que tivessem participação naquilo, eles ainda mereciam ter alguém que se importasse a ponto de ajudá-los.

E, ainda assim, a depressão parecia um fracasso pessoal da minha parte, como se eu não fosse forte o bastante para me manter feliz e saudável. Eu tinha falhado no teste final. Não tinha permanecido "forte".

Ser "forte" está embutido na minha composição genética. Minha mãe é um pilar absoluto. Ela ficou em casa cuidando de mim e das minhas irmãs enquanto viajávamos, espalhando a palavra de Deus, até que meu pai perdeu o emprego em Colorado Springs. Sem educação formal avançada, sua opção foi trabalhar no turno da tarde em uma usina siderúrgica, em Springs. Às vezes, ela chegava em casa perto das onze da noite, com queimaduras nos antebraços, e ainda acordava cedo para verificar se tomávamos café da manhã e se tínhamos feito nossa lição de casa. Ela ficava acordada a noite toda fazendo as malas para as viagens, preparava banquetes para nossos amigos por qualquer pequeno motivo ou sem motivo nenhum, e caminhava vinte quilômetros só porque podia. Raramente ela tira um cochilo, e se orgulha disso.

Há muito tempo, as mulheres africanas são a espinha dorsal de suas famílias, o que foi transferido para as normas culturais afro-americanas. Espera-se que as mulheres negras carreguem o peso da família e do mundo com graça. O grupo de R&B Destiny's Child não facilitou nossa vida com sua canção "Independent Woman", um hino para as mulheres que diz *"I depend on me!"* [Eu dependo de mim!]. Eu com certeza ainda canto isso a plenos pulmões, mas é absurdo demais. Sem ofensa à rainha Beyoncé, que não erra nunca, mas elas (e a sociedade) nos venderam um acordo terrível.

O que há de tão errado em precisar de alguém? Será que falhamos como mulheres se o fizermos? Não somos mais dignas de amor?

Pelo contrário, eu estava recebendo muito amor de Kristin. Ela abriu sua casa para mim, ela e seu companheiro, que eu mal conhecia. Ela me ofereceu roupas confortáveis para a minha estada. Preparou refeições para mim. Até ficou do meu lado enquanto eu chorava descontroladamente por meu sapato desaparecido.

Minha vulnerabilidade parecia estar revelando a profundidade do amor que Kristin tinha por mim.

Ao deixar Kristin me ver, finalmente deixei morrer uma parte de mim que estava mantendo o amor na defensiva. Eu tinha sido tão "forte" que não permiti que ninguém cuidasse de mim depois da infância. "Entendi" e "Estou bem" tornaram-se mantras que me levaram à síndrome do esgotamento profissional e à ausência de intimidade real. Mas eu queria uma vida branda. Uma vida terna. Uma vida exuberante. Uma vida suave. Não uma que exigisse que eu fosse forte. Para ter isso, precisava aceitar a ajuda dos outros.

Fiz cara feia para o sanduíche de café da manhã de Kristin enquanto o comia. Cada mordida era uma admissão da minha incapacidade de cuidar de mim mesma. Desceu pela minha garganta como uma lixa.

Alguns de nós passamos a vida inteira sem aceitar a ajuda dos outros. Muitos dos meus clientes são ilhas criadas por si mesmos quando os conheço. Às vezes, como doula da morte, sou a mensagem na garrafa que chega à praia dizendo-lhes que nunca é tarde demais para estender a mão para aquele espaço vazio à sua frente. É preciso ter coragem de pedir ajuda.

Morrer é o ato mais íntimo que vamos experimentar. Exige que sejamos íntimos de nós mesmos, do nosso corpo, da nossa vida e do momento presente — para revelar as partes que acreditamos serem difíceis de amar, bem como o rosto sob a máscara que usamos para o mundo exterior e as partes menos claras que carregam feridas e formam cicatrizes. Todo o resto é espetáculo. Ser ajudado é permitir uma pequena morte do ego. Permitir que o amor entre é um convite para que nossa confusa glória humana suba ao palco e deixe o amor invadir os lugares que foram castigados pelo ego e pelo mundo exterior.

Foi o que aconteceu com minha cliente Claudia. Ela me liga para conversar sobre uma potencial sessão de planejamento de fim de vida após uma embolia pulmonar deixá-la no hospital por três semanas. Aos 57 anos, ela está abalada por saber que o coágulo sanguíneo poderia ter acabado com sua vida. Em termos emocionais e práticos, ela não está pronta. Sua morte teria sido repentina.

Quando alguém morre de repente, em geral dizemos que a morte foi inesperada, como se a morte fosse uma surpresa. A menos que se morra gozando de perfeita saúde, a maioria de nós acabará fraca e debilitada. Com muita frequência, isso acontece bem antes de estarmos preparados. Pode ser um diagnóstico que surge do nada ou uma doença que progride muito mais rápido do que esperávamos. Nosso corpo é frágil. Basta um corte de uma lâmina enferrujada ou uma válvula cardíaca defeituosa para transformar um jovem forte de 21 anos em um cadáver. Todo mundo com idade suficiente para ter cartão de crédito ou carteira de motorista deveria estar planejando sua morte. Alguns consideram uma dádiva saber que sua vida está terminando devido a uma doença; dá-lhes a oportunidade de serem avisados. A morte vem como uma amiga ou como uma estranha. Cabe a nós decidir.

— Não é muito cedo para conversar com uma doula da morte? Quer dizer, eu não acho que vou morrer em breve — diz *literalmente todo mundo*, exceto os muito idosos.

— Depende — costumo responder, com ironia. — Quanto tempo é muito cedo para começar a planejar algo que você sabe que vai acontecer um dia e que pode ser amanhã?

— Bem, falando nesses termos, acho que eu deveria começar a planejar agora.

Funciona sempre.

Eu e Claudia já estabelecemos uma boa relação, pois ela fez um milhão de perguntas sobre o trabalho das doulas da morte e concluiu que o serviço atende às suas necessidades. Desde que passou por uma internação hospitalar longa após a embolia pulmonar, Claudia compreende a necessidade de ter apoio. Alguém teve que cuidar de seus cachorros, regar as plantas, pagar as contas, pegar a correspondência, jogar fora a comida da geladeira, e assim por diante. Ela teve um gostinho do que acabará acontecendo com todo mundo. Após a nossa morte, alguém vai remexer todos os aspectos da nossa vida, encerrando contas e jogando fora a maior parte das evidências físicas de que vivemos. Claudia enfrentou isso e está pronta para se preparar.

Decidimos preencher um documento de planejamento de fim de vida abrangente para colocar todos os seus assuntos em ordem. Nós duas nos encontramos pessoalmente para a sessão de três horas. Ela é negra, nicaraguense, gordinha, baixa e alegre, com um abraço que parece que estamos entrando em uma banheira familiar, sobretudo porque tenho que me curvar para abraçá-la. Sua casa é acolhedora, coberta de plantas e decorada em tons de amarelo e marrom, com um grande sofá modular marrom-avermelhado perto da janela e voltado para a lareira, que abriga duas caminhas para seus cachorros idosos. Os labradores chocolate mal registram minha presença quando chego. As cores também combinam com seu corte de cabelo curtinho encaracolado e exuberante, com alguns fios grisalhos aparecendo na raiz. Há velas laranja acesas, o que faz sua casa cheirar a cravo e a Natal, embora seja abril. Ela traz uma xícara de chá de ervas, e me acomodo na extremidade mais longa do sofá enquanto Claudia ocupa um lugar no canto.

Conversamos rápido sobre o pacote que eu lhe trouxe: um documento de planejamento avançado, um lápis e alguns cartões de visita. Quando o documento estiver preenchido — a lápis, pois pretende ser um documento vivo e, portanto, bastante sujeito a alterações —, será juridicamente vinculante. Ela fica surpresa com seu peso. A maioria das pessoas fica admirada com o trabalho que dá se preparar para a morte. Ajuda ter um guia no caminho.

O planejamento de fim de vida é diferente para cada pessoa, pois atende às necessidades específicas de cada um. Mas algumas áreas são imprescindíveis para todos. Diretivas antecipadas são um ponto de partida inteligente.

Escolher um procurador para cuidados de saúde é a decisão mais importante a ser tomada.

Eu e Claudia abrimos o documento e começamos. Primeiro: tomada de decisões sobre cuidados de saúde. Descrevo o que faz um tomador de decisões sobre cuidados de saúde e explico os poderes que lhe conferimos quando estamos incapacitados. Chamado de agente para cuidados de saúde, procurador para cuidados de saúde ou decisor substituto (dependendo da localização e da entidade), essa é a pessoa que toma decisões quando se considera que alguém é incapaz de fazê-lo por conta própria. Essa é uma posição de profunda confiança e respeito mútuo. Essa pessoa pode ter uma vida em suas mãos.

A primeira vez que pergunto a Claudia quem gostaria que tomasse decisões em seu nome, ela fica agitada e pede para fazer uma pausa antes mesmo de termos propriamente começado. Eu a ouço suspirando e vasculhando coisas em outro cômodo. Quando retorna sem nada nas mãos, pergunto de novo. Folheando rápido as páginas seguintes, de olhos apertados, ela pergunta se podemos pular essa parte. Fazendo uma anotação mental de seu incômodo, concordo em passar para a seção dois, sobre suporte de vida, e sugiro que voltemos posteriormente.

Quase três horas depois, ela designou um cuidador para seus cães, detalhou seus desejos de tratamento de manutenção da vida, catalogou suas senhas e prometeu ("amanhã", diz ela) entrar em contato com o advogado que a ajudou a redigir seu testamento. Registramos suas contas bancárias e de aposentadoria, anotamos sua vontade para a disposição do corpo e fazemos algumas anotações sobre o que ela quer no funeral: narcisos por toda parte, e todos *têm* que chorar, acrescenta ela, para desanuviar o ambiente. Também fiz algumas anotações para me lembrar das seções que teremos que revisitar na reunião de acompanhamento.

Durante a maior parte do encontro, Claudia é incansável. Ela até encara com facilidade a conversa sobre suporte de vida, que normalmente deixa as pessoas nervosas. Ainda não conheci ninguém que vibre com a ideia de ter seu corpo inanimado e à beira da morte sobre uma mesa mantido vivo por máquinas. Uma questão a ser considerada ao planejar o fim da vida é: "Que condição de vida é pior do que morrer?". Faço essa pergunta nas sessões de planejamento de fim de vida para ajudar os clientes a tomarem decisões baseadas em valores no que diz respeito ao tratamento de suporte de vida. Em vez de pedir a um cliente que responda simplesmente "sim" ou "não" à vontade de ser submetido a um tratamento interveniente para adiar uma morte iminente, acho útil ajudá-lo a descobrir o "porquê" da decisão. Da nossa posição atual, é impossível pensar nos milhões de cenários que poderiam levar à necessidade de suporte de vida. O jogo de "E se?" pode correr solto. "E se eu tiver 95 anos?" "E se eu estiver grávida e em coma?" "E se eu tiver só um olho e um quarto do pé?" Podemos restringir nossas vontades usando nossos valores como base. Isso permite que os entes queridos encarregados de executar nossas decisões façam uma escolha fundamentada em relação ao suporte de vida.

Em resposta à pergunta sobre valores, muitos dizem que não querem ser um fardo para seus entes queridos. Uma análise mais profunda dessa afirmação às vezes reflete um sistema de valores baseado no tempo ou no dinheiro: eles não querem que os entes queridos gastem muito tempo e dinheiro para mantê-los vivos. Mas qual é o valor monetário de uma vida? Quanto tempo é suficiente gastar cuidando de alguém amado? Por curiosidade, muitas vezes peço ao cliente que me esclareça quanto ele acha que sua vida vale, como se seus entes queridos fossem desligar as máquinas assim que os cartões de crédito saíssem da carteira ou que eles quisessem ir a um jantar. Ainda não conheci um membro da família que tomou a decisão de encerrar o tratamento de suporte de vida com base apenas no quanto custa ou quanto tempo leva. Embora os tratamentos no fim da vida sejam ridiculamente caros, as decisões para encerrar o suporte de vida baseiam-se, em geral, no conhecimento de que um ente querido não iria querer viver ligado a uma máquina.

Muitos outros dizem que querem ser capazes de se comunicar como condição para prolongar o suporte de vida, mas os níveis de comunicação podem variar bastante. No entanto, muitas pessoas têm dificuldade de imaginar esses cenários quando são saudáveis e fisicamente aptas. Cheira a capacitismo. Pessoas com doenças em que os neurônios motores do cérebro e da medula espinhal morrem descobrem maneiras criativas de se comunicar, embora possam ter fala arrastada ou perder completamente a capacidade de falar. Gestos com as mãos, expressões faciais e até mesmo alguns dispositivos de alta tecnologia as ajudam na comunicação.

Por alguma razão, era mais fácil para Claudia lidar com essa parte do planejamento do que indicar quem deveria tomar decisões em seu nome caso ela não pudesse.

— Existe alguém da sua confiança que possa tomar decisões no seu nome caso você não consiga? — pergunto pela terceira vez.

— Não — responde Claudia.

É uma frase de uma palavra, mas algo não bate, então insisto com cuidado.

— E os seus irmãos?

Sei que Claudia é a mais velha de cinco e ajudou a cuidar dos irmãos mais novos quando todos estavam crescendo na Nicarágua. Após se mudar para os Estados Unidos, ela continuou enviando dinheiro para casa, para cuidar da família. Por fim, ela ajudou alguns deles a virem para os Estados Unidos, e eles dependem de seu auxílio tanto financeiro como para a criação dos filhos. Estou surpresa que ela não escolha um deles. Ela apenas faz que não com a cabeça.

— Tudo bem — digo, mantendo a voz calma apesar da minha curiosidade crescente. — E os amigos que aparecem quando você precisa deles?

Claudia pensa um pouco e balança a cabeça novamente. Sua lareira está cheia de fotos de passeios em família, festas de aniversário, crianças e noitadas na cidade com amigos. Férias, casamentos, formaturas. Dá para ver que esta não é uma mulher solitária. Sua cordialidade me faz imaginar que ela é querida, a menos que esconda bem seu lado sombrio. Algo está me escapando.

— E a pessoa que levou o cachorro para passear e regou as plantas quando você estava no hospital?

— Eu paguei a alguém — responde ela, evitando me encarar. Quando consigo ver seus olhos, percebo que estão molhados, e ela enxuga uma lágrima antes que borre o rímel.

Claudia explica que tem muitos amigos, mas é ela que as pessoas chamam quando precisam. Ela larga seus planos e suas prioridades para socorrer os outros. Quando estava no hospital, muitos perguntaram o que poderiam fazer para ajudar, mas ela repetia que já tinha tudo resolvido. O equilíbrio entre dar e receber está tão distante de sua vida que ela não sabe mais como receber atenção. Ela se tornou toxicamente autossuficiente e acredita que ninguém virá em seu auxílio quando precisar. A situação tornou-se uma profecia autorrealizável.

Essa autossuficiência tóxica, com frequência, surge perto do leito de morte. Muitas vezes, em conversas sobre planejamento de fim de vida, clientes que foram extremamente independentes a vida toda dizem coisas grosseiras como: "Se eu não conseguir limpar a minha própria bunda, pode me levar lá para fora e me dar um tiro!". Muitos desses clientes são a encarnação do mito máximo norte-americano: eles vieram do "nada" e conseguiram "tudo" sozinhos, sem depender de ninguém. Eles me deliciam com histórias de como venceram apenas com o próprio esforço. Essas histórias ignoram os privilégios com que puderam contar ou as muitas pessoas que lhes deram um sanduíche quando estavam com fome, lhes perdoaram o atraso de alguns dias de aluguel ou até mesmo os deixaram usar o banheiro da cafeteria.

Existir em sociedade significa viver com os outros. E nenhuma pessoa, a despeito do que pense, é uma ilha. Nesta era moderna, morrer acontece em comunidade. São necessários médicos, enfermeiros, cuidadores, pessoas para cozinhar e tomar conta das crianças; a lista é extensa.

A maioria de nós morrerá de doença. Isso significa uma queda lenta até um estado de impotência. Todos nós vamos acabar precisando de alguém. Até mesmo o pedido de um cliente para "me levar lá para fora e me dar um tiro" exigiria a assistência de outra pessoa. Nossa vida, em sua concepção, é uma colaboração. O esperma encontra o óvulo.

Entendo como é difícil nos entregarmos a outra pessoa: confiar a outro nosso coração, nossos medos, nossas partes escuras e sombrias, e também confiar que cuidarão de nós e ainda seremos amados. É difícil se render e ser vulnerável. Claudia construiu uma fortaleza ao redor de si por medo de se decepcionar com pessoas que não vão ajudá-la da mesma forma que ela as ajuda. Assim, ela própria está criando as condições para que os outros não a auxiliem em sua morte. Ela não consegue se lembrar de nenhuma pessoa em quem possa confiar para tomar decisões em seu nome em caso de doença grave ou morte. Claudia só confia em si mesma porque não *se* confiou a ninguém.

Depois de chorar por um tempo razoável, com seus cabelos cacheados balançando junto com os ombros, Claudia diz que vai conversar com a irmã caçula sobre sua internação hospitalar e aproveitar a oportunidade para falar sobre a morte. De todos os irmãos, a caçula provavelmente seria a que respeitaria seus desejos e faria o que Claudia quisesse, mesmo sem concordar. Só a ideia de conversar com a irmã sobre isso já faz Claudia sofrer um pouco mais. É difícil precisar de alguém quando, a vida toda, deixamos que os outros precisassem de nós. Mas todos devemos deixar o orgulho de lado e começar a precisar de alguém, já.

Estou triste por Claudia. Mas também estou triste pelos milhares de vezes que não deixei os outros cuidarem de mim. Não lhes dei a oportunidade de me amarem com seu cuidado e bloqueei o ciclo de abundância ativo ao recusar seu afeto. A sociedade nos diz que o epítome da condição feminina é ser altruísta. Doar sem parar até que o patriarcado tenha levado tudo e possamos ser dóceis e controladas. Não devemos ter nenhuma necessidade. Um poço sem fundo, sem as águas subterrâneas para enchê-lo novamente. Quem vai nos encher de volta? Como vamos aprender a receber essas águas?

Com Claudia, percebo que minha falta de disponibilidade para ser ajudada me transformou em uma ilha. Sou uma espécie de loba solitária, que tornava quase impossível a simples missão de deixar alguém me ajudar a carregar as compras, quanto mais cuidar de mim em meus momentos mais vulneráveis.

A mensagem negativa sobre carência vem de todos os lugares: já ouvi gente reclamando de como seus companheiros são carentes demais e amigas criticando aquele colega que está sempre ligando. Mesmo assim, muitas vezes precisei de um abraço demorado de um amigo ou chorar com uma das minhas irmãs e passar algum tempo com meu homem. Sou "carente"? O que há de errado em ter necessidades? Ou elas são demandas humanas básicas? Penso em como não consegui expressar minhas necessidades sempre que minha mãe ou amigos ligavam perguntando se eu estava bem. Eu me encolhi para não me sentir um fardo e medi minha força pela quantidade de dor que conseguia suportar sozinha.

Um dos meus principais e mais profundos desejos é ser amada e estimada. Eu o satisfaço cuidando das pessoas do meu jeito clássico de estar presente nos momentos de riso ou choro: eu rio *e* choro com elas. Ali com Claudia, percebi como isso poderia ter impacto no meu processo de morte se eu nunca tivesse atingido o fundo do poço a ponto de me tornar vulnerável. Relutei em aceitar ajuda até não me restar mais nenhuma opção.

15

Aberta

Meus dias no Colorado com Kristin, em grande parte, eram todos iguais. De manhã, ela deixava comida preparada e Luke me contava suas atividades do dia caso eu quisesse acompanhá-lo. Eu geralmente recusava, menos quando ele ia andar de bicicleta, pois era uma paixão comum e ele tinha arrumado uma velha Schwinn vermelha de dez marchas para mim. Eu passava meus dias observando as pessoas pela janela da sala, fazendo longos e relaxantes passeios de bicicleta e me perguntando por que ainda me sentia paralisada. Não encontrei resposta, e então pensei em Joshua, um caso antigo, que costumava ter acesso a drogas psicodélicas. Talvez ele pudesse me ajudar a agitar as coisas. No mínimo seria uma forma interessante de passar a tarde. Liguei para ele.

Até aquele momento, meu uso de psicodélicos tinha sido sobretudo para fins medicinais, com uso recreativo ocasional durante o Halloween na faculdade (escolha horrorosa) e no festival

Burning Man (uma boa escolha, então e sempre). Minhas experiências com LSD, psilocibina, ayahuasca, cetamina e DMT me ensinaram que uma experiência alucinógena permite olhar sob a superfície para uma verdade que pode estar escondida no inconsciente. Até mesmo o uso recreativo é medicinal à sua maneira. Drogas psicodélicas e enteógenas são medicamentos.

Eu e Joshua namoramos quando estava na faculdade e continuamos amigos. Na esperança de iniciar uma nova aventura — porque não, não desisti de tentar me distrair com os homens —, fiquei desapontada ao perceber que não sentia mais atração por ele. Eu não sabia dizer se era por causa de nosso tempo separados, sua aparência desleixada ou minha depressão. Não correspondi à sua paquera, mas mesmo assim ele me ofereceu uma barra de chocolate com cogumelos. Peguei-a e percebi que não havia nada que a distinguisse de uma barra de chocolate comum, exceto a embalagem, que parecia feita com uma impressora doméstica. Com uma piscadinha e um sorriso de advertência, ele não aceitou dinheiro por ela.

— Use com sabedoria — disse ele.

Uma tarde, decidi comer a maior parte do chocolate. Luke e Kristin ficariam fora o dia todo, então eu poderia fazer o que quisesse. Contei meu plano a Kristin e, embora tivesse ficado hesitante, ela sabia que não poderia me impedir. Coloquei uma cadeira ao sol, no quintal cercado da casinha deles, e desenrolei um tapete de ioga caso quisesse me alongar ou rolar de um lado para outro. Havia chá de hortelã pronto, pois os cogumelos psicodélicos podem provocar náusea quando começam a fazer efeito. Uma playlist de músicas neo-soul escolhida especialmente para esse propósito começou a tocar quando estabeleci uma intenção para minha jornada psicodélica: "Que eu possa ver a verdade".

As horas seguintes foram confusas. Balancei ao ritmo de algumas das minhas canções antigas favoritas até não aguentar mais o som da música. Cores giravam e lembranças pungentes iam e vinham, como se eu estivesse observando um *reel* estilizado da minha vida. Às vezes, incomodada pelo sol e me sentindo vulnerável do lado de fora, eu entrava na casa e sentava na sala, no enorme sofá azul perto da janela. A mastim inglês de Kristin, Chloe, fez companhia ao meu corpo enquanto minha mente viajava. Como fazia na maioria dos dias, olhei pela janela com nostalgia.

A diferença é que, dessa vez, comecei a chorar.

As pessoas lá fora viviam suas vidas com aparente facilidade, ignorando a desgraça que estava acontecendo dentro da casa marrom-clara, na Lowell Street. Elas passeavam com os filhos e os cachorros, resolviam seus afazeres de carro e pegavam a correspondência. Por meses, eu tinha sido incapaz de realizar qualquer uma dessas tarefas básicas, no entanto pensei me lembrar de uma versão de mim mesma que conseguiria fazê-las.

Para onde ela tinha ido? Parecia impossível tê-la perdido de vista, embora eu não conseguisse encontrá-la.

Eu era uma casa vazia.

Sem alegria.

Sem esperança.

Sem senso do eu.

Sem valor para o mundo.

Sem valor para mim mesma.

Nada.

A falsa aparência a que eu estava me agarrando desmoronou como um muro da Acrópole. E com ela um conjunto de crenças sobre mim mesma e o mundo. De que se eu fizesse a coisa "certa" — exercer o direito corretamente, ser uma boa filha, me casar, usar meus dons a serviço dos outros, fazer o que era "esperado" de mim —, eu teria uma vida boa. Seria perfeita, feliz, realizada, completa. Quem era eu sem aquilo que, segundo haviam me dito, proporcionava uma vida boa? Quais partes de mim se desenvolveram para disfarçar traumas, para me fazer sentir digna, para manter minha armadura, para evitar ser julgada? Quais partes de mim eram verdadeiras?

As lágrimas continuaram, e me perguntei se finalmente havia desabado. As comportas não se fechavam, apesar de meus esforços. Depois de algumas horas sem conseguir parar, liguei desesperada para o trabalho de Kristin.

Quando ela atendeu, lutei contra as lágrimas.

— Tem alguma coisa errada.

Seu tom era urgente quando perguntou:

— Você está bem?

— Não, não, não, não. Acho que não — admiti, finalmente derrotada.

Eu conseguia ouvi-la se esforçando para manter a calma.

— Certo. Então, o que tem de errado?

Silêncio e soluços.

— Você vai fazer alguma besteira? — perguntou Kristin.

O suicídio passara pela minha cabeça, mas só como uma abstração, nunca como um ato. Eu não queria necessariamente morrer. Só não queria mais me sentir *daquele jeito*. A dor era grande demais.

— Não, não vou. — Era verdade.

— Me prometa — implorou ela. — Chego em casa daqui a meia hora. Ligue para a sua terapeuta e depois me ligue de volta, certo? ME PROMETA!

Liguei para minha terapeuta em Los Angeles. Ela perguntou basicamente quando eu tinha comido os cogumelos e como estava me sentindo naquele momento.

— Despedaçada por dentro — respondi. — Eu finalmente joguei a toalha. — Depois de ouvir a minha situação e a torrente de lágrimas, ela sugeriu uma internação. — Não — falei com veemência e sem hesitação. Pensei na proposta. Então disse "não" de novo. *De jeito nenhum*. Passei nove anos na prisão que eu mesma construíra na defensoria pública e seis meses no equivalente a uma solitária no Calabouço. Não havia a menor chance de eu me internar.

Eu não iria me confinar em outro lugar.

Minha terapeuta já conhecia bem minha conversa fiada e minhas justificativas, então não ficou surpresa. Sugeriu com suavidade que eu pensasse no assunto e deixasse as coisas correrem. "*Aquelas* pessoas precisam de ajuda, não eu", pensei.

E, no entanto, eu era uma "daquelas pessoas". Não conseguia administrar minha própria vida. Não conseguia ir para o trabalho. Precisava de alguém que cozinhasse para mim. Não comia sem que me pressionassem. Precisava de alguém para lavar as minhas roupas. Precisava de alguém para pagar minhas contas. Precisava de alguém para me apoiar. Precisava de alguém para realizar minhas tarefas cotidianas. Precisava de alguém para secar minhas lágrimas. Nunca tinha me sentido tão desamparada e pequena. E eu não sabia por que me sentia assim. Apenas que o sentimento era avassalador — e bloqueava tudo de bom na minha vida e tudo o que era bom em ser eu.

Kristin voou pela porta antes que eu terminasse a conversa com a minha terapeuta. Ainda com a roupa de trabalho, ela se sentou comigo no sofá durante as horas seguintes, enquanto eu finalmente dividia com ela como estava doente. Quando Luke chegou, ela o chamou de lado e ele desapareceu de novo. Naquela noite, chorei tudo o que restava dentro de mim, com minha doce amiga em vigília, testemunhando minha pequena morte. Eu tinha desabado.

Para alguns, essa experiência psicodélica teria indicado uma *bad trip*. Para mim, foi a mais produtiva de todas. Anos sorrindo, sendo levada pela maré e fingindo estar bem, enquanto a depressão devastava minha mente e meu corpo, tinham cobrado seu preço. Eu não tinha forças para combatê-la. Finalmente eu conseguia me ver com clareza e admitir que estava muito doente.

— Precisamos conversar sobre como vamos curar você — disse Kristin com suavidade no dia seguinte. — Eu te conheço bastante bem para saber que não vai querer se internar, certo?

Concordei enfaticamente.

— Tudo bem então, e quanto à medicação?

— Não quero tomar nenhuma droga — deixei escapar.

Kristin ficou de olhos arregalados e queixo caído. Nós duas começamos a rir. Eu tinha acabado de ingerir drogas psicodélicas no dia anterior e ela me *conhecia*; um estado alterado de consciência não era novidade para mim.

— Você sabe o que eu quero dizer! — falei, rindo. — Não *desse* tipo.

Eu conhecia muita gente que obtivera ótimos resultados usando medicamentos para tratar a depressão. Minha terapeuta os tinha sugerido inúmeras vezes. Porém sempre relutei em usar remédio. Tenho certeza de que isso era um resquício teimoso da minha visão distorcida de força. Como uma pessoa negra, também poderia ser resultado de uma desconfiança saudável no sistema médico ocidental. Além da reposição diária de hormônios tireoidianos, devido à doença multinodular, e oitocentos miligramas de ibuprofeno por mês, para acalmar um útero que parecia escolher a violência para expelir seu revestimento, eu não tomava mais nada. Não é de admirar que minhas decisões de cuidados e tratamentos para o fim da vida recorram principalmente a métodos holísticos. Levamos os valores com que vivemos para o morrer.

Além disso, eu não estava convencida de que minha depressão fosse causada por um desequilíbrio químico. Já havia me automedicado e me anestesiado com maconha, vinho, viagens e romance por tempo demais. Estava sendo chamada de volta para mim mesma, e era hora de atender ao chamado. Os cogumelos tinham me mostrado o que precisava ver, e era o momento de fazer uma escolha.

— Então, o que sobrou? — implorou Kristin.

Dei de ombros. Ninguém mais poderia me dizer o que eu precisava fazer para me curar. Ou para viver. Só eu tinha as respostas.

Decidi retomar minha prática de meditação, que havia ficado de lado. Eu precisava *me* ouvir de novo: meus pensamentos reais, minhas razões efetivas, meus desejos verdadeiros, minhas intenções subjacentes, minha verdade. Como eu usara meu inconsciente para ver o problema, queria tentar usar minha atenção consciente para curá-lo.

Essa não é uma opção segura para todo mundo, é claro. Eu nem tinha certeza se era o caminho "certo" para mim. Mas me senti impelida a tentar. Durante a maior parte da minha vida adulta, eu meditara com dedicação todos os dias. Mas, dessa vez, quando as coisas ficaram complicadas, em vez de intensificar a meditação, parei. Tornou-se muito difícil ficar comigo mesma: o bom, o ruim, o incômodo e o oculto. Sombras, monstros, fantasmas e segredos. Pode ser um lugar assustador para se ficar quieto, sobretudo se você, como eu, for bom em fugir. Eu precisava entrar no espaço liminar.

Ficar quieta não é o meu forte. Comecei a andar antes de completar um ano e estou em movimento desde então, remexendo nos anéis, nas mãos ou nas roupas mesmo quando o resto do meu corpo parece quieto. Não consigo tomar cafeína porque me deixa ansiosa. Faço exercício para queimar o excesso de energia, mas a meditação me ajuda a vislumbrar a quietude que meu corpo parece não conseguir encontrar em outro lugar. Parece que um fogo se acende no meu rabo quando fico no mesmo local por muito tempo, mas meu pai sempre me disse que, se eu não souber para onde estou indo, o melhor é *ficar quieta*.

Não experimentei meditação de verdade até ter que sobreviver à faculdade de direito. Lá, aprendi a fumar tabaco e maconha, o que me permitia ficar com a minha respiração, longe do barulho e do estímulo das festas. Foi minha primeira meditação involuntária. Mas, nas tentativas iniciais de meditação de atenção plena, eu ficava sentada, frustrada por não conseguir acalmar minha mente por tempo suficiente para me aquietar. Inspira, expira — mexer-se, mexer-se, ver as horas, mover as pernas, tocar o cabelo. Mexer-se. Imaginar o que a minha paixão do primeiro ano estava fazendo naquele exato momento. "Onde você está, Chad?" Mexer-se.

Quase desisti, até perceber que meu trabalho não era domar o que os meditadores chamam de "mente de macaco", mas observá-la. Era prestar atenção para onde minha mente escolhia vagar, as rotinas em que caía. Afinal, a meditação é uma prática. Uma prática de observar a mente, não de silenciá-la. De encontrar a quietude no espaço liminar, o espaço entre duas respirações.

Experimentamos muitos espaços liminares enquanto vivemos. Escadas e elevadores. Férias de inverno. Aviões e entradas. O interlúdio no álbum *Urban Hang Suite*, de Maxwell. A ponte do Brooklyn. O crepúsculo. A alvorada. De quebrada por dentro a aberta. O nascimento, o lugar de transição por excelência. Durante a puberdade, ficamos entre a criança e o adulto. Quando estamos noivos, não somos solteiros nem casados. E, enquanto estamos na fase ativa de morte, não somos mais deste mundo, porém ainda não somos do que vem depois, se existir alguma coisa. Na cultura, os ritos de passagem marcam nossos espaços liminares. Na cultura ocidental, existem poucos rituais para honrar a liminaridade. Ficar em vigília ao lado de quem está morrendo é um desses rituais. É notório que os seres humanos se sentem incomodados com espaços liminares — por isso às vezes precisamos de alguém para nos guiar.

Uma jovem chamada Summer entra em minha vida três meses antes de sua morte. Sabendo que o fim está se aproximando, devido a um câncer de mama detectado tardiamente, ela quer planejar um funeral em casa para tirar o encargo de seus amigos. Também quer se assegurar de que terá o tipo de serviço que *ela* deseja. Aos 26 anos e até recentemente afastada da família, Summer ouviu falar de doulas da morte e me encontra como cortesia do Instagram. As redes sociais são uma forma de ela se aproximar de outros jovens com câncer, sentir-se conectada à cultura popular e obter apoio durante seu processo de morte.

Quando conheço Summer, ela já começou a aceitar sua morte, que está se aproximando rápido.

— Era para eu ser jovem demais para morrer! Mas ela está vindo de qualquer jeito! — diz ela.

Summer é prática de um jeito estimulante, o que é surpreendente, dada a sua idade: quinze anos a menos que a idade em que os médicos geralmente começam a sugerir a mamografia (e uns bons trinta anos mais jovem que a idade em que "era para" alguém se preocupar com câncer de mama). Ela ignorou o caroço no seio que seu ex-namorado encontrou um ano antes. Seu médico de cuidados primários também não deu muita importância devido à sua idade e ao histórico familiar sem casos da doença. Quando o caroço foi submetido a biópsia, tudo mudou. O plano de tratamento foi agressivo: quimioterapia, radioterapia e mastectomia dupla. Isso funcionou por um curto período, e Summer experimentou as alegrias da remissão. Então o câncer reapareceu nos linfonodos e rapidamente metastatizou para o restante do corpo. Seu namorado foi embora logo depois.

Estou impressionada com a graciosidade com que Summer divide a notícia comigo, e lhe digo isso. Com essa admissão, me pergunto se falei o que não devia. Sem usar a palavra, estou chamando-a de "corajosa": um adjetivo temido entre os doentes terminais. Embora pareça um elogio, quem vive com uma doença grave não tem muita escolha em relação a isso. A doença está presente. O câncer provoca uma avalanche na vida das pessoas e, embora haja opções para enfrentá-lo, simplesmente viver com uma doença não torna ninguém corajoso nem heroico.

Muitos dos meus clientes me disseram que o fato de outras pessoas incentivarem sua coragem e heroísmo os impedia de expressar medo ou raiva. É uma atitude que estimula a pessoa a colocar um sorriso engessado na cara e fingir que está tudo bem. Quem está doente não quer ter que fazer isso, nem deveria. Minha própria depressão me mostrou que a honestidade pode ser uma vítima comum da doença. Eu sabia como era fácil exibir um sorriso corajoso e como ele poderia esconder a solidão.

Summer não é diferente. Minha relação com ela é fácil e imediata. Ela não perde tempo e me conta o que está acontecendo.

— Já que estamos no assunto, por favor, não deixe ninguém dizer que eu "perdi" minha "batalha" contra o câncer, ok? — Ela revira os olhos e eu solto um gemido teatral.

A analogia com a guerra está muito incorporada em nossa linguagem relativa a doenças. Dizemos que as pessoas "lutam" contra o câncer, ou "perdem" sua vida, como se nosso corpo não fosse a própria natureza envolvida no velho e regular ciclo do nascimento, declínio e, por fim, morte. Quando usamos linguagem de batalha, transformamos em vencedores e perdedores as pessoas que amamos quando, na realidade, seu corpo está ou não respondendo ao tratamento. Muita gente que quer "vencer" o câncer acaba morrendo. Eles não "lutaram" o suficiente? Não são "heróis"? Alguns se sentem fortalecidos pelas metáforas de guerra, para eles são úteis. Contudo, é mais indicado obter permissão antes de usar esse tipo de linguagem para garantir que não estamos alienando aqueles que não se sentem lutadores, soldados valentes ou corajosos. Alguns estão apenas doentes e cansados de estar doentes. Eles não querem lutar.

Embora esteja morrendo, Summer está "vencendo" seu combate contra o câncer, na minha opinião. Ela ainda é bonita e parece uma líder de torcida, com um narizinho arrebitado, lábios carnudos, uma peruca loura repicada na altura dos ombros e uma atitude de quem sabe que é melhor não se desculpar por ser quem é diante do pouco tempo que lhe resta. Ela continuou com as aulas de equitação quando se sentia bem, apesar do tratamento, e teve os seios reconstruídos no tamanho que ela sempre quis que tivessem.

— Tamanho G — diz ela. — Pena que ninguém brincou com esses mamilos tatuados — observa Summer.

Quando se oferece para mostrá-los a mim, dou uma risadinha e aceito com entusiasmo. Ela levanta sua camiseta da Rihanna para mostrar os seios novos; está sem sutiã. As tatuagens nos mamilos parecem tridimensionais, com aréolas marrom-rosadas e pequenos pontos marrons para as glândulas de Montgomery que cobrem suas cicatrizes. Embora eu tenha visto poucos seios de mulheres brancas de perto, acho que estes parecem bem convincentes.

— Eu amo esses peitões — diz ela, enquanto balança lentamente os ombros e aperta os seios. Em outra vida, na qual ainda não estivesse morrendo, ela faria sucesso entre os clientes do bar Hooters.

Summer fica triste ao falar sobre não voltar a andar a cavalo. Ela oscila entre alegria e tristeza, mantendo os dois sentimentos de uma forma que pessoas bem mais velhas do que ela não imaginam ser possível.

Sua pequena casa é fresca, e duas janelas estão abertas. Há no ar um cheiro levemente doce e enjoativo — como caramelo e remédio. Olhando ao redor, me pergunto que destino dará a seus pertences. Ela mora em uma quitinete de quarenta metros quadrados, no térreo de uma casa ajardinada, em Vale de São Fernando, Los Angeles, com apenas uma panela para cozinhar suas refeições. Na bancada da cozinha, há muitos pratos de vários formatos e tamanhos e sua coleção de copos. Ela decorou o lugar com seus chapéus e blocos de madeira com palavras caligrafadas neles. Nada de "viva, ria, ame", mas várias outras citações inspiradoras. Parece a primeira casa de uma jovem: cartazes de shows emoldurados nas paredes, luzinhas atrás da cama, um sofá verde-oliva usado, conseguido de graça no site Craigslist. Sinto uma profunda tristeza por saber que sua vida terminará antes que ela compre um sofá novo ou troque os cartazes por obras de arte.

Eu me policio novamente, mas dessa vez em relação ao julgamento e ao etarismo que surgem na minha cabeça. Será que Summer é mais merecedora da minha tristeza porque ela ainda não se estabeleceu na idade adulta de uma forma que considero significativa? A aproximação da morte de Summer evidencia uma de minhas crenças perniciosas em relação a pessoas que morrem jovens. As pessoas muitas vezes projetam seu próprio medo de morrer nos outros. Estou triste por Summer não ter muita experiência como adulta, embora ser adulto não seja sempre divertido. Ela saiu de casa e construiu uma vida para si mesma quando tinha dezessete anos, encontrando um emprego, pagando impostos e conseguindo móveis baratos que parecem muito bons. Aos dezessete, eu não tinha sido beijada e ganhava apenas 6,25 dólares por hora no cinema. Talvez ela seja mais adulta do que a considero. Eu me repreendo (de novo) por ficar julgando as experiências de vida dos outros.

O etarismo é muito comum nos cuidados com a morte e no luto. É bem-intencionado, mas, ainda assim, não muito legal. Tendemos a dar mais ênfase a uma pessoa que morre jovem, considerando sua morte uma desgraça maior e esquecendo, em grande medida, o fato de que os jovens também morrem com frequência. Quando um jovem morre, chamamos isso de tragédia, pois ele "tinha a vida toda pela frente". O que Summer viveu até agora *é* sua vida toda. Negar isso é negar o tempo absoluto e soberano da morte.

— Não me importo com o que vai acontecer com a maioria dessas coisas. Eu já falei para os meus amigos que eles podem pegar o que quiserem, e o resto pode ser jogado fora — diz ela. Pergunto sobre seus pertences de valor afetivo, mas ela não juntou muitos recentemente. — A minha irmã pode ficar com a camiseta da P!nk.

É o primeiro show a que Summer foi. Ela deixou itens da sua juventude na casa em que passou a infância, de onde fugiu depois de acusar o padrasto de abuso sexual. Quando a mãe escolheu ficar do lado do padrasto, Summer mudou-se do Meio-Oeste dos Estados Unidos para Los Angeles, na esperança de lucrar, com sua aparência, na indústria do cinema e da TV. Contudo, teve muita dificuldade para encontrar um agente, só conseguiu trabalhar como figurante e decidiu cortar os laços com a família.

Conforme o fim de sua vida se aproxima, Summer muda de ideia e se reconecta com a mãe, Betsy, e com a irmã caçula, Georgia. Ao ouvir que o câncer de Summer acabará com sua vida, elas vêm para Los Angeles, para serem suas cuidadoras, e planejam ficar até ela morrer. Nesse dia em que visito Summer, Betsy e Georgia saíram para nos deixar a sós. Suspeito que também não estejam prontas para a conversa franca que vamos ter sobre o funeral de Summer. Ela quer um funeral alternativo: em casa.

Summer decidiu que quer ser velada em casa por algumas horas depois de morrer. Ela assistiu a um vídeo sobre funerais em casa e, como seu grupo de amigos em Los Angeles diminuiu muito durante o tratamento, ela quer que as pessoas mais próximas tenham algum tempo com seu corpo antes de ser cremado. Depois de depender seriamente desses amigos durante o tratamento, ela não quer iniciar outra vaquinha para pagar mais nada. Suas cinzas devem seguir para a casa de infância com a mãe. Ao pensar no leito de morte ideal, Summer vê rosas laranja, sua flor favorita. Com esse detalhe em mente, imaginamos um leito de morte onde as flores são colocadas em sua cama e no corpo, decorando ainda seu apartamento. "Don't Wanna Go", dos Lumineers, estará tocando enquanto seus poucos entes queridos se reúnem.

Ela a coloca para mim. Ouvindo a letra, lágrimas vêm aos meus olhos. Apesar de já ter atendido muitos clientes, sempre sinto uma forte emoção na presença de alguém cuja vida terminará em breve. Isso não me torna menos profissional. Apenas humana.

Por meio do meu trabalho, aprendi a amar as pessoas que estão partindo. É um ônus da profissão. Inevitavelmente, elas morrem. E, embora eu saiba que isso acontecerá em breve, pois essa é a razão de estarmos trabalhando juntas, a situação não fica mais fácil. De certa forma, é mais difícil. Conheço todos os seus medos da morte, suas inquietações com a família, suas preocupações com a bagunça que possam deixar. E sei que vão em direção ao fim, de qualquer jeito. Não há escolha. Isso me faz amá-las ainda mais.

 Summer também fica emocionada. Ela não quer morrer, mas sabe que sua hora está próxima. Ela está doente. Nos meses em que trabalhamos juntas, sua aparência muda. Rosto chupado. Pele pálida e acinzentada. Movimentos lentos. Palavras arrastadas. Veias azuladas visíveis sob a pele, especialmente nos seios novos. A luz de sua vida está esmorecendo. E ela sabe bem como quer que essa luz se apague.

 Depois de decidirmos que seu corpo será removido após a morte pela mesma empresa que vai cremá-lo, e discutirmos que seus implantes terão que ser retirados antes da cremação, conversamos um pouco sobre religião. Como eu, Summer foi criada evangélica. E, também como eu, ela nunca se empolgou muito com a ideia de paraíso e inferno. Ela abandonou o cristianismo depois de sair de casa e não olhou mais para trás. Até agora.

 — E se eu estiver errada? — pergunta Summer, alongando as sílabas.

 — Né? Tipo, será que a gente devia mesmo ir pra igreja todos os domingos? — respondo, brincando.

 — Ou quem sabe não devíamos xingar pra caralho!

 — Bem, você está prestes a descobrir essa porra toda! Vê se me avisa, beleza?

 Damos risada, mas dou continuidade à conversa sobre religião, pois parece estar mexendo com o seu coração. O leito de morte é o momento crucial para priorizarmos nossos sentimentos mais urgentes. Em breve, não haverá mais tempo para falar sobre o que pesa no coração. No final da nossa sessão, Summer já escolheu quais partes do cristianismo deseja manter e decidiu que gostaria de ser batizada. Só para garantir. Embora não acredite que vá para o inferno por rejeitar o cristianismo e viver secularmente, ela ainda guarda algumas dúvidas. Melhor prevenir do que ser condenada a queimar no fogo eterno. Comemoro sua decisão, tal como faria se ela fosse muçulmana, budista, hindu ou um dervixe rodopiante.

A secularidade tem um papel central na maneira como exerço minha atividade de doula. As necessidades dos clientes de diferentes religiões são bastante universais. Isso me permite ter uma postura secular em minha abordagem a fim de ajudá-los a se prepararem para a morte. Geralmente, todos morremos igual, exceto pelo que acreditamos que virá depois. Posso ajudar meus clientes a ter clareza em relação ao que acreditam sem confundir com o que eu acredito. Além disso, aquilo em que acredito muda, se altera e se redefine com cada morte a que assisto e a cada dia em que vivo, então é imprevisível em qualquer momento.

Converso sobre esse assunto com o capelão dos cuidados paliativos, que fica tocado com a conversão de última hora de Summer. Eu também. O mesmo acontece com a mãe dela, que andava implorando para Summer voltar à igreja desde que saiu de casa. Ela finalmente está realizando seu desejo: seu bebê vai para o paraíso, de acordo com sua crença. Posso ver o quanto isso significa para ela. Meus pais provavelmente também ficariam em êxtase. O pastor Joe realiza os ritos batismais, asperge sua cabeça com um pouco de água e agradece a Deus por perdoar os pecados de Summer. Quando ele vai embora, ela diz:

— Alguns desses pecados foram muito divertidos de cometer. Tem problema eu não me arrepender deles? — Sua leveza é um bálsamo para meu espírito, e lhe digo que vou perguntar ao pastor Joe em nome dela (e um pouco em meu nome também).

Como a hora da morte de Summer parece estar se aproximando, eu a visito de novo na tarde seguinte. Quando entro em sua casa pela porta de correr e vou até o quarto, percebo que há algo diferente. Summer está sentada na cama repuxando os lençóis, tentando com dificuldade descobrir os pés e se levantar. Embora não pese mais do que a minha perna esquerda, ela não consegue se erguer porque a doença diminuiu seu tônus muscular. Ela murmura sem parar que precisa da mala e que quer ir embora. Está frustrada, uma mudança marcante em relação a nossas visitas anteriores. Há uma característica em seu comportamento que vejo em clientes próximos à morte. Eu me ofereço para ajudar a descobrir seus pés, mas isso não ajuda.

Reconhecendo seu comportamento como agitação terminal, pergunto aonde ela quer ir caso eu esteja errada. Summer murmura principalmente para si mesma, mas em resposta à minha pergunta:

— Para algum lugar. Não sei. Outro lugar. Qualquer lugar menos aqui. Eu quero ir. Me ajude.

Mas não há para onde ir. A fase ativa de morte está próxima. A agitação terminal (às vezes chamada de inquietação terminal ou delírio hiperativo) é um estado de ansiedade, agitação e confusão que está presente no fim da vida, mas de forma mais acentuada do que as mudanças de humor que acompanham o morrer. A pessoa moribunda pode parecer irritada, angustiada, impaciente, inquieta e incapaz de relaxar. As mudanças metabólicas e fisiológicas que sofremos enquanto os sistemas do corpo param de funcionar podem ser uma das causas, mas ninguém realmente sabe. Eu me pergunto se é o esforço derradeiro para tentar escapar da morte. Ansiolíticos podem aliviar os sintomas e geralmente são prescritos pela equipe de cuidados paliativos quando disponíveis.

Betsy me informa que Summer recebeu medicação para dor há pouco tempo, então podemos descartar a dor não controlada como causa de sua angústia. Georgia está chateada porque a irmã está sendo grossa com ela. Eu lhe explico que o comportamento de Summer se deve provavelmente ao seu processo de morte. Não sei até que ponto isso ajuda. O enfermeiro já está a caminho para verificar outras causas de sua aflição. Até que ele chegue, fico com Betsy, Summer e Georgia e tento acalmar Summer usando a playlist que ela fez para ajudá-la em momentos de sofrimento emocional. A playlist de Summer é do tipo que toca nas aulas de ioga *nidra*. As escolhas musicais fazem parte de uma conversa padrão que tenho com os clientes no início do meu trabalho de planejamento de fim de vida: juntos fazemos uma lista de ações reconfortantes simples, rituais, palavras de aconchego, música, poemas e textos ou versículos religiosos para ajudá-los no sofrimento emocional de quando estão morrendo.

Quando o enfermeiro chega, ele confirma os sintomas de Summer. Ela não está relatando nenhuma dor. O enfermeiro me pede para preparar Betsy e Georgia para o que está por vir; estamos perto, e ele confia em mim para dar essa notícia. Eu lhes explico o que esperar nos dias seguintes e me coloco à disposição para o que precisarem naquela noite. Como esperado, elas ficaram abaladas com o tormento de Summer, mas estão gratas por saber que o alívio chegará em breve, mesmo que esse alívio seja a morte. Depois que Summer cai em sono profundo, vou para casa descansar um pouco, sabendo que os próximos dias serão transformadores. Assim como ocorre com cada morte.

Só durmo com o despertador ligado quando um cliente está na fase ativa de morte. A qualidade do sono é ruim de qualquer maneira sabendo que alguém de quem cuidei está partindo. Esta noite não é diferente. Em geral, deixo os familiares decidirem se desejam que eu esteja presente perto do momento da morte. Alguns me querem lá com eles, e outros só querem saber que alguém se importa. Há os que precisam de respostas para perguntas e os que me chamam após a morte ter ocorrido. Está tudo bem para mim, desde que se sintam apoiados. A própria Summer solicitou que eu estivesse presente em sua morte e Betsy concorda ansiosamente. De todo modo, confio na capacidade inata dos meus clientes de morrer.

Desorientada, acordo às sete da manhã com o toque estridente do telefone e anoto mentalmente que preciso mudá-lo para algo que soe menos com caminhões militares anunciando que a guerra chegou à minha cidade. A respiração de Summer sofreu uma alteração significativa, e Betsy não pregou o olho, bastante concentrada nas inspirações e expirações da filha. Elas estão irregulares e desaceleraram na última hora. A morte não tardará. Salpicando rapidamente água fria no rosto, escovo os dentes, pego uma barrinha de proteína e vou ficar em vigília ao lado de Summer, em seu espaço liminar.

Quando vou entrar em um aposento onde a morte é iminente, paro antes e me lembro de tratar cada morte como se fosse a minha primeira. Seguindo um ritual, toco o batente da porta para lembrar que estou atravessando um limiar. Seja lá quem for que eu encontre do outro lado vai me transformar. A Alua que entra não será a Alua que sai. A morte muda todo mundo. Em silêncio, repito o mantra que adotei neste trabalho: "Que eu fale a verdade. Que eu transmita amor. Que eu seja minha maior bênção".

Tal como a fase ativa de trabalho de parto, a fase ativa de morte é um espaço liminar igualmente interessante, merecedor de total sacralidade e honra. Afinal, morrer é o espaço entre aqui e ali (onde quer que esteja). Na maioria das mortes naturais, existem alguns sinais reconhecíveis de que o fim está próximo. Nos dias e horas anteriores à morte, o moribundo começa a se desligar das pessoas próximas e sua atenção se volta para dentro. A função renal fica mais lenta, reduzindo e escurecendo a produção de urina. A pressão arterial cai, assim como a temperatura corporal. As extremidades ficam frias ao toque e a pele fica manchada, o que é chamado de moteamento. Isso também é evidente em pessoas de pele negra. Nesse espaço liminar, as pálpebras ficam ligeiramente abertas, mas o indivíduo não responde mais a estímulos diante dos olhos. A boca então se abre e os padrões respiratórios tornam-se irregulares. A vida depende de uma única respiração.

Ao entrar no quarto, sinto a mudança de energia. Uma quietude começou a descer e cobrirá o quarto quando Summer o deixar. Eu me concentro no que está por vir, sabendo plenamente que não há nada a fazer senão abrir espaço para este evento inexplicável e testemunhá-lo. Tenho muita sorte de poder ficar na porta da existência, entrar e sair dela transformada pelo poder da vida e da morte.

Após cruzar a soleira, coloco minha sacola mágica de doula da morte perto da porta. A linda bolsa de viagem marroquina de couro de camelo contém alguns itens para o ritual: livros de poesia, uma tigela tibetana, papel em branco, velas, óleos essenciais, incenso, fósforos, água de flórida, um saquinho de terra e um saquinho de folhas de chá; e itens que a família pode usar para um cuidado natural da morte: bolas de algodão, protetores absorventes, toalhinhas, elásticos de cabelo, lenços de papel, hidratante, sabonete de Castela, uma escova de cabelo e uma tigela pequena para limpeza. Minha bolsa de doula também contém uma garrafa de água, uma maçã, um pacote de salgadinhos, um carregador de celular e qualquer romance interessante que eu esteja lendo no momento. Tenho que ficar hidratada e equilibrada. Há também vários tecidos para ajeitar um espaço caso seja necessário.

Betsy segura um lenço de papel que se desfaz numa das mãos e, na outra, a mão esquerda da filha. Seus olhos estão vermelhos e seu cabelo, desgrenhado. Uma olhada em Summer confirma que ela está na fase ativa de morte. O pulso fraco e irregular reforça isso. Em um sussurro, digo-lhe que vou beijá-la, então beijo sua testa e percebo que seu nariz arrebitado começou a ficar azulado na ponta. Isso é cianose: outro sinal da fase ativa de morte. Os olhos castanhos estão ligeiramente abertos, mas não respondem a nenhum estímulo. A boca está frouxa e a respiração tornou-se mecânica, desacelerando para cerca de sete a dez por minuto. O corpo faz seu trabalho para parar de funcionar. Pego lá fora as rosas laranja que Summer adora e as coloco na mesa de cabeceira. Então, conforme seu pedido, coloco uma em sua mão. Novamente a beijo e sussurro que ela está fazendo tudo certo.

Nas três horas seguintes, me alterno entre esfregar as costas de Betsy, cantar, abraçar Georgia e lembrá-la de respirar, segurar a mão de Summer e contar sua respiração. Baixa para seis respirações por minuto e depois acelera. Provavelmente é o padrão respiratório chamado respiração de Cheyne-Stokes. O espaço entre as inspirações e as expirações é curto e agudo, e, no entanto, parece que há uma eternidade entre elas. Juntas, ficamos nesse espaço liminar com Summer, também prendendo a respiração com ela até que não inspire de novo.

Summer morre. E, então, a quietude sagrada nos envolve e nos abraça a todas. Está repleta do fascínio da vida e do espanto da morte. Com lágrimas e reverência, Betsy e Georgia lavam o corpo seguindo minhas instruções, esfregando uma toalhinha, embebida em água perfumada com óleo de lavanda, no rosto, nos braços, no tronco e nas pernas de Summer.

Juntas colocamos nela o vestido branco de crochê que ela escolheu. Espalhamos rosas laranja ao seu redor. Os amigos que ela me pediu para chamar vêm vestidos de branco. Summer também queria que eles usassem os chapéus que ela colecionava, então cada um coloca o seu: uma seleção variada de bonés *trucker*, chapéus de cowboy, chapéus-coco e chapéus fedora. Um por um, eles se despedem dela e ficam por ali, beliscando petiscos e consolando uns aos outros. Ela também pediu que eles tomassem uma dose de bebida e levassem um copo consigo. Eu tomo uma dose, mas deixo o copo para outra pessoa.

Cerca de uma hora depois, o pastor Joe chega e nos conduz em um funeral cristão, incluindo um breve sermão. Compreendendo a importância de um cristão recém-convertido e falecido, ele usa esse fato na cerimônia e cantamos músicas seculares escolhidas por Summer. Quando acaba, damos as mãos ao redor do corpo, até o crematório vir e levá-lo ao som da música dos Lumineers.

O luto pela morte de Summer é exatamente o mesmo de quando uma pessoa idosa morre. Olhando em volta, vejo a mesma dor — cabeças baixas, vozes murmurantes, lágrimas silenciosas — que eu teria visto no funeral de um avô idoso. Porém, culturalmente, esperaríamos que a dor fosse maior, porque Summer era jovem. O etarismo na morte também aparece ao se expressar condolências. No luto, o etarismo soa como "Ela teve uma vida longa e plena" ou "Você teve 65 bons anos com ela" quando falamos na morte de pessoas mais velhas, mesmo que esses anos tenham sido uma droga. Quando dizemos que alguém que morreu viveu uma vida "longa e plena", acabamos, sem querer, minimizando a experiência do luto para a pessoa que está chorando a morte de um idoso. Será que ela não pode ficar triste mesmo que sua avó fosse velha? Quem pode dizer se alguém morreu cedo demais? Ou se viveu tudo o que queria? Talvez a avó quisesse se apaixonar uma última vez e suas expectativas foram interrompidas por viver apenas 97 anos. Dói, não importa o que aconteça.

Summer era jovem na hora de sua morte e seu corpo não respondia mais ao tratamento. Mas ela estava se curando. Há cura disponível na morte, mesmo que geralmente a consideremos a antítese da saúde. A palavra *curar* muitas vezes indica que algo pode mudar e melhorar, embora saibamos que ninguém pode ser "curado" da morte. O melhor que podemos fazer é levar conforto ao processo de morte e apoio na cura de feridas emocionais e espirituais. Às vezes, "curar" é deixar um corpo doente.

No seu processo de morte, Summer curou a relação que tinha com seu corpo. Isso ficou evidente na metáfora que escolheu — estava em uma "dança" com o câncer, e não transformou a doença em vilã — e no orgulho em mostrar os mamilos recém-tatuados. Através da morte, ela curou sua relação com a família e com a religião. Ela reconciliou a vida que teve com a que queria. Summer teve a boa morte com que muitos sonham, mesmo que muita gente acredite que ela "deveria" ter tido uma vida mais longa. Mas, porque ela morreu naquele momento, sua vida ficou completa, afinal.

16

Cuba te espera

Se eu pudesse fazer uma pergunta ao criador, a *La Luna*, ao Prince, aos orixás, à força mágica do amor que tudo sabe, seria simplesmente:
Por quê?
Por que o sofrimento? Por que a depressão? Por que os mosquitos? Por que toda a dor, insegurança, incerteza e, acima de tudo, por que a própria vida? Por que a morte?
O "porquê" da vida é sempre muito poderoso ao saudar a morte. O desejo de saber a resposta é forte, e nossa necessidade emocional de obtê-la pode ser muito urgente, muito avassaladora. Às vezes, um cliente *exige* saber, diretamente, a resposta, olhando para mim como se eu fosse revelar todos os grandes mistérios da vida em troca dos meus honorários. Sinto compaixão por essa pessoa. É tudo o que posso fazer, nesses casos, para ajudá-la a encarar o desconhecido e para ampará-la no medo e na dúvida de saber se sua vida foi boa o suficiente. Eu própria conheço bem esse medo.

* * *

Quando conheço Leslie, ela me cumprimenta, ofegante, nos degraus da frente de seu humilde apartamento. Aos 67 anos, ela está ligada a uma máquina de oxigênio, que tem sido sua companheira constante há meses. Está nos estágios finais de uma doença pulmonar que enrijeceu suas vias aéreas, e os poucos passos da poltrona até a porta de entrada a fazem perder o fôlego.

O apartamento de Leslie é decorado com vários bibelôs: corujas de porcelana, colheres decorativas emolduradas, matrioscas, fotos de sua única filha, Kathleen. Foi ela quem me ligou pedindo para auxiliar a mãe, que está tendo dificuldade para se conformar com a doença que acabará com sua vida. Ajudo Leslie a voltar para a poltrona, posicionada na sala principal, de frente para a porta e a janela. Nos doze degraus entre a porta de entrada e a poltrona, paramos duas vezes.

Ela se senta na poltrona e estende o braço até a mesa lateral, que tem tudo de que precisa ao longo do dia para se acalmar. Controle remoto. Remédios. Um livro com orações cristãs diárias. Um telefone celular e um fixo. Lenços de papel. Um saco de amêndoas. Uma foto da filha. Um prato sujo com restos do café da manhã. Um caderno e uma caneta, que ela pega da mesa.

Trocamos gentilezas, e então, de um jeito estimulante, Leslie vai direto ao ponto:

— Qual é a sensação de estar morrendo?

É a sua primeira pergunta. Desde que comecei a trabalhar neste ramo, anos atrás, nunca me perguntaram isso de forma tão direta. Fico desconcertada.

— Ah! Bem, não sei — gaguejo. — Mas, como estive perto de algumas pessoas que estavam morrendo, posso contar o que elas compartilharam sobre suas experiências enquanto ainda podiam se comunicar. Isso ajudaria?

— Hum, não muito — responde Leslie. — Eu quero muito saber como é realmente o momento da morte.

Estou perplexa.

— Não sei. Ainda não passei por isso, então não posso falar por experiência própria.

Ela inclina a cabeça para o lado e olha para mim com curiosidade.

— Tudo bem, vamos seguir em frente então. — Leslie traça uma linha na página, provavelmente em cima da pergunta que ela acabou de fazer, e examina o resto de suas perguntas. — O que acontece depois que a gente morre?

Sinto uma pontinha de alívio, não porque eu saiba a resposta, é claro, mas porque sempre me fazem essa pergunta. A maioria de nós tem algumas crenças acerca do que acontece depois que morremos, mas quem está no fim da vida é particularmente confrontado com essa questão. As crenças, em geral, são como um lago turvo para quem está à beira do precipício e prestes a saltar. Logo haverá indícios do que está no fundo. O melhor que posso fazer é ajudar as pessoas a terem clareza em relação ao que acham que acontece. Já percebi que até mesmo os mais religiosos começam a questionar, em silêncio, suas crenças quando sabem que em breve descobrirão a resposta.

— Também não tenho essa resposta — digo a Leslie —, já que ainda estou aqui com os vivos.

Em regra, não discuto muito minha visão sobre o pós-morte com meus clientes. É pessoal. Além disso, quero ser um espelho imaculado para as pessoas que estão morrendo enquanto lidam com as próprias ideias. É a morte *delas*. Vou ter a minha mais tarde. Em um movimento clássico de doula, devolvo a pergunta para Leslie.

— O que *você* acha que acontece quando a gente morre?

— Acho que não importa em que acredito, o que eu quero saber é o que realmente acontece — responde ela. — Você pode me ajudar com isso? — Leslie respira, aflita, mais uma vez, enquanto a máquina de oxigênio a seu lado ronca suavemente.

— Não posso dizer com certeza, já que ninguém que fez o caminho todo até lá voltou para contar — respondo. Eu lhe digo que talvez seja mais útil falar sobre o que ela acredita, pois juntamos pedacinhos de religião, ciência, cultura, filmes, nossos medos etc. Mas Leslie me interrompe.

— Eu não quero brincar de adivinhar — insiste ela. — Eu quero saber. Você está me dizendo que não tem a resposta?

Temendo desapontá-la, mas não vendo outra saída, digo:

— Você está certa. Eu não sei. Não tenho como saber com certeza até morrer.

— Tudo bem. — Voltando ao caderno, Leslie traça com força outra linha na página, riscando a pergunta, e depois continua: — Morrer é doloroso?

Finalmente uma pergunta que posso responder com alguma clareza.

— Pelo que sei, morrer em si não é doloroso. A dor que as pessoas experimentam no fim da vida normalmente é consequência da doença que enfrentam, e não da própria morte. A sua equipe de cuidados paliativos vai lhe administrar medicação contra a dor para que você não sinta nenhum desconforto enquanto morre.

— Então você está dizendo que eu não vou sentir dor?

— Estou dizendo que qualquer dor que você sinta por causa da sua doença deve ser bem controlada pelos seus médicos. Podemos conversar com eles sobre as suas preocupações e montar um plano para abordá-las. Isso acalmaria um pouco a sua mente?

— Um pouco. Quero saber se vai doer.

— Provavelmente, não.

Leslie respira mais algumas vezes e olha sem expressão para o caderno. Não sei dizer se ela só precisa de um tempo para organizar os pensamentos ou se está perdendo a paciência comigo. Ela vira a folha e arrasta a caneta para abaixo, detendo-se por um momento no meio da página.

— Quando eu perder a consciência, quanto tempo vou ter até morrer?

Droga. Estou começando a me sentir inútil.

— Varia de pessoa para pessoa. Algumas morrem muito rápido depois de fecharem os olhos pela última vez, e outras passam dias assim. Não tem como saber com certeza como vai ser o seu processo.

Leslie expira profundamente. Pode ser da doença, embora pareça muito mais com impaciência.

— Serei capaz de me comunicar com a minha filha depois que eu morrer?

Aqui está outro aspecto com o qual posso trabalhar. Posso conversar com Leslie sobre as partes da consciência que ela acredita continuarem existindo depois que morremos. Podemos falar sobre as brincadeiras que só ela e a filha conhecem. Podemos explorar as maneiras pelas quais Kathleen se sentirá próxima da mãe após a morte dela quando ouvir palavras ou imagens que remetam a essas histórias. Posso compartilhar histórias que ouvi sobre beija-flores e borboletas que se recusaram a sair do lado daqueles que estavam de luto. Mas começo a crer que nada disso servirá como uma resposta adequada às perguntas de Leslie.

O verdadeiro trabalho que fazemos juntas aparece. Leslie está lidando com as grandes incógnitas da morte e a entrega que ela exige. Simplesmente não há resposta adequada para a maioria de suas questões. Eu me pergunto se, no fundo, ela sabe disso. Talvez um conselheiro espiritual fosse melhor para Leslie, e sugiro que ela faça essas perguntas também ao capelão da equipe de cuidados paliativos. Talvez eu devesse ter oferecido chavões repletos de significado ou dito tudo o que eu imaginava que ela quisesse ouvir. Às vezes, fico pensando se essa é a coisa mais compassiva a se fazer. Mas a verdadeira resposta para a maioria das perguntas sobre a morte é "não sei".

Pergunto a Leslie se, alguma vez, sentiu alguma comunicação com as pessoas que fizeram parte de sua vida e já morreram. Ela me conta que a colher decorativa favorita de sua tia falecida é a única que cai da parede de vez em quando e diz adorar que a tia esteja lhe dizendo silenciosamente que ainda está ali. Leslie suaviza um pouco o tom em relação a mim enquanto folheia seu caderno de novo. Após um silêncio pesado e desconfortável, pergunta hesitante:

— Quanto tempo me resta?

Fico com o coração partido. Sorrio com ternura e a encaro com coragem. Não digo nada.

— Me deixe adivinhar — fala ela. — Você não sabe.

Ela expira. Eu prendo a respiração.

Finalmente Leslie fecha o caderno, com certa força. Confirmo que ela ficou impaciente.

— Então, o que você *de fato* sabe? — pergunta ela.

— Não muita coisa, pelo visto.

Soltamos uma risadinha constrangida.

— Então, por que você está aqui? — pergunta Leslie com um suspiro.

Explico meu papel como acompanhante e me ofereço para ajudá-la nas tarefas que ela consegue controlar. Asseguro a Leslie que ela está fazendo as perguntas certas e todo o trabalho duro. Digo-lhe que as perguntas que ela faz não podem ser respondidas por ninguém e a encorajo a permanecer imersa nelas. Algumas não exigem resposta. Outras nem mesmo têm resposta. Essa é a parte difícil de morrer. É também a parte difícil de viver. Como podemos ficar presentes no hoje sem saber se existe um amanhã?

Na escola, aprendemos que é possível reunir informação suficiente para auxiliar na resolução de problemas se respondermos a cinco perguntas básicas: quem, o que, quando, onde, por quê. No entanto, nem de longe elas ajudam no caso da morte. Aplicar essa fórmula escolar não tem qualquer utilidade.

Quem morre? Todo mundo. Ninguém na história escapou da morte.

O que é a morte? A ciência e a experiência nos dizem que a morte é a cessação de todas as funções e atividades corporais críticas e necessárias para a manutenção da vida.

Quando morremos? A menos que se escolham a data e a hora da morte, ambas permanecerão desconhecidas até o último suspiro.

Onde morremos? Veja o parágrafo anterior.

Por que morremos? As grandes religiões, os filósofos e as pessoas sob o efeito de substâncias alucinógenas batalham com essa questão desde sempre. E ninguém parece ter uma resposta boa o suficiente para nos apaziguar.

Não admira que a morte nos deixe tão incomodados. Não podemos reunir muita informação a seu respeito, e reunir informação é o que nos faz sentir seguros. Pensar na morte nos conduz diretamente ao incômodo "não sei". No meu trabalho de apoio às pessoas que estão morrendo, conheço muitas que se apegam àquilo que acham poder controlar para evitar se renderem ao maior "não sei" da vida.

Ficar confortável com os vários "não sei" do trabalho com a morte me deu humildade. Não existem certezas na prática do acompanhamento da morte. Às vezes, sinto-me impotente para ajudar meus clientes. Não posso tirar seu incômodo em relação à incerteza nem posso fornecer informação para torná-la mais confortável. Não posso apaziguar seu medo. O máximo que consigo fazer é estar com eles quando tentam criar respostas para si mesmos enquanto praticam a entrega ao desconhecido. Há coisas que podemos controlar, como resolver nossos assuntos e dizer "Eu te amo" e "Você me magoou". Mas as grandes questões sempre permanecerão sem resposta.

Ficar confortável com os vários "não sei" da vida também me trouxe humildade. A vida é um "não sei". Não sabemos o que vai acontecer no próximo minuto. Quando tomamos consciência disso, nos sentimos insignificantes, patéticos e impotentes. Então nos ocupamos, afastando o pavor existencial com as obrigações diárias, tarefas, dependência, trabalho, sexo e qualquer outra coisa que possamos fazer para evitar o incômodo.

Abrir-se para o incômodo de não saber é onde reside a parte importante. Quando achamos que sabemos, não somos flexíveis. Ficamos estagnados e empacados. Abrir-se para o incômodo de não saber significa abrir-se para a magia do que pode ser: o lugar de potencial puro e ilimitado onde tudo é possível. Isso permite que os seres humanos que encontramos ao longo do caminho nos guiem de volta a nós mesmos e à nossa verdade individual. A vida se desenrola diante de nós. Esse é o único conhecimento disponível. O desconhecido é precisamente o que nos torna humanos. Confirmo essa verdade com cada cliente.

Leslie morre menos de um ano após nosso primeiro encontro. Durante esse tempo, vou até sua casa e fico com ela várias outras vezes. Suas grandes questões permanecem, mas, em vez de recorrer a mim em busca de respostas, ela vai ficando confortável com a ideia de não saber e de ouvir sua própria verdade — a única que importa. Minha função como doula da morte e como ser humano é apenas testemunhar seu incômodo e sua vulnerabilidade de não saber o que está por vir e mantê-la nesse lugar até que ela descubra a verdade por si mesma.

Nos meus filmes favoritos, o personagem principal sempre passa por uma revelação extraordinária: Celie encontra seu poder e amaldiçoa o personagem Mister em *A cor púrpura*, e Cher Horowitz se dá conta de que está apaixonada pelo irmão de criação, Josh, em *Patricinhas de Beverly Hills*. Há grandes fogos de artifício e um chafariz começa a jorrar água quando ela percebe seu sentimento.

Na vida real, a verdade sobre quem somos e o que queremos nem sempre se revela em um clímax. O caminho em direção à verdade pessoal é mais lento, enlouquecedor, excruciante e fragmentado. A vida nos deixa migalhas de pão para seguirmos. Cabe a nós seguir essas migalhas ao longo do caminho, uma por uma. Elas podem nos levar a algum lugar que finalmente pareça um lar. No final, nós mesmos podemos ter um momento "Eu amo o Josh!".

Fui uma das migalhas de pão de Leslie.

Elián González, dentre todas as pessoas, foi uma das minhas.

Depois de algumas semanas frustrantes tentando me ajustar à minha prática de meditação na casa de Kristin, onde o tempo não passava e minha mente não parava de divagar, minha prática começou a emperrar. Como se estivesse andando em trilhos de trem gastos, minha mente vagueava constantemente de volta à minha doença e à dúvida de se eu ficaria saudável de novo. Eu pensava em como tinha conseguido chegar até ali e nas escolhas que fizera. Pensava nos meus erros e nas pessoas que magoei. Pensava nos meus ex e em como eles suportaram minha natureza volúvel e evasiva. Pensava se o quanto eu estava sofrendo iria magoar minha família.

Durante uma meditação matinal, minha mente vagueou até Elián. Cidadão cubano, ele emigrou para os Estados Unidos em um bote inflável com a mãe. Ela se afogou no caminho, e Elián, com seis anos na época, ficou no meio de uma batalha internacional de guarda entre seus parentes nos Estados Unidos e seu pai em Cuba. Elián também devia estar sofrendo profundamente. Seu nome dominou as notícias; não dava para ir a um posto de gasolina sem ouvir falar dele.

Em junho de 2000, um tribunal dos Estados Unidos decidiu que Elián tinha que ser devolvido para Cuba, e ele foi retirado à força da casa de seus parentes paternos. A primeira página de todos os jornais estampou a imagem de um garotinho assustado com armas da Patrulha de Fronteira apontadas para ele e o tio, escondidos em um armário. Fiquei horrorizada com a violência empregada para recuperar uma criança, e a imagem me assombrou por meses.

Doze anos mais tarde, enquanto eu meditava, o rosto de Elián ressurgiu na minha cabeça e não ia embora por nada.

Depois disso, fiquei louca para saber o que havia acontecido com Elián. Ouvi dizer que ele havia entrado para o Exército de Cuba, o que me levou a investigar a fundo. Li sobre o embargo dos Estados Unidos, a crise dos mísseis cubanos, a Guerra Fria e a história dos líderes do país. Observei sua geografia e sua cultura. Lembrei de que uma das minhas bandas favoritas, o Buena Vista Social Club, era de lá.

Fiquei intrigada de um jeito que já conhecia. Fiquei também desconfiada das minhas próprias tendências: em um dos momentos mais difíceis da minha vida, será que procurava outra distração? Por que eu estava tão curiosa com Elián?

Sem certeza das respostas, me arrastei para longe do computador e comi as minicenouras e o homus que Kristin havia deixado para mim na bancada naquela manhã. Em seguida, fui para a biblioteca na Schwinn vermelha de dez marchas de Luke, bombeando minhas pernas contra os pedais, com o vento no meu cabelo. Eu ia devolver um livro chamado *Morri para renascer*. É a autobiografia de uma médica, Anita Moorjani, cujos órgãos entraram em falência após uma dança (não uma batalha) contra o câncer. Ela detalha sua experiência de quase morte e reconhece a origem de sua doença, desse modo se curando. O livro saltou da estante quando eu estava na biblioteca alguns dias antes. Fiquei inspirada, pensando se conseguiria encontrar a origem da minha doença e me curar.

Quando cheguei à biblioteca, havia algumas pessoas circulando com abaixo-assinados que não tive vontade de assinar. Apesar do passeio de bicicleta e de ficar ouvindo o Buena Vista Social Club a manhã inteira durante meu mergulho profundo em Cuba e Elián, estava rabugenta e irritada. Eu estava assim havia meses — culpa da depressão. Mas a biblioteca era um dos poucos lugares que levantavam meu ânimo. Não via a hora de entrar. Os livros ainda forneciam uma passagem confiável para fora de mim. Devolvi o livro de Moorjani e peguei mais alguns: *A bruxa de Portobello*, de Paulo Coelho, *A guardiã da minha irmã*, de Jodi Picoult, e *A cura quântica*, de Deepak Chopra.

Fora da biblioteca, um jovem esguio, segurando uma prancheta, tentou chamar a minha atenção.

— Com licença, moça! — Ele levantou a voz enquanto vinha na minha direção.

Olhei para o chão e continuei andando. "Essa não é a linguagem universal para me deixe em paz?" Era evidente que ele não a conhecia.

— Olá, você tem um minuto para falarmos sobre o meio ambiente?

— Não, estou com muita pressa — menti, sabendo muito bem que eu não tinha nenhum outro lugar para ir havia meses. O homem me seguiu.

— É só um minutinho. Já ouviu falar do Greenpeace?

Isso não importava, porque ele iria me contar de qualquer jeito. Enquanto o sujeito exaltava as virtudes da organização ambiental, com uma voz estridente incompatível com seu corpo alto e vigoroso, senti meu coração amolecer. A paixão por seu trabalho me fez diminuir o ritmo. Depois de me falar sobre os perigos das mudanças climáticas e seus efeitos nas florestas tropicais, ele fez a proposta:

— Então, você gostaria de contribuir?

Respondi que estava com o orçamento apertado e perguntei se, em vez disso, havia algo que eu pudesse assinar. Ele continuou insistindo, e comecei a ficar impaciente. Eu tinha um monte de nada para fazer! Finalmente, entendendo que não iria conseguir dinheiro de mim, o homem me ofereceu um panfleto do Greenpeace como lembrança. Ele então alcançou uma velha bolsa carteiro de couro azul-escuro para pegá-lo. A alça estava um pouco craquelada e havia algumas fitas desgastadas penduradas nela. Na frente, estampadas em vermelho, estavam as palavras em espanhol *Cuba te espera*.

Apontei ansiosamente para a bolsa.

— O que isso significa? — Eu sabia a resposta com meu espanhol rudimentar, mas ainda assim olhei para fora de mim em busca de uma confirmação.

O jovem pareceu confuso.

— Isto aqui? — perguntou ele, mostrando o slogan. — Significa "Cuba está esperando por você".

Recuperei o fôlego. Meus olhos se apertaram. Senti meu corpo todo pinicar.

Parece que *Cuba te espera* era um slogan publicitário da época em que Cuba estava totalmente aberta para os turistas dos Estados Unidos. Hoje em dia, os norte-americanos não podem viajar para lá (pelo menos, não oficialmente), a não ser que haja um propósito educacional legítimo. As diretrizes pareciam rígidas e apenas violáveis por aventureiros. Ou tolos. Ou desesperados. Eu era os três.

— Você já esteve em Cuba? — perguntei, minha curiosidade aumentando a cada segundo.

Ele respondeu que não, mas alguns amigos seus já tinham ido.

— Você tem que ir pelo México ou por uma das ilhas do Caribe para poder fazer seja lá o que quiser — disse ele. — Também tem que pedir para não carimbarem o seu passaporte quando chegar lá, porque, se você for pega, pode receber uma multa pesada por não seguir as regras.

Eu assentia devagar, inclinando-me para ele, ouvindo absorta cada palavra sua.

— Estava pesquisando sobre Cuba esta manhã — falei, hesitante. Depois, mencionei Elián González e alguns dos acontecimentos de sua vida que eu acabara de ler.

O cara era jovem demais para se lembrar de Elián. Ele apertou os olhos para mim, indicando educadamente que não estava entendendo.

Acenei com a cabeça para sua bolsa.

— Você acha que isso é um sinal?

Protegendo os olhos do sol com uma das mãos, esperei por uma resposta do garoto com a prancheta. Eu estava desesperada e teria aceitado qualquer coisa, de qualquer pessoa, como confirmação de que Cuba era uma boa ideia. Para mim, tudo era um indício de como sair da depressão.

O jovem deu de ombros, enquanto eu tentava ignorar as bolhas de champanhe que se formavam em meu sangue.

— Pode ser — sugeriu ele.

Aquilo foi o suficiente para mim.

Pedalei para casa na Schwinn, com minha mochila cheia e meu coração quase estourando devido ao esforço. Era o mais rápido que eu me mexia em meses. Jogando a mochila em Paco, meu fiel colchonete, corri de volta para a mesa da qual eu saíra apenas uma hora antes. A página de busca sobre a crise dos mísseis cubanos que eu deixara aberta continuava ali.

Algumas horas mais tarde, encontrei um roteiro por Cancún e uma agência de turismo que me ajudaria a preencher os documentos oficiais para entrar legalmente no país aproveitando a brecha do propósito educacional. O passeio era rigoroso para não violar as restrições de viagem dos Estados Unidos — mas, depois de três dias, eu iria sumir e viajar sozinha. Eu só precisava da agência de turismo para entrar no país e conseguir meu precioso carimbo no passaporte de um jeito legal.

A elaboração do plano estava indo bem — a não ser pelo fato de que eu estava clinicamente deprimida, não preparava uma refeição havia seis meses e dependia de Kristin para minhas necessidades mais básicas. Como eu iria enfrentar uma viagem internacional sozinha? Eu não sabia e também não me interessava. Ainda fazia muita besteira. Mas Cuba estava me esperando.

Antes que Kristin chegasse em casa do trabalho e conseguisse me dissuadir, reservei um voo para Cancún partindo dali a duas semanas. Imaginei que assim teria tempo para recuperar algumas habilidades básicas da vida, aprender um pouco de espanhol e convencer minha família e meus amigos de que eu viajaria bem sozinha. Certo?

Nenhum treinamento jurídico no mundo poderia ter me preparado para a guerra que todos travaram quando lhes disse que iria para Cuba sozinha. Protestei que eu viajava sozinha havia quinze anos. Kristin me lembrou do dia em que chorei por horas por causa do meu sapato desaparecido. Minha terapeuta perguntou como eu conseguiria entrar em contato com ela. Minha mãe — sempre nervosa com minhas viagens internacionais, de qualquer forma — mal foi capaz de disfarçar a preocupação em sua voz. Consegui imaginar suas sobrancelhas franzidas e seus ombros arqueados ao telefone: "Ah, tudo bem", disse ela, sua resposta automática às minhas ideias malucas.

Minhas irmãs tentaram me convencer a ir no ano seguinte.

Meu pai me lembrou de que Cuba tinha péssimas relações com os Estados Unidos.

Todos estavam certos. Era uma péssima ideia. E eu estava ouvindo exatamente as mesmas vozes que tinham me impelido a procurar por mim mesma ao redor do mundo, para sempre acabar de mãos vazias. Afinal, eu passara a última década fugindo de um lugar para outro sempre que enfrentava uma fase difícil. Como eu poderia ter certeza de que Elián e sua história comovente não eram uma desculpa que eu começava a inventar para semear o caos e fugir da minha vida, quando o que eu precisava era ficar quieta, enfrentá-la e encontrar um pouco de paz?

Encontrei um leve indício de paz em minha prática de meditação, mas os impulsos profundamente arraigados que nos fazem fugir de nós mesmos são muito mais fortes do que esses indícios. Às vezes, esses impulsos nos empurram direto para nós mesmos e nos forçam a confrontar algo que sempre soubemos, porém temos medo de aceitar.

Tudo o que eu sabia então era que sentia um formigamento dentro de mim pela primeira vez em... eu não conseguia lembrar quanto tempo. Tudo na minha vida, naquele momento, era um grande NÃO. Cuba parecia um tremendo SIM. Eu precisava ir, ainda que estivesse lutando comigo mesma por causa daquilo. Todas as noites, eu me revirava na cama, tinha pesadelos em que eu estava perdida no país sem ninguém para me resgatar. Era uma possibilidade. Será que eu voltaria aos velhos hábitos e padrões? Eu já havia tentado essa "cura pelas viagens" antes, e nunca funcionou. Como era mesmo aquela velha fala sobre a definição de insanidade? O que me garantia que dessa vez algo seria diferente?

Entretanto, a pontinha de luz que eu tinha dentro do meu corpo — o formigamento que sussurrava: "Cuba está esperando por você" — falava mais alto do que meu medo. Eu disse aos meus pais que lhes enviaria um e-mail todos os dias e eles compartilhariam as informações com minhas irmãs. Planejei ter sessões longas com minha terapeuta uma vez por semana. Prometi continuar minha prática de meditação. Eu me dei permissão para não ter respostas. Para não me apressar. Para estragar tudo. Para encarar a verdade sobre como me sentia. E para me perdoar regularmente. Para me abraçar com toda a ternura de um filhote de passarinho. Eu me sentia como um. Frágil. Uma pilha de nervos ambulante.

A casa de Kristin havia sido um útero materno. Durante seis semanas, eu me deixei ser carente. Deixei Kristin ver todas as minhas partes despedaçadas e me ajudar a juntá-las de novo. E então, eu voltava para o mundo, estivesse pronta ou não.

No aeroporto, quando finalmente me afastava dela e me dirigia para o terminal, estremeci. Fiquei preocupada de não me lembrar como comer. Parei ali, olhando para a uma placa que indicava: "Cancún". Será que eu era a mesma, andando nos mesmos círculos tristes, ou era algo... diferente? Se sim, era eu ou a situação que havia mudado? Eu não tinha certeza.

Afinal, lá estava eu, seguindo viagem de novo. Será que estava sucumbindo ao tédio e à inquietação mais uma vez? Eu considerava a minha inquietação meu calcanhar de Aquiles: o defeito fatal que me mantinha infeliz. A inquietação era aquela voz que gritava para eu largar a papelada, terminar com meu namorado, comprar passagens para locais duvidosos. Era a voz que me mantinha desconcentrada na escola, não confiável no trabalho e volúvel no amor. Eu travava uma batalha mortal com aquela voz havia muito tempo e com muito sofrimento.

E ainda assim...

Talvez a voz não tivesse causado o meu sofrimento. Em vez disso, talvez meu sofrimento viesse da minha recusa em escutá-la. Talvez eu estivesse sempre inquieta porque lutava contra a mensagem urgente que ela me enviava. Talvez o que eu precisasse fosse prestar atenção nessa voz dentro de mim e reconhecer, de uma vez por todas, o que ela tentava me dizer:

UM DIA VOCÊ VAI MORRER.

É a verdade mais simples de todas e, no entanto, é contra a qual mais lutamos.

Nós a rechaçamos. Procrastinamos. A morte é algo que acontece com os *outros*, ou então conosco, em um futuro tão distante que é o mesmo que "nunca". Priorizamos tudo o que menos importa à custa do que mais importa.

As pessoas esperam a vida toda para ver a Grande Muralha da China, até estarem doentes demais para viajar, e guardam a garrafa de Veuve Clicquot até não poderem mais beber.

Esperamos até amanhã para fazer aquela ligação importante, até sexta-feira para usar o batom roxo ou até o verão para começar a montar brinquedos no quintal para as crianças. Quando nos damos conta, temos uma doença, depois um diagnóstico e então estamos batendo às portas da morte.

A vida é agora. É bem aqui. É isto.

O passado é apenas uma série de lembranças codificadas no hipocampo. O amanhã, sempre a um dia de distância, é um mito e uma ilusão da insistência do nosso cérebro com o tempo linear. *Este* momento é o único que existe. No momento seguinte, você também já pode ter ido embora, virado uma lembrança no hipocampo de alguém.

No fim das contas, ter uma personalidade como a minha — apaixonada, sensível, criativa, curiosa, peculiar — me fez despertar de um jeito único para essa verdade. Como advogada, minha impaciência com a burocracia e meu foco em verdades fundamentais e na compaixão me deixavam extremamente desconfortável. No trabalho com a morte, esse foco me ajuda tanto a estar presente com meus clientes como a ajudá-los a estarem presentes consigo mesmos. E também a estar firmemente fixada no meu corpo. Meu hábito de sempre procurar sem qualquer promessa de encontrar me ajuda a guiar os clientes pelo terror do desconhecido. Se houvesse uma resposta para o eterno "por que", eu não desejaria conhecê-la. Assim posso continuar saboreando o delicioso mistério de cada faceta da existência. Quem eu sou não é um defeito. Quem eu sou é uma dádiva.

Então, sim, estava fugindo de algo enquanto esperava meu voo para Cuba. No entanto, eu também corria *em direção* a alguma coisa. Ainda não sabia por que ou quem era, mas sabia que ela estava em algum lugar. Encontrei-a em Cuba, num ônibus da Viazul, na companhia eletrizante de uma alemã que viajava pelo mundo para ver o que conseguisse antes que o câncer de útero pudesse acabar com sua vida. Eu a encontrei ao me imaginar no meu leito de morte pela primeira vez. E, com a minha morte como guia, vou encontrá-la repetidas vezes, continuando a seguir minhas curiosidades, minha verdade e minha felicidade até que — por fim — eu morra também.

* * *

Cada pessoa que tive a honra de acompanhar em direção à morte me deixou uma lição inestimável sobre a vida, mostrando-me as inúmeras maneiras pelas quais podemos escolher viver — e morrer. Todas vivem dentro de mim, assim como suas lições.

Entretanto, quando se trata de seguir a sua verdade sem medo — que se danem os derrotistas —, poucos me comoveram tanto quanto a sra. Bobbie.

Conheço a sra. Bobbie alguns anos após ter começado a trabalhar com a morte. Sua filha me pede para ficar com ela uma vez por semana nos dias em que ela e a irmã não puderem lhe fazer companhia. Em pouco tempo, fica claro que meu trabalho com a sra. Bobbie é fazer a retrospectiva de uma vida longa, percorrendo o caminho da memória e criando algum contexto para sua vida. Deduzo isso das histórias que a sra. Bobbie conta e reconta enquanto mantém o foco no passado e na vida que criou, numa tentativa de, aos poucos, encerrá-la. Nada permanece por fazer em sua vida, e não há mais tarefas para concluir.

Nascida em 1923, a sra. Bobbie acaba de completar 94 anos e está confinada a uma cama, em um lar para idosos de Los Angeles, depois de ter perdido a capacidade de morar sozinha. Sua cama é a primeira de três, separadas por cortinas em um quarto à meia-luz, mais distante da velha televisão de tubo presa ao canto superior direito da parede. O mal de Parkinson causou rigidez em suas mãos, e suas pernas não conseguem mais sustentar o peso do corpo. No entanto, seu espírito está intacto, e a sra. Bobbie parece entusiasmada por ter companhia. "Querida, olhe só para você! Você veio me ver tão bonita!", diz ela com olhos brilhantes toda vez que entro pela porta, por isso faço questão de me vestir bem para ela e desfilar. Ela me pergunta sobre minhas roupas, meus relacionamentos, minhas joias. Costumo colocar uma das peças nela, passando os anéis pelos dedos nodosos. A sra. Bobbie se olha e sorri, fingindo posar. Ela também está ansiosa para compartilhar as histórias de sua vida com um novo par de ouvidos. Imagino que seus familiares já ouviram essas histórias dezenas de vezes e estejam cansados delas. Puxo uma cadeira para o seu lado esquerdo, longe da cortina creme, ligeiramente suja pelas mãos que a puxam várias vezes durante o dia para dar algo parecido a privacidade aos residentes.

Durante minhas visitas, a sra. Bobbie me entretém enquanto hidrato suas mãos finas, pinto suas unhas de ameixa e arranco os pelos do queixo que crescem grossos e sem cuidado. O álbum de fotos de veludo bordô em sua mesa de cabeceira guarda lembranças de uma vida inteira e cheira levemente a perfume Shalimar. Como enfermeira viajante, ela recebeu permissão para sair do país durante a era Jim Crow, mesmo sendo negra. Ela se gaba dos lugares que viu e dos quais suas amigas nunca ouviram falar. A sra. Bobbie esteve na China e gostaria de poder me mostrar as pérolas que comprou como prova. Elas foram vendidas para pagar sua estada no lar de idosos. Ela me conta sobre o marido que botou para correr com uma arma quando descobriu que ele a traíra. Também fala sobre os outros divórcios: quatro no total, com muitos amantes entre eles. Enquanto escovo seu cabelo, insiste que foi uma das primeiras mulheres negras dos Estados Unidos a usar o cabelo preso em um coque banana, pois ela tinha visto um em Paris. Ela morou em 26 casas em Los Angeles e se orgulha de ter morado em certos bairros.

— Você devia só ver aquelas caras brancas quando eu saía de roupão e bobes domingo de manhã para buscar o jornal.

Quando questionada sobre quantos bisnetos tem, a sra. Bobbie responde, bufando:

— Querida, perdi a conta.

Embora esteja próxima do fim, ela permanece cheia de vida. Apesar de repetir as mesmas histórias, sua memória para detalhes permanece afiada. Ao longo de um ano, observo sua saúde piorar lentamente. Suas histórias ficam mais curtas e ela perde o interesse em comer, a não ser os biscoitos de aveia recheados que são vendidos no posto de gasolina e que lhe dou às escondidas. Eles são macios o bastante para ela, que não tem dentes. O interesse em ter o cabelo escovado e as unhas pintadas também diminui.

Naquela que acaba sendo nossa antepenúltima visita, levo-a para o pequeno pátio, em cadeira de rodas, para ver as orquídeas que ela adora. Elas finalmente floresceram e a sra. Bobbie está maravilhada com sua cor: magenta no meio, branca em cima. Pergunto-lhe se seus 94 anos — quase 95, ela interrompe para me lembrar — fazem algum sentido para ela. A sra. Bobbie teve uma vida muito complexa. Mulheres da sua idade normalmente se casavam, permaneciam assim, não trabalhavam e tinham filhos. Porém a sra. Bobbie fez seu próprio caminho. Espero uma fala mágica para aliviar meu medo profundo de ainda estar vivendo errado a vida. Talvez eu devesse ter ficado na defensoria pública. Talvez eu devesse ter continuado casada com Kip. Talvez eu devesse ter tido filhos.

Com seu jeito descontraído, a sra. Bobbie diz:

— Querida, ainda não entendi merda nenhuma. A minha vida foi uma confusão só. E eu não mudaria nadinha de nada. — Ela faz uma pausa, franze os lábios e mexe o queixo para a frente e para trás, esmagando o biscoito de aveia nas gengivas. — Caramba, foi uma viagem e tanto!

Três semanas depois, recebo uma ligação de uma de suas filhas me avisando que a sra. Bobbie teve um problema cardíaco. Reconforto a mulher e lhe digo que estou à disposição para receber atualizações se e quando ela quiser passar. Pessoalmente, considero isso uma ocorrência menor, pois a sra. Bobbie já passou por muita coisa na vida e sempre sai com histórias para contar. Poucos minutos depois, a realidade se impõe. A jornada louca da sra. Bobbie logo terminará. Ela morre alguns dias antes do aniversário de 95 anos, ocasião na qual havia planejado usar um vestido vermelho de lantejoulas, com o cabelo preso em um coque banana.

Eu me sinto honrada por ser convidada para o seu funeral. Isso não é incomum, pois me aproximo dos clientes e de suas famílias durante o processo de morte, mas este é diferente. Nunca conheci nenhum familiar da sra. Bobbie: nosso contrato de serviço foi feito por telefone, os documentos foram assinados eletronicamente e minhas visitas à sra. Bobbie eram cara a cara. Só eu e ela. Conheço nomes e histórias, mas os únicos rostos são velhas fotografias amareladas de momentos capturados quarenta ou cinquenta anos atrás. No funeral, consigo sentir a presença da sra. Bobbie. A maioria das pessoas são parecidas, pois muitas são parentes dela e entre si. O discurso, feito pelo neto mais velho, é íntimo e conta histórias ainda mais absurdas do que aquelas que ouvi. Acrescenta camadas à mulher que lutou para viver de acordo com seus próprios termos e não aceitou a versão pré-fabricada de vida imposta naquela época. Esse é o seu legado e é impressionante. Choro em silêncio no último banco, grata por seu exemplo.

Existe o mito social do "ter tudo". Segundo essa ideia, deveríamos ter ótimos empregos, que também são nosso propósito de vida e nossa paixão, abdome definido, filhos bem-sucedidos, casa limpa, cônjuge apaixonado e sobrancelhas perfeitas. Mas as sobrancelhas afinaram demais no início dos anos 2000 e não voltaram a crescer. Os seres humanos nunca serão perfeitos. Em algum momento, cada um de nós vai enfraquecer, desmoronar e morrer.

Muitos chegaremos ao fim da vida ainda remoendo o que acreditamos que "deveríamos" ter feito, mas a vida não vem com manual. Apenas chegamos num saco de matéria esperando que a vida seja o que deve ser. Fazer as pazes com o manual ilusório da vida é um trabalho que muitos só realizam no leito de morte, quando é tarde demais para corrigir o rumo. Enquanto vivemos, podemos construir uma vida com a qual nos sintamos confortáveis em morrer.

Passei muito tempo tentando me libertar do emaranhado de expectativas dos outros e desaprendendo as regras que a sociedade ditou sobre como a vida deveria ser. Viver minha vida no "deveria" me trouxe mais dor do que propósito e certamente mais tristeza do que satisfação. A segunda pergunta que me faço com mais frequência ainda é: "Estou fazendo a coisa certa?". (A primeira é: "Estou com fome ou entediada?".)

A resposta é sempre SIM. Estou com fome. E, sim, estou fazendo a coisa certa. Não importa o que os outros pensem. É a minha vida e, em meu leito de morte, serei a única a arcar com as escolhas que fiz.

Só sabemos que tipo de história vivemos quando conhecemos seu final, e queremos um final hollywoodiano. Queremos finalizar com um laço lustroso o que talvez seja uma pilha de merda fumegante. A vida não funciona assim. A morte, também não. Pode ser confusa, torturante, repleta de surpresas e curvas fechadas à esquerda. Aquele lacinho bonito para coroar o fim de uma vida pode não chegar. Em seu lugar, pode estar a coroa de flores que fica em cima do caixão.

Só o que sabemos é que tudo acaba. Nossa negação coletiva da morte nos estimula a agirmos como se pudéssemos viver para sempre. Entretanto, não temos a eternidade para criar a vida que queremos.

Pelo amor que você tem à sua vida, não morra com o congelador cheio de bananas. Faça o pão de banana. Grite no travesseiro. Tire um cochilo. Coma o bolo. Perdoe a si mesmo. Compre os sapatos que você quer. Peça desculpas a quem você magoou. Observe os passarinhos fazendo ninho. Diga a sua verdade. Diga a quem você ama que você os ama. Trepe. Muito. E faça amor. Peça demissão. Ou *aceite* o emprego. O que quer que *você* saiba que precisa fazer para reconciliar a sua vida com a sua morte. Faça isso. Faça hoje. E não pare até ficar satisfeito.

Epílogo
Onda de purpurina

Penso na minha morte quase todos os dias. Às vezes, porque estou fazendo algo meio ridículo, como andar de patins na cozinha. Quase escorrego, e me imagino inconsciente depois de bater na bancada. Outras vezes, penso na minha morte porque me vejo no batente entre este mundo e seja lá o que vem depois testemunhando a morte de outra pessoa. Ainda me pergunto como um ser humano pode ter uma centelha de vida dentro de si, que então desaparece como fumaça. E, algumas vezes, penso na minha morte porque toda a minha vida está me levando para esse momento misterioso.

Nenhum de nós sabe o que acontece quando a vida termina. Muitos de nós, compreensivelmente, escolhem preencher esse espaço desconhecido com pavor, com o medo de deixar o único lugar que conhecemos. Todavia, em nosso cotidiano, quando pensamos em fazer uma viagem para algum lugar onde nunca estivemos, podemos antevê-la com alegria. Podemos fazer o mesmo com a nossa morte, se quisermos, adicionando detalhes sensoriais tão exuberantes que podemos senti-los em nossos ossos.

Eis o que *eu* escolho:

Nos momentos anteriores à minha morte, estou deitada na minha cama, que fica em um deque do lado de fora da minha casa. Meus sentidos estão totalmente ativados, até o ponto em que meu corpo moribundo é capaz de aguentar, pois esta é a última vez que eles conseguirão absorver as imagens, os sons, os aromas e os toques que aprendi a estimar. Permitindo que meus olhos se deleitem com seu último pôr do sol, quero ver aquarelas laranja, rosas exuberantes e roxos vibrantes conforme o dia vira noite sobre a copa das árvores. Quero ouvir o vento soprando entre as folhas enquanto as árvores se balançam em sua dança sincronizada de décadas. Ouço apenas a conversa tranquila dos meus entes queridos e o som de água correndo suavemente de um riacho próximo.

No deque, estou rodeada de girassóis laranja e amarelos, junto com algumas peônias, cujo perfume ainda sinto do meu leito de morte. O aroma do incenso de *nag champa* e âmbar é levado suavemente pelo ar até minhas narinas. Posso também sentir o cheiro das árvores e da terra úmida e mofada. Minha última refeição, espero, incluiu uma banana-da-terra madura frita, embora meu corpo decadente provavelmente não deseje comida há semanas.

Meus amigos e familiares não ficam em cima de mim, mas me vigiam com cuidado caso eu diga algo memorável. Com minha sorte e boca suja, minhas últimas palavras serão: "Que merda do caralho!".

Um cobertor de lã macio me cobre e estou usando meias confortáveis. Odeio pés frios e me arrepio só de pensar que essa possa ser uma das minhas últimas sensações terrenas. Meus lábios estão hidratados, assim como minha pele, porque tenho cuidadores que sabem que não vou a lugar nenhum com a pele acinzentada, muito menos à minha morte. Tenho que manter meu tom chocolate o máximo possível. E é bom que eu não esteja vestindo sutiã!

Meus assuntos estão resolvidos e meus entes queridos sabem o que fazer com meus bens e meus restos mortais: quero um enterro ecológico. Colocar meu corpo diretamente na terra, coberto apenas por uma mortalha de seda crua rosa-choque e laranja, não mais do que um metro abaixo da superfície, para que os vermes possam devorar minha celulite e eliminar meu corpo naturalmente. Há também instruções para o meu funeral. Deve ser ao ar-livre, com minhas joias decorando galhos de árvores baixos. Quero que os presentes peguem uma peça e a usem em casa.

Há gérberas de cores vivas sobre as mesas, e fotografias que tirei nas minhas viagens estão por toda parte.

Quero que as pessoas no meu funeral usem a roupa com a qual se sentem mais fabulosas e bebam muita tequila, dancem, chorem, cantem, riam e consolem umas às outras.

Deixei para aqueles que amo uma orientação muito importante: contar a verdade sobre quem sou. Honrar a riqueza da minha experiência vivida pelo que ela é — um piscar de olhos, em um corpo minúsculo, em um planeta diminuto, em um universo vastíssimo. Quero que reconheçam a grandeza e a pequenez disso.

Espero que meus entes queridos digam que vivi com amor e que fiz o meu trabalho. Quero que digam que os encorajei a irem até o limite de suas vidas e que não fui sovina. Espero que não me transformem em santa. Sou igualmente pecadora. Quero que se sintam orgulhosos por terem me dado a graça de ser humana e que reconheçam quando não fui a melhor versão de mim mesma. Eu me reservo o direito de mudar de ideia, reconhecer meus erros, alterar minhas crenças e crescer até minha morte. Posso ser generosa, amorosa, intuitiva, determinada, ousada e pateta.

Porém também posso ser moralista, mesquinha, gananciosa, teimosa, crítica e impulsiva. Sou uma pessoa inteira.

Quero morrer segura: segura no corpo, mas também segura no meu ser, livre para expressar incômodo e medo quando surgirem; segura por saber que meus entes queridos vão me acolher. Eles também se sentem seguros. Eles falam livremente comigo sobre sua dor por minha morte iminente e me permitem sentir minha própria dor por partir. Minhas lágrimas correm sem necessidade de enxugá-las. E, caso eu não tenha aprendido antes, no meu leito de morte não sentirei vergonha da profundidade de minhas emoções.

Posso estar com medo de deixar para trás tudo o que já conheci e amei, mas também estou pronta. Em minha morte, sou destituída do último pingo de habilidade e talento que cultivei. Fui, por fim, totalmente aproveitada.

Quero morrer grata. Andei rápido a vida toda, mas quero passear pela minha morte como uma mulher levemente embriagada atravessa um quarto escuro até o amante. Vou rendida.

Todas as minhas perguntas sobre minha vida acabaram. Não há mais a angústia de querer saber se fui boa o suficiente para ser amada tal como sou. Sei que fui.

Não há mais preocupação com o que os outros pensam das escolhas que fiz. Quaisquer dúvidas que tive sobre como usei meu tempo foram superadas.

Minhas lutas contínuas contra a depressão, a dúvida e os impulsos em direção ao caos finalmente terminaram. Não posso mais fugir dos fardos que criei. Está acabado.

Meu corpo, com sua capacidade e tamanho perfeito, me carregou por esta vida e estou agora no momento de sua morte. Ele sabe como morrer.

Minha respiração desacelerou bastante, e meu coração, enfraquecido, dá o seu melhor para bombear sangue até os órgãos em falência. Meu sistema nervoso central também desacelerou, os nervos, veias e artérias que percorrem meu corpo, porém, começam a formigar, conforme toda a dopamina, serotonina, DMT e outras substâncias químicas do bem-estar circulam por mim. Sempre me perguntei se a sensação de morrer é ruim, mas na verdade está sendo boa.

Minha experiência sensorial vai ficando cada vez mais tênue, mas, dentro do meu corpo, todas as sensações e emoções que experimentei enquanto vivi começam a se juntar. Aumentando lentamente, começo a sentir toda alegria, mágoa, animação, tristeza, todo constrangimento, orgasmo, toda vergonha, liberdade, culpa e todo contentamento que já senti na vida. Também sinto as pequenas coisas, como o sapo em que pisei com os pés descalços em Nairóbi, o calor crescente em um carro depois de as janelas serem fechadas num dia de verão e as notas de abertura da canção "As", de Stevie Wonder. Acima de tudo, sinto o amor em sua beleza dolorida. Amor por mim mesma, por minha vida imperfeita e pelos seres humanos, animais, plantas e insetos que me acompanharam na jornada. É isso aí.

Perco a conexão com o mundo exterior conforme minha consciência começa a rodopiar dentro do meu corpo e a se mover em direção ao centro do meu coração. Meus entes queridos que se reuniram em vigília se agarram a cada respiração minha. Eles não precisam esperar muito, pois expiro com suavidade pela última vez. Meus pulmões descansam e meu corpo volta a ser matéria.

Seguindo minhas instruções, os presentes batem palmas em comemoração à vida que amei e à graça com que a deixei ir. Porém só consigo ouvi-los bem baixinho. Meus sentidos estão entorpecidos.

Minha consciência se expande para fora, para além dos limites do meu corpo, que não pode mais conter a profundidade e a amplitude de minha experiência humana. Meu corpo não está mais respondendo a estímulos externos nem me percebendo como separada dos outros. Conforme as células dele vão morrendo, minha consciência se expande cada vez mais, como um balão de hélio. Estou começando a experimentar a liberdade da morte. A liberdade de não conhecer e, mesmo assim, desfrutar da viagem. Justamente quando sinto cada uma das sensações que meu corpo humano já sentiu e não aguento nem mais um instante, o "eu", como me conheço, explode em purpurina colorida, tal qual fogos de artifício. A atmosfera fica cheia de pontinhos de todas as cores imagináveis.

Ao atingirem seu ponto mais elevado, depois de lançados na atmosfera com o impacto da minha força vital, a purpurina se espalha lentamente, como flocos de neve macia. Cada partícula representa o ser humano que fui, pois sou um amálgama de todos que conheci e de todas as experiências que vivi. As partículas caem em maior concentração nas pessoas que me amavam e em menor concentração naquelas cuja vida toquei. Vão se grudar a elas, como faz a purpurina, ficando agarradas em cada pedaço do seu ser. É assim que nossos mortos permanecem conosco.

Nesses pontinhos de purpurina que caem do espaço celeste, posso ver meu pai comendo o hambúrguer vegetariano de papelão e minha mãe pregando estrelas com cola quente nas minhas botas do Burning Man. Essas são purpurinas douradas.

Vejo Bozoma, aos seis anos, se escondendo debaixo da mesa enquanto o clipe de "Thriller" passa na TV, e Ahoba fofa e grávida do meu sobrinho Jahcir. Vejo também os pés dele, que cresceram diante dos meus olhos, de toquinhos rechonchudos para o tamanho 45. Essas são purpurinas bronze, vermelhas e azul-marinho.

A natureza atenciosa e carinhosa de Aba cintila em partículas de tons rosados.

Vejo o bom e velho sorrisão de Kip em partículas de purpurina azul.

Em amarelo, vejo meus amigos e ex-companheiros: as risadas que dividimos, tudo o que tivemos que refletir e a dor que carregamos uns pelos outros.

Olhando para cima e ao redor, vejo a sra. Bobbie comendo seus biscoitos de aveia recheados, a saia dourada de Ken, o espacinho entre os dentes da frente de Tash, as presilhas no cabelo de Nancy. Vejo o amor de Jack pelos filhos, os lulus-da-pomerânia de Justina, os prêmios de Dora por seu trabalho, as mães dos filhos de James, o batismo de Summer, os braços dançantes de Akua e as colheres decorativas de Leslie: todos representados em partículas coloridas. E muitos, muitos outros.

Por toda parte, vejo Peter. Em todos os lugares. Vejo seu amor pelo condimento *shito*, de Gana, que ele coloca em tudo, assim como suas jaquetas de couro bacanas. Eu o vejo jogando Lael para o alto e a alegria dela em partículas laranja. Vejo a incapacidade dele em recusar qualquer desafio que eu sugira e seu amor pelos times esportivos de Boston. Esses pontinhos de purpurina são turquesa. Entretanto, em magenta-escuro vejo a dor que sua morte causou e o vazio que carreguei durante toda a minha vida com sua ausência.

Todos os pedacinhos de mim que não grudaram em ninguém, como meus segredos e velhas toucas de cabelo, caem e se chocam suavemente uns nos outros formando uma enorme onda de purpurina. Grandes ondas das cores mais brilhantes e vibrantes ondulam pela eternidade até onde consigo sentir, movendo-se em um ritmo tão familiar quanto meu jeito de andar.

Aos poucos, as partículas de purpurina que um dia constituíram as experiências terrenas mágicas e mundanas de Alua Adwoba Arthur são envolvidas ininterruptamente pela onda. Até os menores pedaços são engolidos e devorados, tornando-se parte daquela grande vastidão cósmica mais uma vez. E "eu" não existo mais.

Voltei para tudo o que sempre foi e tudo o que sempre será. Está completo. E estou segura.

Há alegria.

Há paz.

Há êxtase.

Há amor puro e permanente.

Ali está minha vida individual, agora extinta e indistinguível dos bilhões que vieram antes e que morrerão depois.

Essa é a minha esperança para quando eu morrer.

Espero que a morte seja como pegar uma onda de purpurina, mas não sei. E, como não sei se terei isso na minha morte, vou buscá-la em vida. Procuro o brilho da purpurina em tudo.

Podemos passar a vida toda preocupados com a nossa morte, ou podemos usar nosso breve tempo para mergulhar mais fundo na experiência de ser humano, com tudo o que isso implica. O bom, o complicado, o impermanente. Podemos aceitar que um dia nossa morte chegará e usar esse conhecimento para criar uma vida tão completa, tão honesta, tão interessante, que vale a pena vivê-la. Tenho visto repetidamente ajustes de contas pessoais nos momentos finais da vida. Isso levanta a questão: o que devo fazer para ficar em paz comigo mesma a fim de que eu possa viver o presente e morrer tranquila?

Sem a nossa morte, nada disso teria importância. Não haveria contexto para o que fazemos. Viver tendo uma relação com a nossa mortalidade dá direção às nossas ações, verdade às nossas palavras, êxtase às nossas experiências, autenticidade ao nosso ser e talvez peso aos nossos quadris. Podemos fazer escolhas que ecoem no âmago do nosso ser, livres das expectativas da sociedade e do julgamento dos outros.

Embora nossa vida e nossas escolhas possam parecer insignificantes se olharmos para o todo, elas não são. Considerando-se o vertiginoso e feliz acaso que tem de ocorrer para nascermos, o fato de vivermos é um milagre. Se o melhor que fazemos, em qualquer dia, é rolar na cama — desde que estejamos em paz com nossas escolhas a partir da perspectiva da nossa morte —, há motivos para comemorar. A prática diária de estar com a mortalidade nos dá a gloriosa oportunidade de refinar nossas prioridades, redefinir nossos valores e trazer maravilha e mistério a esta jornada única e louca. Isso nos permite chegar ao fim completamente acabados, saciados e bêbados de vida — mas prontos para ir para casa, porque a festa acabou e nossos pés doem.

Isto é o que desejo para todos nós: uma vida que se pareça com o milagre que é e uma morte que sirva como ponto-final de uma frase satisfatória. Morremos *porque* vivemos. Isso é uma dádiva.

Agradecimentos

ESCREVER UM LIVRO é ao mesmo tempo uma morte e um nascimento. O próprio livro trabalhou duro para nascer, e partes de mim, a escritora, tiveram que morrer para isso acontecer. Fiquei vulnerável, mergulhei na minha intimidade e, assim como acontece com muitas mortes, resisti, fiquei com raiva, tentei de tudo, menos aceitar a realidade, então acabei me rendendo — como todos nós devemos fazer. Aqui estão as pessoas que me viram, ficaram em vigília e me disseram que eu estava fazendo a coisa certa. Elas foram doulas para mim e para o livro. Por favor, perdoe-me se não mencionei seu nome. De qualquer modo, também senti o seu amor.

Em primeiro lugar, obrigada à minha família: dr. Appianda Arthur, Aba Enim, Bozoma Saint John, dra. Ahoba Arthur, Aba Arthur, Peter Saint John, Lael Saint John e Jahcir Murphy. Vocês são uma fonte constante de inspiração, risos e me lembram do que sou feita quando me esqueço. Aba, me desculpe por desejar que você fosse um menino. Sou muito grata por você ser exatamente quem se tornou.

À Alua de treze anos, que usava tranças enquanto andava no seu skate do Marvin, o Marciano, pela vizinhança branca, querendo começar um programa de reciclagem e indo de porta em porta, muitas se abrindo e depois se fechando, sem conseguir uma única lata. Obrigada por permanecer fiel a si mesma o melhor que conseguiu. A situação ainda está um pouco agitada, mas estamos bem, mesmo que não andemos mais de skate, pois quero preservar nossas patelas.

Obrigada à minha editora, Rakia Clark, por defender minha visão, trabalhando incansavelmente para fazê-la nascer, por sua camiseta com meu rosto, por abrir espaço para minha bagunça. A Lindsey Kennedy e Tavia Kowalchuk, que, junto com Rakia, carregaram ferozmente este livro em seu coração e para salas onde precisava ser visto. A Mark Robinson por esta capa maravilhosa. A toda a equipe da Mariner Books por acreditar que esta escritora estreante conseguiria dar conta do recado. À minha agente, Anna Sproul-Latimer, que segurou minha mão, ouviu meus desabafos, respondeu a todas as minhas perguntas reais e me devolveu aquelas cuja resposta só eu tinha. A Jayson Greene, que entrou na trincheira comigo para terminar este livro e me transformou em uma escritora melhor e em um ser humano mais compassivo. À Kim Green, que orientou e incentivou o primeiro rascunho deste livro. Kim foi a primeira pessoa que disse: "Acho que você tem algo aqui!".

À equipe central da Going with Grace, que tocou a empresa enquanto me afastei e entrei no meu mundinho particular para concluir este livro: Aba (de novo), Alica Forneret, Sara Westfall, Tracey Walker, Corie McMillan, Nicole Briggs-Gary, Valenca Valenzuela e Shannon Kranzler. A dedicação, a paixão, a atenção à excelência de vocês e a lembrança do "porquê" me animaram. Baxley Andresen: você ganha infinitos corações roxos. À Corinne

Bowen e à Corinne Consulting, obrigada pelo espaço para brincar com minhas ideias e ver quais poderíamos transformar em realidade. À Emily Marquez — também conhecida como "Emerald Fields Forever" —, eu estaria perdida sem você. Obrigada por abrir espaço para a empresa se tornar o que é.

Aos alunos do curso de Treinamento de Fim de Vida da Going with Grace e aos antigos alunos, agora guias: uau! Vocês são excepcionais — as pessoas mais provocativas, atenciosas, hilárias e criativas que conheço. Vocês me instigam a ter iterações mais precisas do trabalho.

À Annie Georgia Greenberg: quando relutei em me expor amplamente para o Refinery29, você me lembrou de que as pessoas ouvem a mensagem por causa da história do mensageiro. Se não fosse por essa cutucada tão forte, eu nunca teria feito isso.

À comunidade dos que trabalham com a morte e o morrer: somos todos mensageiros. Eu me sinto honrada por fazer parte desse grupo. Em particular, obrigada dr. B. J. Miller, Caitlin Doughty, Claire Bidwell Smith, Lashanna Williams, Michelle Acciavatti, E. E. Miller, Katrina Spade, Elizabeth Erbrecht, Narinder Bazen, dra. Shoshana Ungerleider e Tembi Locke por não levarem nada disso a sério demais e por encararem a vida de um jeito leve. Olivia Bareham: você é uma pioneira e minha eterna professora.

A todos que abriram caminho falando e escrevendo sobre como morremos muito antes de isso ser legal: sou muito grata a vocês.

À LP123: vocês são exemplos brilhantes de liderança e perseverança. Obrigada por me ampararem. Jessica Blue: seu humor, sua autenticidade e sua fé em mim ao longo dos anos são inestimáveis. Margo Majdi: você me disse para escrever um livro cinco anos antes de eu o conceber e expandiu o que agora sei que posso fazer. Sou eternamente grata por seu treinamento, mesmo em seu ato final. Descanse em paz.

A meus amigos da defensoria pública que ofereceram um refúgio quando tudo parecia estar indo para o buraco: Ji-lan Zang, Carolina Sheinfeld, Vanessa Lee — você me manteve viva com doces e risadas. Malcolm Carson, Karla Barrow, Debra Sudo-Marr, Joe Kotzin e todos da defensoria pública que tornaram o insuportável suportável. Silvia Argueta, você estava certa. Ir para o Centro de Autoajuda de Inglewood, também conhecido como Calabouço, foi a melhor coisa que aconteceu comigo.

Aos meus muitos amigos que me ouviram falar incessantemente sobre a luta para enfrentar este processo: conseguimos! Um agradecimento especial a meus eternos prisioneiros: Magda Labonté-Blaise, Kim Velez, Richard Frank, Aurora Colindres, Anastasia Baranova, Jessica Amisial, dr. Kwame Ohemeng, Patima Komolamit, minhas primas-irmãs Joanne Sogbaka e Dorien Agyapon, Breeda Desmond, Folake Ologunja, Brookelin Barnhill, Ariane Aumont, Allison Kunath, Jacqui Ruiz e minhas amigas da faculdade de direito, e para sempre, Kristin Bowers Tompkins, Rachel MacGuire, Jess Curtis, Jenni Cohen. À minha equipe de escrita: Carla Fernandez, Scott Shigeoka, Liz Tran, vocês são superestrelas.

A meu caramelo *mah kumah*, docinho do meu coração, meu porto seguro: obrigada nunca será suficiente. Você me faz sorrir de orelha a orelha e derrama amor até em partes de mim que não quero que ninguém veja e acredito que sejam difíceis de amar. Você me equilibra, me fixa, acaba com as minhas dúvidas e me faz sentir um frio na barriga quando entra pela porta ou sinto seu cheiro. Espero que nunca se esqueça de que amo você com cada pedaço do meu ser. Obrigada por nunca se cansar de conversar sobre a morte.

A cada pessoa que me ofereceu um palco ou um simples "seu trabalho importa": você me faz continuar. Aos clientes que compartilharam sua vida comigo: vocês todos me levaram, como doula, a novas versões de mim mesma e a uma maior aceitação da gloriosa estranheza da vida e do poder de uma única história humana.

Também tenho que agradecer a este livro. A *Breve, frágil, humana*: obrigada por trabalhar duro para nascer, por forçar minha mão a não se render, por me ensinar sobre o morrer. Você me deu uma surra. Obrigada por me fazer enfrentar o medo e por me mostrar o caminho. Sou grata por você me permitir ser sua responsável.

Aos leitores: obrigada por me permitirem compartilhar minha vida e minhas mortes com vocês. Obrigada por me permitirem ser humana.

Este livro, composto na fonte Fairfield, foi impresso em papel Lux Cream 60g/m², na gráfica Santa Marta. São Bernado do Campo, abril de 2025.